PRODUÇÃO
LEAN
SIMPLIFICADA

Pascal Dennis é engenheiro, além de autor e educador, com 20 anos de experiência em manufatura, serviços públicos e consultoria de engenharia. Pascal desenvolveu suas habilidades de pensamento lean no chão de fábrica da Toyota Motor Manufacturing Canada (TMMC) e no trabalho com mestres lean no Japão e na América do Norte. Além disso, ganhou o Prêmio Shingo como autor do livro *Andy & Me: Crisis and Transformation on the Lean Journey* (Productivity Press, 2005).

Para mais informações, visite www.leansystems.org

D411p	Dennis, Pascal
	    Produção Lean Simplificada / Pascal Dennis ; tradução Rosalia Angelita Neumann Garcia. – 2.ed. – Porto Alegre: Bookman, 2008.
	    190 p. : il. ; 25 cm.
	
	    ISBN 978-85-7780-109-1
	
	    1. Administração – Método de Produção. I. Título.
	
	                                                                                             CDU 658.5

Catalogação na publicação: Juliana Lagôas Coelho – CRB 10/1798

PASCAL DENNIS

PRODUÇÃO LEAN SIMPLIFICADA

SEGUNDA EDIÇÃO

Um guia para entender o sistema de produção mais poderoso do mundo

Tradução:
Rosalia Angelita Neumann Garcia

Consultoria, supervisão e revisão técnica desta edição:
Gilberto I. Kosaka
Economista e Engenheiro
Diretor Executivo do Lean Institute Brasil

Reimpressão 2011

bookman

2008

Obra originalmente publicada por Productivity Press sob o título *Lean Production Simplified: A Plain-Language Guide to the World's Most Powerful Production System*, 2nd Edition
ISBN 978-1-56327-356-8

Copyright © 2007 by Productivity Press, a division of The Kraus Organization Limited.
Translation rights arranged through Productivity Press.
All rights reserved.
Portuguese-language translation copyright © 2008, Bookman Companhia Editora Ltda, a division of Artmed Editora. All rights reserved.

Capa: *Gustavo Demarchi, arte sobre capa original*

Leitura final: *Rachel Garcia Valdez*

Supervisão editorial: *Arysinha Jacques Affonso e Denise Weber Nowaczyk*

Editoração eletrônica: *Techbooks*

Reservados todos os direitos de publicação, em língua portuguesa, à
BOOKMAN EDITORA LTDA., divisão do GRUPO A EDUCAÇÃO S.A.
Av. Jerônimo de Ornelas, 670 - Santana
90040-340 Porto Alegre RS
Fone (51) 3027-7000 Fax (51) 3027-7070

É proibida a duplicação ou reprodução deste volume, no todo ou em parte, sob quaisquer formas ou por quaisquer meios (eletrônico, mecânico, gravação, fotocópia, distribuição na Web e outros), sem permissão expressa da Editora.

SÃO PAULO
Av. Embaixador Macedo Soares, 10.735 - Pavilhão 5 - Cond. Espace Center
Vila Anastácio 05095-035 São Paulo SP
Fone (11) 3665-1100 Fax (11) 3667-1333

SAC 0800 703-3444

IMPRESSO NO BRASIL
PRINTED IN BRAZIL

Apresentação à Edição Brasileira

Existem atualmente muitas publicações a respeito da produção lean, principalmente neste ano de 2007, quando o mundo está vendo a Toyota figurar no topo das empresas fabricante de automóveis.

Desde quando iniciei a minha jornada na missão de disseminar os conceitos da filosofia lean, orientada mais para a produção, alguns anos se passaram e nunca havia visto uma literatura que os sintetizasse tão claramente como neste livro do Pascal.

A linguagem utilizada é de fácil entendimento e compreensão e a maneira como os assuntos são abordados faz com que o leitor ou o usuário acompanhe cada passo das etapas do processo sem atropelo ou grande dificuldade mas com inteligência.

Na introdução, o autor dá uma rápida volta ao início da indústria automobilística colocando no cenário o surgimento do Sistema Toyota de Produção que nasceu de uma necessidade de sobrevivência da empresa.

Conforme vai se avançando nos conceitos lean a demonstração e a disposição em manter a simplicidade, a objetividade e a funcionalidade com foco no cliente e nos desperdícios são tão marcantes que faz dessa leitura uma fonte de reflexão para conseguir o máximo com o mínimo de recursos em todos os sentidos.

A busca da Estabilidade no sistema produtivo, a importância do Trabalho Padronizado, o Just in Time, o Jidoka fazem parte dos ingredientes deste compêndio que tem como objetivo o fortalecimento da empresa tornando-a competitiva e lucrativa numa visão duradoura e a longo prazo.

O autor trata o fator humano com especial cuidado, pois ele constitui o centro da filosofia lean... O seu envolvimento, as atividades que fortalecem o trabalho em equipe, o Círculo de Kaizen, o Hoshin Kanri, o A3 que fazem parte da Cultura lean.

Uma vez iniciada a jornada lean ela não tem fim pois os constantes desafios em busca da perfeição traduzem por si só a magnitude do empreendimento.

Gilberto I. Kosaka
Diretor Executivo
Lean Institute Brasil

Apresentação

"Mais um livro introdutório de lean não!" foi minha primeira reação quando ouvi Pascal me contar de seus planos para essa visão sobre produção lean. Com certeza, pensei, temos um número suficiente de livros sobre esse assunto, talvez até demais. Afinal, os fundamentos, as qualidades e os vários aspectos do sistema já foram registrados em inúmeros livros, artigos em periódicos, seminários e palestras, especialmente desde que James Womack, Dan Jones e seu pesquisador John Krafcik cunharam o termo "produção lean" em 1989. Não demorou muito e Pascal me deu a chance de ler seu manuscrito. E, me convenci. Há a necessidade de um livro exatamente como esse, e Pascal possui a experiência, o conhecimento e a paixão para escrevê-lo.

Pascal Dennis é um dos muitos ocidentais que, nos últimos 20 anos, adquiriram experiência de primeira mão com a "produção lean", ou o Sistema Toyota de Produção (Toyota Production System – TPS). Na Toyota Manufacturing Canada, um dos primeiros esforços bem-sucedidos da Toyota de transplantar o TPS fora dos limites da Toyota City no Japão, Pascal recebeu supervisão personalizada de seu treinador da Toyota City sobre cada processo, do sistema e das filosofias explicadas neste livro. Pascal nos dá a chance de compartilhar de suas descobertas à medida que nos leva a entender os fundamentos do sistema de modo sensato e passo a passo. Boa parte do conteúdo dessa cartilha poderia ser retirada textualmente dos manuais de treinamento da Toyota, enquanto que outras partes refletem a aprendizagem pessoal de Pascal. É assim que deve ser. À medida que cada um de nós se depara com um corpus de conhecimento e experiência, tomamos emprestado o que as pessoas que nos precederam sabem e acrescentamos nossas próprias experiências e perspectivas.

Sugiro que, à medida que forem lendo este livro, vocês se considerem companheiros de viagem de Pascal no caminho que leva ao descobrimento do lean. Este livro pode responder algumas de suas perguntas, mas isso, na verdade, é apenas o início. Como um de meus próprios Sensei me ensinou em minha jornada, "Alguns de nós podem se tornar professores (e autores), mas, essencialmente, somos todos aprendizes". Este livro é uma ótima forma de começar a aprender.

Para aqueles que são iniciantes, este texto introdutório apresenta uma oportunidade para começar sua própria jornada. Para aqueles que são mais experientes, também há bastante conhecimento aqui para reconfirmar, esclarecer e acrescentar ao nosso entendimento. Assim como todos nós aprendemos coisas diferentes, todos nós temos coisas diferentes para compartilhar. Nunca deixo de aprender algo de novo mesmo quando leio ou ouço os fundamentos mais uma vez, e, especialmente quando é apresentado por alguém como Pascal Dennis. Usando uma dica das artes marciais – que Pascal com freqüência usa a partir de sua experiência com Aikido – manter a "mente de um iniciante" é crucial para que continuemos a aprender, mesmo depois de acreditarmos que já "dominamos" nosso objeto.

É sabido que o elaborador de TPS, Taiichi Ohno, era muito cético em relação à aprendizagem que não partisse do chão de fábrica. Na verdade, os primeiros cronistas de TPS dentro da Toyota eram obrigados a se esconder em recintos fechados para que pudessem trabalhar em seus escritos no início dos anos 1970, com medo de serem repreendidos por Ohno: "Se vocês têm tanto tempo nas mãos, vão já para o chão de fábrica!" Mas, com o tempo, até mesmo ele escreveu livros (você pode querer escolher o Toyota Production System de autoria do próprio Ohno como sua próxima leitura, após terminar este livro!). Existem muitas facetas para a produção lean e muitos caminhos para a aprendizagem. A leitura pode ser um deles. Mas, vamos lembrar do conselho de Ohno: a aprendizagem real acontecerá onde está a ação, portanto, saia e tente, falhe e tente mais uma vez!

John Shook
Consultor Senior, LEI
Presidente TWI Network, Inc.
Ann Arbor, Michigan

Introdução à Segunda Edição

Quanto mais eu sei, mais me dou conta de que nada sei.

Sócrates

Escrevi a primeira edição de *Produção Lean Simplificado* na esperança de compartilhar o que eu havia aprendido na Toyota, onde tive a grande sorte de trabalhar com *senseis* pacientes. Eu achava que, seu pudesse explicar as coisas de forma simples, talvez então eu as tivesse compreendido. Nos últimos seis anos, tenho sido o *sensei*, ajudando empresas a aplicar o sistema Toyota, ou produção "lean". Tenho certeza de que aprendo tanto quanto ensino. E quanto mais aprendo, mais penso em Sócrates.

Precisamos aprender a usar o sistema Toyota – e não apenas na área da indústria. Hoje em dia, existe muito mais em jogo do que antes. Fornecedores de serviços, projetistas de softwares, bancos, hospitais e escolas também enfrentam dificuldades. Empregos que pareciam seguros há alguns anos estão desaparecendo como folhas secas.

Meu estudo de *aikido* havia me preparado para o "jeito de ser" da Toyota. Compreendi que esse jeito era um *do*, ou caminho, e que o chão de fábrica da Toyota era um *dojo*, um lugar onde se praticava uma arte profunda, onde pessoas se desenvolviam técnica e pessoalmente. De fato, antes de pisar no chão de fábrica, tinha vontade de fazer uma reverência, um sinal de respeito pela minha equipe, minha organização e pela arte de administrar.

Ainda me sinto assim. Desfrute da viagem.

Prefácio

Menos é mais.
Robert Browning

Comecei minha jornada de descobrimento como aluno de pós-graduação, em 1981, quando vi um documentário na rede CBS de TV intitulado "Se o Japão Pode, Por que Nós Não Podemos?" apresentado por um cara de idade chamado W. Edwards Deming. Ver Deming passando uma descompostura em altos executivos como se fosse profeta do Velho Testamento me impressionou profundamente. Comecei minha carreira na área de gerenciamento procurando tudo que podia achar de Deming e Joseph Juran.

Eu já estava familiarizado com a cultura japonesa através de meus estudos de aikido. Já passara muitas horas no *dojo*[1] Aikikai de Toronto praticando os poderosos movimentos circulares. Nem imaginava que meu treinamento no aikido se mostraria tão útil no chão de fábrica da Toyota.

Em 1986, li *The Reckoning*[2], o relato clássico feito por David Halberstam sobre a crise da indústria norte-americana. A Toyota de Halberstam parecia uma reluzente cidade no topo de uma montanha*, guiada por valores humanistas, e prosperando mesmo durante as piores crises. Em 1992, Womack *et al* publicaram *The Machine that Changed the World*[3] e provaram algo de que todos suspeitavam – algo extraordinário estava acontecendo por lá.

---

[1] Sala de treinamento.
[2] Halberstam, David. *The Reckoning*, Bantam Books, New York, 1984.
* N. de T.: Referência à visão que os primeiros colonizadores da América do Norte criaram de um novo mundo como modelo para todos os outros países (*the shining city upon a hill*).
[3] Womack, James; Jones, Daniel e Roos, Daniel. *The Machine that Changed the World*, Simon & Schuster, New York, 1990.

Para a minha sorte, Toyota Motor Manufacturing Canada se localizava logo ali, na Highway 401. Candidatei-me a um emprego e fui aceito, e, assim, minha aprendizagem começou de fato. Senti-me como aluno no *dojo* mais uma vez, apesar de que levaria anos até eu desaprender todos os maus hábitos que havia juntado. Gradualmente, comecei a enxergar e pensar com clareza.

Essa jornada me transformou. O Sistema de Produção Toyota, ou produção lean, é um *do*, ou caminho, que tomarei pelo resto da vida. Acredito, como Jim Womack e Dan Jones, que, no século vinte e um, o pensamento lean dará um impulso dramático à produtividade, ao mesmo tempo em que rapidamente reduzirá os erros, os acidentes, as demandas por espaço, o *time-to-market*, e os custos em geral. O mundo, de fato, será um lugar melhor.

Objetivos

Raros leitores meus terão tido a oportunidade de ver a Toyota de perto. Meu objetivo é fornecer um guia claro e simples para a produção lean – seus componentes, como estes se encaixam, e o espírito que está por trás de tudo. Farei todo esforço possível para tornar explícito o que está implícito no sistema Toyota. É muito provável que meu sucesso seja apenas parcial. Algumas coisas só podem ser aprendidas no chão de fábrica. Mesmo assim, percebo uma grande necessidade por um livro como este.

A produção lean é, antes de tudo, um sistema, ou seja, uma série integrada de partes com uma meta claramente definida. Um dos problemas enfrentados pela implementação do sistema lean tem sido a tendência de escolher apenas algumas atividades, ao invés de adotar o sistema como um todo.

Estamos atrapalhados com nossa fascinação pela fragmentação. Lembro-me agora da fábula indiana dos homens cegos tentando descrever um elefante. "O elefante é comprido e afiado como uma espada", diz o homem que segura a presa do elefante. "Não, ele é largo e achatado como a tampa de uma mesa", diz o homem que toca na barriga do elefante. "Não, é largo e mole como uma folha de alface", diz o homem que toca na orelha do elefante.

Ademais, poucos sabem apreciar o espírito que anima o sistema Toyota. Sua melhor expressão é o lema pessoal de um estimado *sensei*[4]: mente aberta, trabalho de equipe, desafio. O chão de fábrica lean é um lugar assustador e estimulante.

Este espírito indomável e humano é como o "vento que abre as velas". Mesmo o sistema mais habilmente projetado ficaria sem vida sem ele – como se fosse um belo barco a vela sem a brisa animadora.

Robert Browning jamais imaginaria que um dia seu famoso aforismo encontraria abrigo em um livro sobre a manufatura. Lembremos, contudo, que a palavra *poesia* é derivada da palavra grega *poesis*, "fazer coisas". E a produção lean é uma tapeçaria sem emendas de arte e ciência.

---

[4] *Sensei* significa aquele que nasceu antes.

Público-alvo

Este livro foi escrito para:

- Gerentes responsáveis por produção, qualidade, custo ou segurança
- Executivos e gerentes sênior com interesse estratégico em produção lean
- Profissionais de recursos humanos, manutenção e qualidade
- Engenheiros e cientistas
- Profissionais do ambiente e de segurança
- Alunos que estudam gerenciamento
- Qualquer pessoa que se interessa por excelência em gerenciamento

Estrutura do livro

Capítulo 1 descreve os sistemas artesanais e de produção em massa que precederam a produção lean. São discutidos as contribuições de Frederick Winslow Taylor e Henry Ford e os pontos fortes e fracos da produção em massa. O ambiente de negócios que a Toyota enfrentava em 1950 foi o catalisador para o Sistema Toyota de Produção, o mais importante exemplo mundial de produção lean. A produção lean é de vital importância hoje porque enfrentamos exatamente os mesmos desafios que a Toyota enfrentava em 1950.

Capítulo 2 discute o sistema de produção lean. Apresento o *House of Lean Production*, em torno do qual este livro foi organizado. Os oito tipos de desperdício (*muda*) são ilustrados. Os efeitos da superprodução, a forma mais grave de desperdício, são destacados. Os conceitos relacionados de *mura* (irregularidade) e *muri* (sobrecarga) também são ilustrados. Uma meta central da produção lean é melhorar a lucratividade reduzindo o desperdício.

Capítulo 3 lida com a estabilidade, o fundamento do sistema lean. Padrões do sistema lean são contrastados com padrões convencionais. O conceito de gerenciamento visual é introduzido. Os 5S, um sistema de padronização e organização no local de trabalho, é descrito. *Total productive maintenance* (TPM – Manutenção Produtiva Total) é crucial para a estabilidade da máquina.

Capítulo 4 lida com o trabalho padronizado. A produção lean vê o trabalho padronizado de uma forma diferente do que é visto na engenharia industrial. Os elementos do trabalho padronizado são ilustrados. O objetivo do trabalho padronizado é *kaizen*[5].

Capítulo 5 lida com a entrega de peças e produtos *just-in-time*, que é crucial para reduzir as *mudas* da superprodução, de estoque e de defeitos. Os conceitos de produção em fluxo e puxado contínuos são discutidos. O sistema *kanban* é descrito em detalhe, incluindo os tipos diferentes de *kanban* e as seis regras do *kanban*. Os três tipos de sistemas puxados são descritos. O nivelamento da produção é pré-requisito para a produção em fluxo e puxado. O mapeamento do fluxo de valor é demonstrado através de um estudo de caso.

---

[5] *Kaizen* significa melhoria incremental contínua.

Capítulo 6 trata do princípio de *jidoka*. *Jidoka* acarreta desenvolver processos que sejam eficientes e que não passem defeitos para o próximo processo. O princípio de *poka-yoke*[6], uma mudança de paradigma que vai além do controle de processos estatístico, é delineada. A função de *jidoka* em dar suporte à estabilidade e ao fluxo contínuo é explicada. Também é elucidada a relação entre *jidoka*, gerenciamento visual e o envolvimento.

Capítulo 7 lida com o envolvimento, o cerne do sistema lean. São descritos em detalhe a atividade de círculo *kaizen*, treinamento *kaizen* na prática e sistemas de sugestão. É dado destaque ao papel do gerente e do supervisor em dar apoio e manter o envolvimento.

Capítulo 8 descreve planejamento *hoshin*, o sistema nervoso da produção lean. O planejamento *hoshin* visa superar as desconexões de gerenciamento que levam ao *muda* de conhecimento. O sistema de planejamento hoshin compreende *plan-do-check-act* (PDCA), *catchball**, *nemawashi*, o conceito do departamento de controle, e pensamento A3 – todos serão descritos individualmente neste capítulo. Planejamento *hoshin* é descrito como um sistema puxado – ou seja, nossa visão nos leva ao futuro.

Capítulo 9 lida com a cultura de produção lean. Suas pedras fundamentais são PDCA, padronização, gerenciamento visual, trabalho em equipe, paradoxo e intensidade. A produção lean é um *do*, ou caminho que deve ser abordado com um espírito de humildade e aprendizagem por toda a vida.

Uma observação quanto à terminologia**

O Apêndice I é um glossário de termos e conceitos lean. Usaremos termos em português na medida do possível. Termos em japonês são usados quando são muito conhecidos ou dão um nível de significado adicional.

Agradecimentos

Gostaria de agradecer à equipe editorial da Productivity Press por sua ajuda e apoio e, em particular, Michael Sinnochi, editor sênior. Agradeço também a meu amigo e colega Erik Hager pelas muitas discussões frutíferas sobre as idéias aqui contidas. Na verdade, muitas dessas idéias são dele mesmo. Obrigado também a Don Shook por seu *feedback* ponderado.

Agradecimentos especiais aos meus *sensei* – Andy Watanabe, Tak Sakaue, Shin Furukawa, Daryl Wilson e Erik Hager – com quem tive o privilégio de trabalhar. Espero que eles perdoem as muitas falhas deste livro.

Por último, gostaria de agradecer a Toyota Motor Corporation que continua sendo uma luz para organizações no mundo todo, e cuja generosidade e receptividade ímpar estão ajudando a melhorar o mundo.

---

[6] Um *poka-yoke* é um método que impede um defeito de passar para o próximo passo do processo.
* N. de T.: *Catchball* significa jogar a bola de lá para cá ou passar a bola.
**N. de T.: Para conservar a idéia do autor, os termos em inglês serão traduzidos para o português, quando possível, e os termos em japonês serão mantidos.

Sumário

1 O Nascimento da Produção Lean   19

Produção artesanal   19
Produção em massa   20
A crescente disfunção   23
O nascimento da produção lean   25
A barganha histórica   26
A virtude como necessidade   28
Completando a revolução lean na Toyota   28
Resumo   29

2 O Sistema Lean de Produção   31

Por que produção lean?   31
Sistemas e pensar na forma de sistemas   33
Imagem básica de produção lean   36
Foco no cliente   37
Muda   38
Resumo   44

3 Estabilidade   45

Padrões dentro do sistema lean   46
O Sistema 5S   48
Manutenção produtiva total   56
Resumo   63

4 Trabalho Padronizado   65

Engenharia de métodos *versus* pensamento lean   65
O que precisamos administrar?   66
Por que trabalho padronizado?   68
Os elementos do trabalho padronizado   69
Formulários usados para definir o trabalho padronizado   71
Redução de mão-de-obra   75
Eficiência geral *versus* eficiência individual   77
Trabalho padronizado e kaizen   78
Leiautes comuns   79
Resumo   82

5 Produção Just-in-Time   83

Por que JIT?   83
Princípios básicos de JIT   85
O Sistema JIT   89
As seis regras do kanban   95
O papel expandido do transporte   97
Nivelamento de produção   99
Três tipos de sistemas puxados   102
Mapeamento do fluxo de valor   104
Resumo   108

6 Jidoka   109

Desenvolvimento do conceito jidoka   109
Por que jidoka?   110
Poka-yoke   112
Sistemas de inspeção e controle de zona   113
Usando poka-yokes   114
Implementando jidoka   119
Resumo   120

7 Envolvimento – O Vento que Enche a Vela   121

Por que envolvimento?   121
O terrível desperdício de material humano   122
Atividades que apóiam o envolvimento   123
Atividade de círculo kaizen   124
Treinamento prático kaizen   128
Fatores cruciais para o sucesso do PKT   128
Programas de sugestão   129
Resumo   133

8 Planejamento Hoshin   135

O que é planejamento?   136
Por que planejar?   137
Os problemas com o planejamento   137
Planejamento hoshin   139
Sistema de planejamento hoshin   142
As quatro etapas do planejamento hoshin   149
Resumo   158

9 A Cultura de Produção Lean   159

O que é cultura lean?   160
Qual é a sensação que a cultura lean nos dá?   169
Resumo   170
Comentários finais   170

Apêndice I – Glossário   171
Apêndice II – Bibliografia   175
Índice   179

CAPÍTULO 1

O Nascimento da Produção Lean

Existem algumas possibilidades para melhorar o sistema de produção...

Eiji Toyoda na planta Ford Rouge, cerca de 1950

Novas idéias vêm em resposta a problemas concretos. Para compreendermos a produção lean, precisamos compreender o sistema de produção em massa em que lean está suplantando[1]. Vamos fazer um breve *tour* histórico[2,3,4,5].

Produção artesanal

Se você quisesse comprar um carro em 1900, por exemplo, visitaria um dos produtores artesanais de sua região. O dono da oficina, em geral um empresário cujo trabalho incluiria desde a manufatura até consertos, tomaria nota de suas especificações. Alguns meses depois, você receberia seu carro. Você o testaria na estrada, acompanhado de um mecânico que o modificaria de acordo com seu gosto. O carro seria único e o custo seria alto. Contudo, você teria a satisfação de lidar diretamente com o fabricante e sua equipe.

A produção artesanal apresentava as seguintes características:

---

[1] Devo um agradecimento especial a James Womack, Daniel Jones e Daniel Roos, autores de *The Machine That Changed the World* e a Toyota City por *Toyota: A History of the First 50 Years*, obras nas quais este primeiro capítulo, em boa parte, se baseia.
[2] Toyota Motor Corporation. *Toyota: A History of the First 50 Years*, Toyota City, 1988.
[3] Womack James; Jones, Daniel e Roos, Daniel. *The Machine That Changed the World*, Simon & Schuster, New York, 1990.
[4] Toyota Motor Corporation. Operations Mangement Consulting Division, *The Toyota Production System*, Tokyo, 1995.
[5] Kamgel, Robert. *The One Best Way – Frederick Winslow Taylor and the Enigma of Efficiency*. Cambridge: MIT Ress, 2005.

- Uma força de trabalho composta de negociantes semi-independentes com habilidade em desenho, máquinas e montagem.
- Organizações descentralizadas. Pequenas oficinas de máquinas forneciam a maioria das peças. O dono/empresário coordenava o processo e contatava diretamente com fornecedores, trabalhadores e clientes.
- Máquinas de uso geral. Estas eram usadas para cortar, perfurar e polir as partes.
- Volume de produção baixa e altos preços.

A produção artesanal continua a existir em pequenos nichos, geralmente para produtos de luxo. Por exemplo, empresas como a Lamborghini, a Ferrari e a Aston Martin continuam a produzir pequenos volumes de veículos muito caros para compradores em busca de prestígio e a oportunidade de lidar diretamente com a fábrica.

Os nostálgicos vêem a produção artesanal com uma era dourada em que a arte era importante e as empresas davam atenção especial a cada cliente. É verdade, mas havia significativas desvantagens:

- Somente os ricos podiam comprar o produto.
- A qualidade era imprevisível – cada produto era, essencialmente, um protótipo.
- Ações de melhoria não eram amplamente compartilhadas. Na verdade, algumas organizações profissionais viam a melhoria como uma ameaça.

Henry Ford e Fred Winslow Taylor se esforçaram para superar esses problemas.

Produção em massa

Fred Winslow Taylor, um gerente de fundição da Filadélfia, criou as bases da produção em massa. Ele foi o primeiro a sistematicamente aplicar princípios científicos à manufatura. Seu texto fundador, *Scientific Management*[6], é um clássico até hoje. O sistema artesanal era, em boa parte, empírico, dependendo da experiência do artesão[7]. Taylor procurou identificar a "melhor forma" de fazer o trabalho baseado em princípios científicos. Ao fazer isso, inventou a engenharia industrial.

O sistema de Taylor se baseava na separação entre planejamento e produção. Engenheiros industriais, através de novas técnicas tais como estudos de tempo e movimento, determinavam a "melhor forma" de fazer o trabalho, deixando as tarefas repetitivas e de ciclo rápido para a mão-de-obra. A premissa básica do sistema de Taylor é que a mão-de-obra não possuía a instrução necessária para planejar o trabalho. Essa premissa pode ter sido válida para o início do século passado. Será que é verdade hoje em dia?[8]

---

[6] Taylor, Frederick. *Scientific Management*, McGraw Hill, New York, 1908.
[7] Na época, praticamente todos os artesãos eram homens.
[8] Obviamente, o QI médio está crescendo em toda a América do Norte à medida que pessoas usam a Internet e assistem programas educacionais na TV.

O *taylorismo* é um termo negativo para alguns – um sinônimo de trabalho bruto e desumanizador. Porém, se a produção em massa se desenvolveu nessas linhas, não foi intenção de Taylor. Entre suas muitas inovações, podemos incluir:

- Trabalho padronizado – identificação da forma melhor e mais fácil de fazer o trabalho
- Tempo de ciclo reduzido – o tempo que determinado processo leva
- Estudo de tempo e movimento – uma ferramenta para o desenvolvimento de trabalho padronizado
- Medição e análise para melhorar o processo continuamente (um protótipo do ciclo plan-do-check-act)

Os grandes pioneiros da produção lean, desde Taiichi Ohno até Shigeo Shingo, reconheceram o quanto eles devem a Taylor.

O sistema Ford

Nesse meio tempo, um jovem empresário chamado Henry Ford[9] tentava desenhar um automóvel que seria fácil de fabricar e fácil de consertar. Ford finalmente conseguiu o que queira com seu Model T de 1908.

O cerne da produção em massa não foi a linha de montagem. Foi, na verdade, a possibilidade de total intercâmbio de peças e a facilidade de montagem. Essas inovações, por sua vez, tornaram a linha de montagem possível.

Para conseguir a intercambiabilidade, Ford padronizou o uso de peças em todas suas operações. Ele foi ajudado por inovações nas ferramentas para máquinas que permitiram o manuseio de peças pré-solidificadas. Isso resolveu o problema de empenamento que atrapalhara a padronização.

No momento em que peças puderam ser padronizadas, inovações de projetos seguiram. Ford reduziu o número de peças móveis nos motores e em outros sistemas cruciais e simplificou o processo de montagem. Por exemplo, a fundição do motor de Ford era composta de um único bloco complexo. Em contraste, os competidores fundiam cada cilindro individualmente e os parafusava juntos.

Essas inovações resultaram em economias substanciais. A necessidade de haver ajuste de peças, extremamente cara na produção artesanal, foi enormemente reduzida. Além do mais, a meta do reparo fácil por parte do usuário foi facilmente alcançada.

O próximo problema era como coordenar a montagem. A montagem acarretava uma série seqüencial de ações interdependentes. Uma vez que um dado processo tivesse sido completado, o veículo seria puxado para o próximo. Esse tipo de sistema é instável. Engarrafamentos e outros problemas eram comuns à medida que trabalhadores mais velozes passavam dos mais lentos.

---

[9] Usarei a indústria automotiva para ilustrar desenvolvimentos essenciais de manufatura no século vinte. Não pretendo minimizar a importância dos desenvolvimentos em outras áreas industriais. De fato, ocorreram desenvolvimentos e fertilização cruzada paralelos.

Para reduzir tais problemas, Ford começou a entregar peças para a área de trabalho, assim reduzindo o tempo de caminhada dos trabalhadores da montagem. Além do mais, seguindo a idéia de Taylor, ele reduziu o número de ações que cada trabalhador precisava cumprir. Tempos de ciclo, que eram medidos em horas em 1908, caíram para minutos em 1913 na fábrica de montagem que Ford estabelecera em Highland Park.

Foi lá que ele teve a inspiradora idéia da linha de montagem em movimento que levava o carro até o trabalhador parado. A linha de montagem reduziu o tempo de caminhada e, o que é mais importante, ligou processos seqüenciais. Dessa forma, trabalhadores mais lentos se apressaram e os mais rápidos reduziram a velocidade, o que levou a uma estabilidade generalizada.

Em suma, as principais inovações de Ford nesse período foram:

- Intercambiabilidade e facilidade na montagem das peças
- Redução das ações exigidas de cada trabalhador
- Linha de montagem em movimento

Isso tudo reduziu enormemente a quantidade de esforço humano exigido na montagem de um veículo. Também resultou em uma redução de custos espetacular. Ford conseguia continuamente reduzir o preço do automóvel à medida que o volume de produção se elevava. Entre 1908 e o início dos anos 1920, quando Ford alcançou o topo de sua produção com 2 milhões de unidades por ano, ele cortara o custo real ao consumidor em dois terços[10].

Womack argumenta que Ford estava aplicando a produção lean em Highland Park, e que a maioria dos fabricantes começa como produtores lean quando têm um só produto[11]. É somente quando começam a produzir múltiplos produtos que vilas de processos (*process villages*), grandes lotes e outros sintomas de produção em massa se tornam evidentes.

O sistema de Ford lançou a empresa à liderança industrial. As eficiências resultantes eram tantas que Ford conseguiu dobrar os salários dos trabalhadores da montagem para cinco dólares por dia. O limite lógico do sistema Ford tornou-se o vasto complexo Rouge, que incluía usina de aço, fábrica de fundição, fábrica de vidro, operações de corte e molde de metal, além de operações de montagem.

Outros desenvolvimentos

Dois outros desenvolvimentos também influenciaram o crescimento da produção em massa:

- As inovações de gerenciamento e marketing de Alfred Sloan e General Motors
- O crescimento do movimento trabalhista de produção em massa

---

[10] Womack, James; Jones, Daniel e Roos, Daniel. *The Machine that Changed the World*, Simon & Schuster, New York, 1990.

[11] Womack, James. "The Challenge of Value Stream Management", Value Stream Management Conference, Dearborn, MI, dezembro de 2000.

Sloan reconheceu que o sistema de produção em massa exigia gerenciamento profissional. Ele descentralizou as vastas operações da GM em cinco divisões automotivas e várias divisões de peças. Cada uma delas era administrada por um gerente geral e reportava para uma pequena sede corporativa. Cada centro de lucro usava medidas padronizadas para reportar ao gerente sênior que administrava objetivamente, "com os números". O GAAP (*Generally accepted accounting practice*) foi desenvolvido para dar apoio a esse sistema.

As inovações de Sloan contribuíram enormemente para a ciência da administração. Porém, mais uma vez, havia alguns efeitos não tão agradáveis:

- A divergência entre o gerenciamento e o chão de fábrica aumentou.
- As ações de contabilidade contribuíram para práticas perdulárias de manufatura, tais como fabricar para manter um estoque, ao invés de fabricar de acordo com a demanda do cliente.

A produção em massa também demonstrou ser um ambiente fértil para um bem-sucedido movimento sindical. A divisão de trabalho resultou em funções obliterantes e sem sentido. Trabalhadores, como máquinas, eram considerados intercambiáveis. Além disso, trabalhadores eram considerados um custo variável e poderiam ser descartados com qualquer queda de vendas. Após quase uma década de instabilidade, o United AutoWorkers (sindicato dos trabalhadores automotivos) assinou acordos com as empresas que haviam ficado conhecidos como *The Big Three* (Os Três Grandes: Chrysler, Ford e GM) no final da década de 1930.

Estes acordos reconheciam os respectivos papéis do gerente e do sindicato, assim como a natureza do trabalho de produção em massa. As principais questões eram a antiguidade no emprego e direitos trabalhistas. À medida que as vendas entravam em quedas periódicas, trabalhadores eram despedidos com base na antiguidade, ou senioridade, e não na competência. A senioridade também governava as funções no trabalho, sendo que os funcionários mais antigos obtinham as funções mais leves. O resultado disso eram eternas lutas quanto à direitos trabalhistas e regras altamente restritivas que reduziam a eficiência geral do sistema. A polarização entre a gerência e o chão de fábrica era total.

Assim é a produção em massa tradicional. Pegue o sistema de Taylor, acrescente as inovações manufatureiras de Ford e as técnicas administrativas e de marketing de Sloan, e misture tudo ao novo papel dos grupos organizados de trabalhadores no controle de tarefas e funções no trabalho. O sistema rumava de vitória em vitória por décadas. Porém, havia sinais de conflito.

A crescente disfunção

Alienação do trabalhador

A produção em massa tradicional tinha seus problemas. Os trabalhadores a detestavam – ninguém queria estar na fábrica. Os sindicatos lutavam constantemente para reduzir as horas de trabalho. Havia um baixíssimo sentimento de parceria entre a empresa e seus funcionários. Na verdade, tudo era mais parecido com uma guerra de trincheira. Muitas obras de arte satirizavam a produção em massa, incluindo Charlie Chaplin em seu clássico filme *Tempos Modernos*.

Qualidade

A qualidade ficara em segundo plano em relação à produção e as taxas de defeitos eram extremamente altas quando comparadas com os padrões atuais. Os trabalhadores não estavam envolvidos na organização do trabalho. Eles constantemente retinham informações que poderiam melhorar o processo. A inspeção no fim da linha tornou-se a norma. Especialistas em qualidade verificavam os produtos finais e uma tropa de técnicos de reparos consertava os produtos abaixo do padrão.

Maquinaria

A maquinaria tornava-se cada vez maior visando a economia de escala. Prensas, por exemplo, muitas vezes se especializavam em prensar uma única peça. Para justificar o enorme custo da maquinaria, a contabilidade desenvolveu princípios contábeis de custo que focavam a unidade ao invés da eficiência geral. Isso encorajava a produção em lotes e o crescimento de enormes estoques de produtos em processo e de produtos finais (mesmo não havendo clientes para comprá-los). Isso tudo aparecia como ativo nos balanços da empresa, apesar da imensa quantidade de dinheiro que absorvia. A ênfase era manter a máquina funcionando a todo custo. A produção em lotes também criou problemas de qualidade: um defeito seria replicado em todo o lote antes de ser detectado. Como conseqüência, surgiu uma mentalidade voltada para "por a máquina para funcionar", evitando paradas de linha a qualquer custo e colocando em relevância consertos de final de linha por tropas de especialistas.

Engenharia

A produção em massa também provocou o início da discórdia na profissão da engenharia. Do mesmo modo que o trabalho no chão de fábrica era minuciosamente dividido, o trabalho dos engenheiros também o era. À medida que os produtos se tornavam cada vez mais complexos, a engenharia se ramificava em inúmeras especialidades. Engenheiros tinham cada vez menos o que dizer para outros engenheiros que não pertenciam a suas especialidades. Isso resultou em problemas de projeto: quanto menos os engenheiros se comunicavam, mais demorava para que um produto fosse do projeto à produção.

Apesar desses problemas, o sistema de produção em massa seguia em frente. Os Estados Unidos dominavam o mundo da manufatura. A produção em massa também se difundiu na Europa, primeiro através da expansão da Ford e da General Motors e, depois, através do crescimento de empresas como Fiat, Renault e Citroen.

Essa situação poderia ter continuado indefinidamente, se não fosse a crise do petróleo nos anos 70 e os acontecimentos em Toyoda City.

A mente humana gosta de lotes

Quando estávamos prestes a lançar nossa firma de consultoria, enviamos uma boa quantidade de correspondência. Pedi para Eleanor, minha filha de sete anos, se ela poderia ajudar colocando as cartas dentro dos envelopes, e os selos e endereços na frente. Ela estava animada.

"Como pensa que deveríamos fazer isso, querida?"

"Acho que deveríamos colocar todas as cartas dentro dos envelopes primeiro, e depois os endereços, em seguida devemos fechar, e, por último, colocamos os selos, papai."

"Quem sabe experimentamos? Você faz tudo em lotes e eu faço um por um."

"Está bem, pai."

Eleanor e eu descobrimos na prática que a produção um a um é mais rápida e fácil, mesmo sendo contra-intuitiva.

O nascimento da produção lean

Na primavera de 1950, um jovem engenheiro japonês chamado Eiji Toyoda visitou a vasta fábrica Rouge da Ford em Detroit. Tanto o Japão quanto a Toyota Motor Company, que havia sido fundada por sua família em 1937, estavam em crise. Após treze anos de esforço, a Toyota conseguira produzir apenas 2.685 automóveis. Em contraste, a fábrica Rouge da Ford produzia 7.000 por dia[12].

Eiji Toyoda estudou cada canto da Rouge, o maior e mais eficiente complexo manufatureiro do mundo. Ao retornar ao Japão, Eiji e seu gênio de produção, Taiichi Ohno, chegaram à conclusão que a produção em massa não funcionaria no Japão. Sabe-se que também concluíram que "existem algumas possibilidades para melhorar o sistema de produção". Este livro descreve o sistema que eles desenvolveram.

A Toyota enfrentou desafios desanimadores:

- O mercado interno era pequeno e demandava uma grande variedade de veículos – caminhões grandes para carregar produtos para o mercado, caminhões pequenos para agricultores, carros de luxo para a elite e carros pequenos adequados para as estradas estreitas e altos preços do combustível do Japão.
- A economia japonesa, devastada pela guerra, estava carente de capital. Portanto, um grande investimento nas últimas tecnologias ocidentais era impossível.
- O mundo externo já possuía dezenas de fábricas de automóveis já estabelecidas, ansiosas para se fixar no Japão e defender seus mercados contra exportações japonesas.

Como um fabricante de veículos inexperiente em um país em ruínas poderia superar tantos obstáculos?

---

[12] Ibid.

> **Conhecendo Eiji Toyoda**
>
> Eiji Toyoda fez uma visita a Toyota Motor Manufacturing Canada em 1996. Ele e sua comitiva quiseram ver nosso Centro de Saúde. Eu tinha ouvido dizer que ele era um cara bastante durão, e eu estava preparado.
> Depois das apresentações, ele começou a me sabatinar.
> "Quantas visitas eram feitas ao Centro de Saúde por dia?
> Quais eram os ferimentos mais comuns?
> Quais são seus problemas de longa duração mais comuns?
> O que vocês estão fazendo a respeito?"
> *Ele estava sempre inspecionando.*

A barganha histórica

O Japão estava lutando com a depressão econômica. Os americanos ocupantes haviam decidido atacar a inflação restringindo o crédito, mas exageraram. Enquanto as vendas de veículos despencavam e os empréstimos bancários se exauriam, a Toyota enfrentava a bancarrota.

O presidente da Toyota, Kiichiro Toyoda, propôs que se demitisse um quarto da mão-de-obra – uma medida drástica. A empresa logo se viu frente a uma grande revolta. O sindicato da empresa se encontrava em uma forte posição de barganha graças às leis trabalhistas passadas em 1946. O governo japonês, incentivado pelos americanos, fortalecera os direitos dos sindicatos e impusera severas restrições aos donos de empresas quanto à demissão de funcionários[13].

Após extensas negociações, a família e o sindicato conseguiram chegar a um acordo:

1. Um quarto da mão-de-obra foi dispensado, como proposto originalmente.
2. Kiichiro Toyoda renunciou ao cargo de Presidente tomando responsabilidade pelo fracasso da empresa.
3. O restante dos funcionários recebeu duas garantias:
   - Emprego vitalício.
   - Pagamento diretamente vinculado a senioridade e ligado à lucratividade da empresa através de bônus.

Além disso, os funcionários receberam acesso às instalações da Toyota, incluindo moradia, recreação e assim por diante. Os funcionários também concordaram em ser flexíveis quanto às funções no trabalho e ativamente apoiar os interesses da empresa, tendo iniciativa em esforços de melhoria.

O sindicato e a empresa haviam feito uma barganha histórica. Ou seja: "Ficaremos com vocês por toda a vida, mas terão que fazer o trabalho que precisa ser feito e precisarão ajudar-nos a melhorar". E, assim, os trabalhadores se tornaram parte da comunidade Toyota.

---

[13] Ironicamente, no Japão, o General MacArthur conseguiu implementar a legislação trabalhista progressiva que o Presidente Roosevelt não conseguira estabelecer nos Estados Unidos.

Esse acordo incrível permanece como modelo das relações trabalhistas na indústria automotiva japonesa até hoje. Existem implicações sérias com isso:

1. Os trabalhadores eram agora um custo fixo, como a maquinaria da empresa – muito mais, na verdade, pois máquinas podem ser depreciadas. Portanto, a empresa precisava tirar o máximo de seu capital humano. Fazia sentido constantemente realçar as habilidades dos trabalhadores e se beneficiar de seu conhecimento e experiência.
2. Fazia sentido para os trabalhadores (ou gerentes cobertos pelo acordo) permanecer na empresa. Um indivíduo com quarenta anos de idade na Toyota, cumprindo a mesma função de um de vinte anos, recebia um salário significativamente mais alto. Se aquele de quarenta anos se demitisse e passasse para outra empresa, teria que recomeçar de baixo em termos salariais.

Segurança no emprego e envolvimento

Na Toyota Cambridge nunca nos preocupávamos em sermos "kaizenizados" de uma função. Nossa regra era que uma demissão seria considerada somente nas circunstâncias mais extremas e como último recurso.

Assim, membros de equipe se sentiam seguros o suficiente para se envolver em atividades de redução de desperdício. Um ciclo virtuoso surgiu: quanto mais *muda* eliminávamos, maior era a demanda por nossos produtos. Quanto maior a demanda, mais nos beneficiávamos (e mais envolvimento era exigido).

Assim, foi criada a base para um contrato de emprego completamente diferente – baseado na cooperação, na flexibilidade e em benefícios mútuos. A empresa e os trabalhadores haviam se tornado parceiros. A condição mais importante para a produção lean fora criada.

Um conceito inovador

Taiichi Ohno já sabia que o trabalhador era seu recurso mais valioso. A retenção de informações ou idéias, tão comuns nas fábricas de produção em massa, rapidamente levaria ao desastre no recém-criado sistema da Toyota. Nos anos que se seguiram, Ohno e sua equipe desenvolveram atividades para envolver os membros da equipe em melhorias de forma total – o que era uma idéia absolutamente inovadora.

Taylor e Ohno

Fred Taylor separou o planejamento da produção; Taiichi Ohno os juntou novamente. É fácil mostrar o primeiro como vilão e o segundo como herói. Mas, a história é irônica. Ohno mencionava repetidas vezes sua dívida com Taylor. De fato, seu recém-iniciado sistema Toyota dependia das idéias de Taylor: estudos de tempo e movimento, trabalho padronizado e melhoria contínua. E, por sua vez, o sistema de Ohno expressava as esperanças mais contundentes de Taylor por um local de trabalho harmonioso e humano.

A virtude como necessidade

O Sistema Toyota de Produção, ou sistema lean de produção, era a solução para os problemas da Toyota. Nos trinta anos seguintes, Taiichi Ohno resolveu esses problemas um por um, e conseguiu que a Toyota aceitasse seu sistema. Como qualquer agente de mudanças, Ohno enfrentou obstáculos desanimadores, mas ele tinha algumas vantagens. Ele era um gênio, era antipático, e tinha o apoio de Eiji Toyoda.

Os próximos capítulos deste livro examinarão as inovações que Ohno e sua equipe desenvolveram. Em cada caso fizeram da virtude uma necessidade. E, cada passo dado para frente dependia da habilidade e criatividade dos membros da equipe do chão de fábrica.

Por exemplo, o orçamento de Ohno tornava impossível a compra das enormes máquinas tão comuns na América do Norte. Usar uma máquina de prensa para uma única peça, por exemplo, como costumava acontecer nas empresas do *Big Three*, estava fora de questão. Em vez disso, a Toyota precisava prensar várias peças de cada máquina. Isso significava lotes menores e trocas rápidas de ferramentas, ou matrizes[14]. Os trabalhadores de Ohno criaram a troca rápida de matriz. Se em uma fábrica de produção em massa uma troca poderia levar um dia ou mais, os trabalhadores da Toyota conseguiam fazer o mesmo em questão de minutos.

Surpreendentemente, Ohno descobriu que produzir lotes menores com trocas rápidas na verdade resultava em economia de custos. Lotes pequenos também melhoravam a qualidade, pois os defeitos podiam ser detectados logo, e o *lead time* era mais baixo porque havia menos produtos em processo. Muitas de suas descobertas posteriores também provaram ser contra-intuitivas.

Na Toyota, comecei a compreender que nossos problemas hoje são os mesmos enfrentados pela Toyota em 1950:

- Mercados fragmentados que demandam muitos produtos em baixo volume
- Concorrência difícil
- Preços fixos ou em queda
- Tecnologia em rápida mudança
- Alto custo de capital
- Trabalhadores eficientes que exigem maior nível de envolvimento

No entanto, hoje temos mapa e compasso.

Completando a revolução lean na Toyota

Ao final dos anos 60, Taiichi Ohno havia estabelecido suas inovações nas instalações de produção da Toyota. O próximo passo era a implementação do sistema lean pelos forne-

---

[14] Uma matriz é um pedaço de metal duro usado para moldar metal em placas. As prensas criam as formas desejadas nas chapas de metal juntando matrizes superiores e inferiores sob milhares de quilos de pressão.

cedores da Toyota. Em 1969, Ohno estabeleceu a *Production Research Office*, agora chamada de *Operations Management Consulting Division* – OMCD (Divisão de Consultoria de Gerenciamento de Operações) – para formar grupos de trabalho em conjunto com os maiores e mais importantes fornecedores da Toyota. Seis grupos de sete componentes foram formados, cada um com um líder. Pediu-se que cada grupo conduzisse um *kaizen* importante por mês com a ajuda da OMCD. Os executivos dos outros grupos revisavam os resultados e faziam sugestões. A Toyota conseguiu essa transformação exigindo reduções constantes nos custos de peças a cada ano. Dessa forma, o sistema Toyota permeou toda a cadeia de fornecimento até o final dos anos 70[15].

O sistema lean é japonês?

A produção lean não é a regra no Japão. A maioria dos fabricantes japoneses luta com as mesmas dificuldades que na América do Norte.

Não faz muito tempo, dei uma palestra em uma conferência sobre produção lean que teve cobertura de uma equipe de TV japonesa. Perguntei a produtora sobre a situação atual no Japão. Ela me disse que havia muitos questionamentos e uma sensação generalizada de que o país perdera o rumo. O Japão não havia adotado a excelência em manufaturas, ela ponderou, e havia sido seduzido pela bolha econômica.

A OMCD continua seu trabalho como grupo de consultoria às fábricas e aos fornecedores da Toyota em todo o mundo. Em 1993, Hajime Ohba, protegido de Ohno, tornou-se gerente geral da Toyota Supplier Support Centre – TSSC (Centro de Apoio ao Fornecedor da Toyota) em Lexington, Kentucky, nos EUA. A TSSC ensina o pensamento lean para firmas americanas, sendo que muitas delas não são nem fornecedoras da Toyota e nem estão no setor automobilístico.

Resumo

Fred Taylor e Henry Ford procuraram lidar com as deficiências da produção artesanal. O gerenciamento científico de Taylor e as inovações na fábrica de Ford estabeleceram as bases para a produção em massa. As inovações na área da administração e o papel do movimento trabalhista organizado no controle de tarefas de trabalho e funções completaram o sistema. A produção em massa obteve uma vitória após a outra por décadas.

A Toyota enfrentava desafios desanimadores em termos financeiros, tecnológicos e nas relações trabalhistas há cinqüenta anos. Eiji Toyoda chegou a conclusão que a produção em massa não funcionaria no Japão. Ele e seu gênio de produção, Taiichi Ohno, criaram um sistema que fazia da virtude uma necessidade. Por exemplo, a falta de capital

---

[15] Womack, James. "The Challenge of Value Stream Management", Value Stream Management Conference, Dearborn, MI, dezembro, 2000.

incentivou o desenvolvimento de máquinas flexíveis e de tamanho certo, além de trocas rápidas. As restrições legais às demissões de trabalhadores criaram uma imagem da Toyota como uma comunidade e estabeleceu as bases para que o funcionário se envolvesse de forma intensa e solucionasse os problemas.

Levou trinta anos para que Ohno aperfeiçoasse seu sistema e conseguisse que fosse adotado na Toyota. Ele fundou a Operations Management Consulting Division (OMCD) para dar apoio ao pensamento lean nas fábricas e entre os fornecedores da Toyota. Este sistema seria surpreendente em quaisquer circunstâncias. Porém, hoje em dia, enfrentamos os mesmos problemas que a Toyota enfrentou há meio século atrás. O sistema de Ohno é hoje mais relevante do que nunca.

CAPÍTULO 2

O Sistema Lean de Produção

Adote a nova filosofia... estamos em uma nova era econômica.

W. Edwards Deming

A produção lean, também conhecida como o Sistema Toyota de Produção, representa fazer mais com menos – menos tempo, menos espaço, menos esforço humano, menos maquinaria, menos material – e, ao mesmo tempo, dar aos clientes o que eles querem. Existem dois livros importantes que popularizaram o termo *lean*:

- *The Machine That Changed the World*, de James Womack, Daniel Jones e Daniel Roos, publicado por Simon & Schuster em 1990.
- *Lean Thinking*, de James Womack e Daniel Jones, publicado por Simon & Schuster em 1996.

Apesar dos princípios lean terem sua origem na produção, vejo que eles podem ser aplicados universalmente. Nosso desafio é traduzir, adaptar e aplicá-los a nossa situação específica.

Por que produção lean?

A nova economia

Antigamente, as empresas podiam estabelecer seus preços de acordo com a seguinte fórmula[1,2]:

$$\text{Custo} + \text{Margem de lucro} = \text{Preço}$$

---

[1] Japanese Management Association, *Kanban – Just-in-Time at Toyota*, Productivity Press, Portland, OR, 1989.
[2] Toyota Motor Corporation, Operation Management Consulting Division, *The Toyota Production System*, Tokyo, 1995.

O setor de contabilidade determinava o custo baseado nos princípios de contabilidade de custos, e uma margem de lucro comum para a área era acrescentada. O preço era passado para o consumidor que, com quase toda certeza, pagava.

Isso não se aplica hoje em dia. A equação de lucro hoje é assim:

Preço (fixo) – Custo = Lucro

Na maioria das indústrias o preço é fixo (ou está em queda). O consumidor é mais poderoso do que nunca. Ele tem uma enorme variedade de escolhas, acesso sem precedentes à informação, e está exigindo excelente qualidade a um preço razoável.

Nesse tipo de ambiente, a única maneira de aumentar o lucro é reduzindo o custo. O grande desafio do século vinte e um não é a tecnologia de informação. É a redução de custos. Sua empresa consegue melhorar a qualidade continuamente e aumentar as escolhas do cliente, ao mesmo tempo em que reduz custos? A Figura 2.1[3] resume essas idéias.

No entanto, devemos reduzir nossos custos sem:

- Dizimar nossos membros de equipe
- Canibalizar nossos orçamentos de manutenção
- Enfraquecer nossa empresa em longo prazo

Na verdade, a única forma sustentável de reduzir custos é envolver os membros da sua equipe nas melhorias. E como se incentiva o envolvimento? Como se conquista os corações e as mentes de seu pessoal?

O sistema Toyota ataca *muda* (desperdício) de forma implacável, através do envolvimento de membros de equipe em atividades de melhoria padronizadas e compartilhadas. Um ciclo virtuoso se instala: quanto mais os membros de equipe se envolvem, mais sucesso eles têm. Quanto mais sucesso eles têm, maiores são as recompensas intrínsecas e extrínsecas, o que, por sua vez, estimula maior envolvimento. E assim por diante.

Os benefícios se refletem diretamente nos números finais.

- **Velha equação:**
  Custo + Lucro = Preço

- **Nova equação:**
  Preço (fixo) – Custo = Lucro

- **Portanto, o segredo para a lucratividade é:**
  Redução de custos

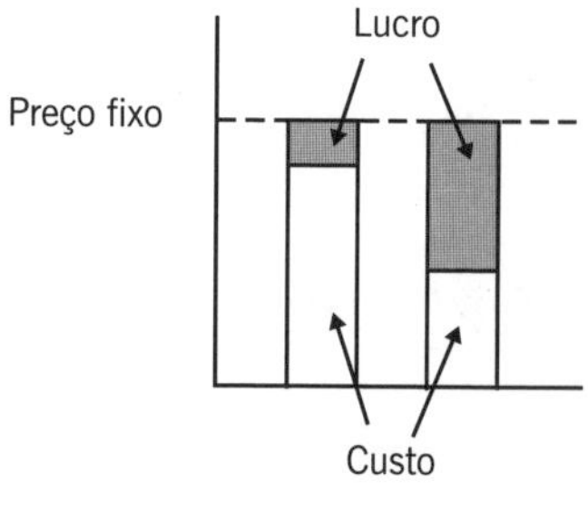

Figura 2.1 A meta é a redução de custos.

---

[3] Ibid.

> **Ilha da Fantasia**
>
> Parece que ainda existem organizações que conseguem passar aumentos de preço ao consumidor impunemente. Incluem-se aqui agências governamentais, cartéis apoiados pelo governo, empresas com propriedade tecnológica ou empresas envolvidas em negócios escusos.

Sistemas e pensar na forma de sistemas

Um sistema é uma série integrada de partes com uma meta claramente definida. Por exemplo, um carro é um sistema cuja meta é fornecer transporte. Sistemas possuem as seguintes características[4]:

- Cada parte do sistema tem um objetivo definível. Por exemplo, o objetivo do motor do carro é fornecer força motriz.
- As partes do sistema são interdependentes. O motor de um carro depende do subsistema de combustível para obter energia química e do subsistema de transmissão para fazer as rodas andar.
- Podemos compreender cada parte ao ver como essa se insere no sistema. Porém, não conseguimos compreender o sistema identificando as partes não montadas. Um carro não pode ser compreendido simplesmente ao ver suas partes – afinal, um helicóptero também tem motor, sistema de combustível e transmissão – mas em como essas partes se encaixam umas nas outras.
- Para entender o sistema, devemos entender seu objetivo, suas interdependências e suas interações. O motor de um carro pode estar funcionando bem, mas se a coluna de transmissão está fora do lugar, o carro não se moverá. Ou seja, devemos pensar no todo e nas diferentes partes.

O modelo do sistema solar que apresentei em um livro anterior[5] é um desenho de sistema simples e é mostrado na Figura 2.2. O "sol", ou cerne do sistema, é nossa meta e nosso objetivo. Os "planetas" são as atividades ou os componentes do sistema que usaremos para alcançar nossas metas. Quanto mais próxima uma atividade está do "sol", maior sua importância para alcançar nossas metas. Quando se desenvolve sistemas, é prudente priorizar nossas atividades (A, B, C) e nos desenvolver de acordo com essas prioridades.

Porém, nossos modelos de sistema são apenas desenhos. Para entender um sistema e torná-lo real, devemos ligar nosso modelo à prática de fato. A Figura 2.3 mostra a ligação entre nosso modelo de sistema e a prática de fato. As atividades *tuvwxyz* no modelo do sistema devem ser traduzidas para as ações *TUVWXYZ* no chão de fábrica. E, nossa compreensão do sistema lean A, nosso modelo mental, deve ser traduzido para o sistema lean B, a realidade no chão de fábrica. Essas tarefas são difíceis em um ambiente de fábrica de ritmo acelerado.

---

[4] Scholtes, Peter R. *The Leader's Handbook*, McGraw Hill, New York, 1998.
[5] Dennis, Pascal. *Quality Safety & Environment – Synergy in the 21st Century*, ASQ Quality Press, Milwaukee, 1997.

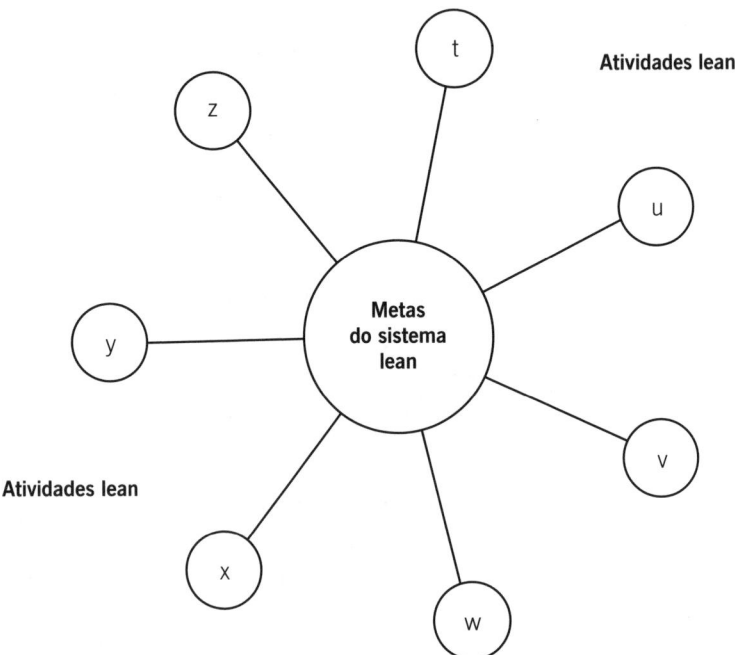

Figura 2.2 Modelo do sistema.

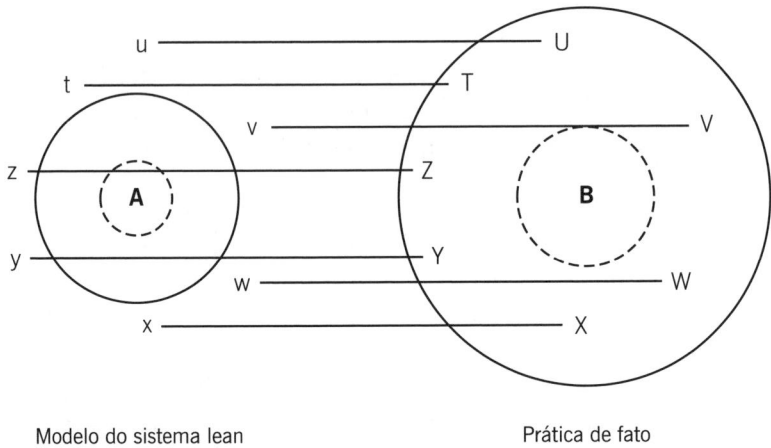

Modelo do sistema lean   Prática de fato

Figura 2.3 Modelo do sistema e prática de fato.

Pensar na forma de sistemas[6] é *a habilidade de pensar em termos de sistemas e saber como liderar sistemas*. Essa forma de pensar é difícil. A evolução nos programou para reagir a ameaças imediatas. Nosso sistema nervoso está focado em eventos externos dramáticos, tais como barulhos fortes e mudanças repentinas em nosso campo de visão. Estamos mal preparados para um mundo de ameaças que se desenvolvem de forma gradual.

Mentalidade de iniciante

Um dos aspectos agradáveis sobre os escritórios das fábricas da Toyota é que não existem paredes, literalmente. Assim, podemos facilmente perguntar coisas simples às pessoas inteligentes.

Certa vez pedi a um executivo da Toyota que me explicasse o ciclo PDCA (*plan-do-check-act*/planejar, fazer, verificar e agir). Ele respondeu, "Ah, PDCA. Levou dez anos para eu aprender como planejar, dez anos para fazer e dez anos cada para verificar e agir. Agora é que comecei a entender PDCA".

O "jeito de pensar"

Senseis (aqueles que nasceram antes) de lean enfatizam o "jeito de pensar"[7]. Tudo o resto pode ser ensinado. Mas como podemos aprofundar nosso pensamento? Como podemos desenvolver modelos mentais mais enriquecedores?[8] Através do auto-conhecimento e da prática constante[9]. Pense em um guerreiro samurai polindo sua espada. É disso que vem o *do*, ou o conceito de caminho (que discutiremos em mais detalhe no Capítulo 9).

Modelos mentais

Modelos mentais são as expectativas que temos sobre como o mundo funciona baseado em temperamento, criação e experiência. Modelos mentais são os óculos que todos nós usamos que filtram e distorcem a realidade. Por exemplo, em um congresso de dentistas, as pessoas olham para os dentes uns dos outros; em uma conferência de quiropraxistas, olham para a postura – são diferentes percepções da mesma realidade. De forma semelhante, duas pessoas vão para a mesma festa, captam os mesmos dados sensoriais – mais vêem rostos diferentes.

Modelos mentais lean e "convencionais" diferem de forma fundamental. Vejamos como:

Convencional	Toyota/Lean
Mova o metal! Cumpra os números!	Pare a produção – para que a produção nunca tenha que parar! (Conceito *jidoka*)
Produza quanto puder. Vá o mais rápido possível. (Sistema empurrado)	Produza apenas o que o cliente pediu. (Sistema puxado)
Produza lotes grandes e mova-os lentamente pelo sistema. (Lote e fila)	Produza objetos um de cada vez e mova-os rapidamente pelo sistema. (Fluxo)
Você fará assim! (Líder = Chefe)	O que você acha? (Líder = professor)
Temos alguns padrões. (Não tenho certeza de quais sejam ou se são seguidos...)	Temos padrões visuais simples para todas as coisas importantes.
Engenheiros e outros especialistas criam os padrões. O resto faz o que é mandado.	O pessoal mais próximo do trabalho desenvolve os padrões e chama os especialistas quando for necessário.
Não seja pego com a mão na botija!	Torne os problemas visíveis.

---

[6] Senge, Peter. *The Fifth Discipline*, Doubleday, New York, 1990.
[7] Discussão com executivo da Toyota.
[8] Para uma discussão detalhada sobre modelos mentais lean, consulte Pascal Dennis, *Getting the Right Things Done – a Leader's Guide to Planning and Execution*, LEI Press, Cambridge, 2006.
[9] Suzuki, Shunryo. *Zen Mind– Beginner's Mind*, Weatherhill, New York, 1970.

Convencional	Toyota/Lean
Apenas os peões vão até o chão de fábrica.	Vá e veja por si mesmo.
Faça – faça – faça – faça!	Plan-Do-Check-Adjust (PDCA – planeje-faça-verifique-ajuste) |охан
Nos capítulos a seguir, veja se consegue identificar os modelos mentais lean apresentados e como eles se diferenciam do pensamento convencional.	

Imagem básica de produção lean

Taiichi Ohno concebeu o sistema lean. Esse sistema foi estendido e aprofundado por vários praticantes fora de série, incluindo:

- Hiroyuki Hirano – o sistema 5S
- Seiichi Nakajima – Manutenção Produtiva Total (Total Productive Maintenance – TPM)
- Keniche Sekine – fluxo contínuo
- Shigeo Shingo – jidoka e troca de ferramenta em um dígito (Single Minute Exchange of Die – SMED)

No entanto, o sistema lean tem se mostrado difícil de entender como um todo. A tendência tem sido escolher algumas atividades – uma pitada de 5S, uma blitz de kaizen, um pouco de TPM – o que tem falhado em produzir os resultados desejados. Esses esforços de implementação, na pior das hipóteses, parecem um Frankenstein – um projeto feito de várias partes mal-ajustadas, costuradas juntas na esperança de que algo o trará a vida. Na Toyota, ao contrário, vi que nossos esforços seguiam uma lógica orgânica guiada pela pergunta: *Qual é a necessidade?*

Os livros de Taiichi Ohno e do Professor Yasuhiro Monden da Universidade de Tsukuba são recursos valiosos que descrevem a Toyota em detalhe. Contudo, sua profundidade e abrangência tendem a assoberbar o iniciante em produção lean. Usando a metáfora indiana dos cegos e do elefante que apresentei antes, esses livros são para as pessoas que já sabem como se parece um elefante e que desejam aprender mais sobre seus hábitos de acasalamento, sua estrutura social e química sangüínea, ao contrário de pessoas que não têm qualquer experiência direta com elefantes e querem apenas saber como esses se parecem. Além do mais, os aforismos do Sr. Ohno contêm um aspecto zen que pode não ser muito familiar para muitos leitores que nunca leram nada sobre a Toyota antes.

Os excelentes livros de Jim Womack e Dan Jones aprofundaram nosso apreço pelo sistema Toyota e o colocaram em um contexto social e histórico. Womack e Jones continuam a desbravar novas fronteiras. Porém, seu trabalho não tem como objetivo o praticante do chão de fábrica.

Uma imagem vale por mil palavras. A Casa de Produção Lean da Figura 2.4 é nossa imagem[10, 11]. Levei vários anos para entendê-la. Nos próximos capítulos, revisaremos

---

[10] Japanese Management Association – *Kanban – Just-in-Time at Toyota*, Productivity Press, Portland OR, 1989.
[11] Documento de treinamento da Toyota.

```
                    Foco
             principal do cliente:
    Maior qualidade possível, menor custo possível, lead time
       mais curto através da eliminação constante de muda

    ┌─────────────┐                          ┌─────────────┐
    │ Just-in-time│                          │   Jidoka    │
    └─────────────┘                          └─────────────┘
                        Envolvimento:

                      Membros de equipe
                    flexíveis e motivados e que
                      estão continuamente à
                         procura de um
                          jeito melhor

                         Padronização
                          Estabilidade
```

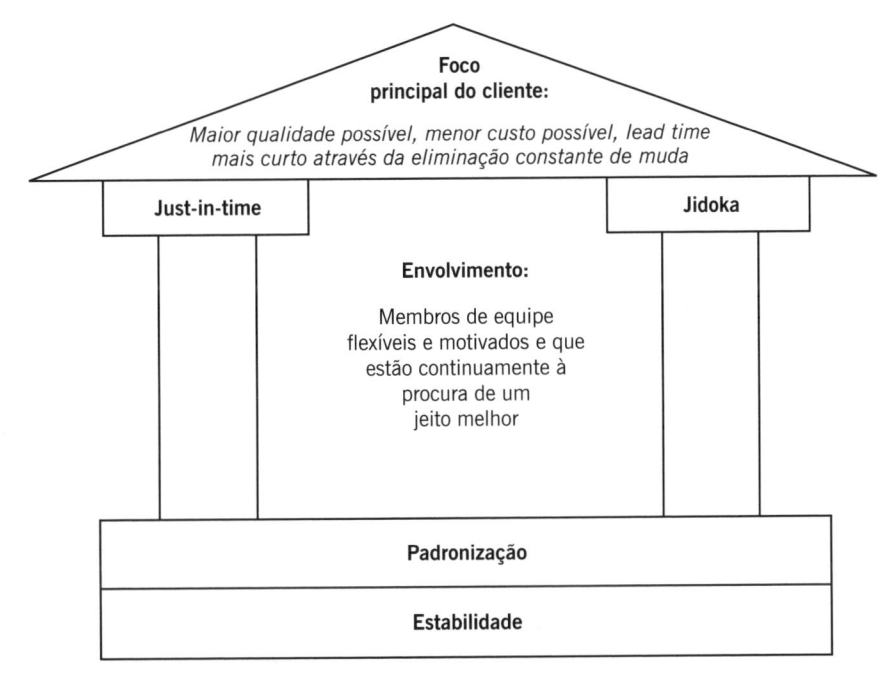

Figura 2.4 Imagem básica da produção lean.

cada parte da casa. À medida que seu entendimento se aprofundar, você perceberá camadas de significado e passará a entender a importância de um espírito humilde.

A base do sistema lean é estabilidade e padronização. As paredes são a entrega de peças e produtos *just-in-time* e *jidoka*, a automação com uma mente humana. A meta (o telhado) do sistema é o *foco no cliente*: entregar a mais alta qualidade para o cliente ao mais baixo custo, no *lead time* mais curto. O coração do sistema é o envolvimento: membros de equipe flexíveis e motivados, constantemente a procura de uma forma melhor de fazer as coisas.

Na Toyota passei a entender que cada atividade está interconectada com outra, e que o mesmo "jeito de pensar" está em sua base. O poder do sistema Toyota está no constante reforço de seus conceitos centrais. A Figura 2.5 ilustra onde cada atividade lean se encaixa. Nos capítulos a seguir, ilustraremos cada componente de nossa figura.

Foco no cliente

Nossa meta é fornecer a mais alta qualidade com o menor custo, dentro do menor tempo, através da contínua eliminação de *muda*, ou desperdício. Porém, hoje em dia, os clientes têm expectativas mais amplas. Portanto, empresas lean acrescentaram segurança, meio ambiente e moral aos seus princípios. É a partir disso que temos a sigla PQCDSM:

- Productivity – produtividade

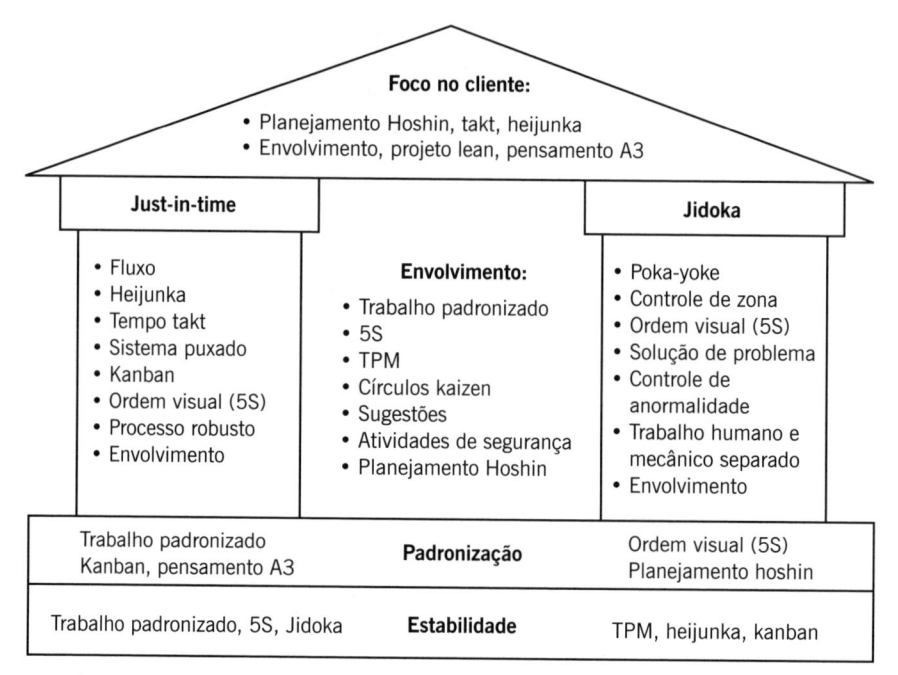

```
                    Foco no cliente:
              • Planejamento Hoshin, takt, heijunka
              • Envolvimento, projeto lean, pensamento A3
```

Just-in-time	Envolvimento:	Jidoka
• Fluxo • Heijunka • Tempo takt • Sistema puxado • Kanban • Ordem visual (5S) • Processo robusto • Envolvimento	• Trabalho padronizado • 5S • TPM • Círculos kaizen • Sugestões • Atividades de segurança • Planejamento Hoshin	• Poka-yoke • Controle de zona • Ordem visual (5S) • Solução de problema • Controle de anormalidade • Trabalho humano e mecânico separado • Envolvimento
Trabalho padronizado Kanban, pensamento A3	**Padronização**	Ordem visual (5S) Planejamento hoshin
Trabalho padronizado, 5S, Jidoka	**Estabilidade**	TPM, heijunka, kanban

Figura 2.5 Atividades Lean.

- Quality – qualidade
- Cost – custo
- Delivery time – tempo de entrega
- Safety and environment – segurança e meio ambiente
- Morale – moral

Devemos confirmar diariamente que nossas atividades estão avançando em PQCDSM. Se não estiver, é pura *muda*.

Muda

Muda é uma palavra em japonês que você precisa conhecer. Seu significado está exatamente ligado ao som que tem: pesado e desagradável, gruda na boca. *Muda* significa desperdício, ou qualquer atividade que o cliente *não* está disposto a pagar[12].

Muda é o oposto de valor, que é, simplesmente, o que um cliente *está disposto* a pagar. Vamos pensar em uma fábrica de arquivos de metal. O cliente está disposto a pagar por placas de metal que são cortadas, dobradas, soldadas e pintadas. Porém, esse cliente não quer pagar por tempo de espera, correção ou excesso de estoque, ou qualquer outra forma de *muda*.

---

[12] Japanese Management Association, *Kanban– Just-in-Time na Toyota*, Productivity Press, Portland, OR, 1989.

O movimento humano pode ser dividido em três categorias (Figura 2.6)[13, 14]:

- Trabalho de fato: qualquer movimento que acrescente valor ao produto.
- Trabalho auxiliar: movimentos que dão apoio ao trabalho de fato – geralmente ocorre antes ou depois do trabalho de fato (p.ex: escolher uma peça da caixa do fornecedor, ou inserir a peça na máquina).
- Muda: movimento que não cria qualquer valor. Aqui temos um bom teste: Se você parasse de fazer esse movimento, não teria qualquer efeito adverso para o produto.

Vamos tomar como exemplo uma operação de solda por pontos:

- O trabalho de fato consiste naqueles poucos momentos da solda por pontos.
- O trabalho auxiliar pode consistir em montar e remover a peça para o trabalho.
- Muda pode consistir em:
  - caminhar desnecessário, ou ter que se esticar para montar a peça;
  - fazer mais soldas por pontos do que o necessário;
  - produzir mais peças do que o cliente precisa.

Existem oito diferentes tipos de *muda*, com é mostrado na Figura 2.7[15]. Também podemos observar a surpreendente proporção de valor para *muda* de 5/95, comum na maioria das

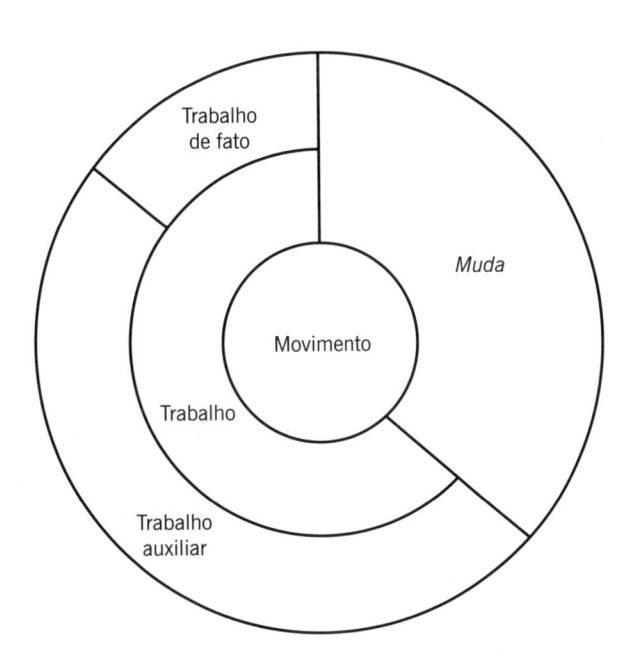

Figura 2.6 Trabalho *versus Muda*.

---

[13] Documento de treinamento da Toyota.
[14] Toyota Motor Corporation, Operations Management Consulting Division, The Toyota Production System, Tokyo, 1995.
[15] Documento de treinamento da Toyota.

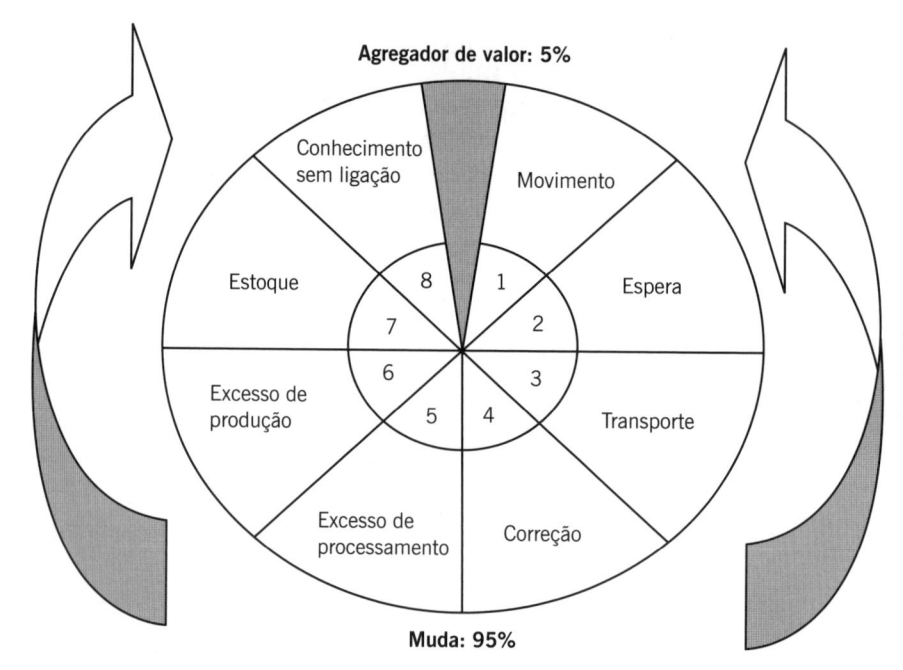

Figura 2.7 Aprendendo a enxergar *Muda*.

operações. A maioria de nossas atividades do dia-a-dia é composta de *muda*. Por isso, a mais importante frase de Taiichi Ohno: "Custo real é do tamanho de uma semente de ameixa".

Mas isso também representa uma grande oportunidade. Pense no desperdício como uma conta bancária cheia de nosso dinheiro. Temos que aprender a fazer retiradas.

Movimento

Movimento desperdiçado tem tanto um componente humano quanto mecânico envolvido. Movimento humano desperdiçado está relacionado à ergonomia do local de trabalho. Maus projetos ergonômicos afetam de forma negativa a produtividade e qualidade, além de afetar a segurança. A produtividade sofre quando há caminhar, alcançar ou torção desnecessários. A qualidade sofre quando o trabalhador precisa ir além de seu limite para processar ou verificar uma peça utilizada para o trabalho, pois precisa se esticar ou se torcer, ou devido a condições ambientais prejudiciais.

Más condições ergonômicas talvez tenham o maior impacto na segurança. Ferimentos ergonômicos somam mais de 50% de todos os ferimentos no local de trabalho na América do Norte. Os fatores de risco ergonômicos de maior importância são a postura, a força e a repetição, todas ligadas à forma em que o local de trabalho é projetado. A ergonomia, portanto, é fundamental na redução de *muda* do movimento humano.

O desperdício de movimentos mecânicos também existe, por exemplo, quando a peça e a máquina de solda por pontos estão desnecessariamente longes um do outro. Uma melhoria simples seria posicioná-las em locais próximos. Da mesma forma, máquinas que estão muito distantes umas das outras resultam em *muda* de movimento desnecessária.

Espera

Desperdício devido à espera ocorre quando um trabalhador precisa esperar para que material seja entregue ou para que uma parada na linha seja resolvida, ou quando funcionários ficam parados esperando que uma máquina processe uma peça. Também ocorre quando há um excesso de produtos em processo (WIP – *work-in-process*) devido a uma grande produção de lotes, problemas no equipamento linha abaixo ou defeitos que exigem correção.

A espera aumenta o *lead time* – ou seja, o tempo entre o momento em que o cliente fez o pedido e o momento em que ele o recebe – uma medida crucial dentro do sistema lean. *Lead time* pode ser definido da seguinte forma:

Lead time = tempo de processamento + tempo de retenção

Esperas aumentam o tempo de retenção, que excede em muito o tempo de processamento na maioria das operações de fábrica.

Transporte

O desperdício no transporte inclui o desperdício em grande escala causado pelo leiaute ineficiente no local de trabalho, pelo equipamento excessivamente grande, ou pela produção tradicional de lotes. Tal desperdício ocorre, por exemplo, quando grandes lotes precisam ser transportados de um processo para outro. Produzir lotes menores e colocar os processos mais próximos uns dos outros pode reduzir o *muda* de transporte.

Existe também um componente menor relacionado ao transporte por trabalhadores de peças dentro de uma área específica de um processo. Desperdícios de transporte, atraso e movimento estão intimamente ligados. O transporte é *muda* necessário – é evidente que materiais precisam ser movidos dentro da fábrica – mas isso deve ser minimizado.

Correção

O *muda* de correção está relacionado a produzir e ter que consertar produtos com defeito. Consiste em todo o material, o tempo e a energia envolvidos na produção e no conserto de defeitos. Hoje em dia, há uma enorme quantidade de literatura sobre custos de qualidade – ou seja, sobre os custos de corrigir esse *muda*.

Excesso de processamento

Esta é uma forma sutil de *muda* relacionado a produzir mais do que o cliente requer. Esse tipo de *muda* com freqüência existe em empresas administradas por seus departamentos de engenharia. Por exemplo, empresas encantadas por uma determinada tecnologia ou comprometidas em atingir uma dada meta técnica podem esquecer daquilo que o cliente realmente quer.

A Porsche passou por isso nos anos 80 quando a empresa buscava constantemente atingir metas de engenharia que não estavam relacionadas aos desejos dos clientes. Por exemplo, os automóveis da Porsche naquela época alcançaram incrementos no desempenho a 200 km/h ou mais.

Estoque

M*uda* de estoque está relacionado à manutenção de matéria-prima, peças e WIP desnecessariamente. Essas condições resultam do fluxo reprimido em uma fábrica e no caso em que a produção não está ligada ao ritmo do mercado (puxar).

Por exemplo, organizações que programam sua produção apenas baseada nos sistemas de planejamento de material necessário (MRP) inevitavelmente têm um desperdício de estoque substancial. MRP é um sistema "empurrado". Em outras palavras, a produção é programada em cada departamento – ou empurrada – independente das necessidades do processo linha abaixo. Essa programação depende do estoque e níveis de WIP registrados na base de dados, que geralmente variam muito dos níveis reais. Assim, trabalhadores e supervisores produzem a mais "só por segurança" e o WIP se acumula.

Excesso de produção

Taiichi Ohno via a produção em excesso como a origem de todo o mal na área da manufatura[16]. A produção em excesso significa produzir coisas que não serão vendidas. Aqui estão alguns dos custos relacionados:

- Construção e manutenção de grandes depósitos
- Mais trabalhadores e máquinas
- Mais peças e materiais
- Mais energia, combustível e eletricidade
- Mais empilhadeiras, reboques, paletes e bases metálicas para bastidores
- Problemas escondidos e pontos de kaizen invisíveis

A produção em excesso está na origem de outros tipos de *muda*:

- Movimento: trabalhadores estão ocupados produzindo coisas que ninguém pediu.
- Espera: relacionada a grandes lotes.
- Transporte: produtos finais desnecessários precisam ser levados aos depósitos.
- Correção: a detecção precoce de defeitos é mais difícil com grandes lotes.
- Estoque: a produção em excesso cria matéria-prima, peças e WIP desnecessários.

Se evitarmos a produção em excesso, daremos passos gigantes em direção às nossas metas.

Conhecimento sem ligação

Esse tipo de *muda* existe quando há falta de comunicação dentro de uma empresa ou entre a empresa e seus clientes e fornecedores. A falta de comunicação dentro de uma empresa pode ser horizontal, vertical ou temporária. Isso inibe o fluxo de conhecimento, idéias e criatividade, criando frustração e oportunidades perdidas. A popularidade de

---

[16] Ohno, Taiichi. *Toyota Production System – Beyond Large Scale Production*, Productivity Press, Portland, OR, 1988.

Dilbert* sugere que o desperdício de conhecimento pode ter chegado a proporções epidêmicas na América do Norte.

Quando uma empresa está conectada à voz do cliente, cria produtos que constantemente satisfazem esse cliente e podem até encantá-lo. Quando uma empresa e seus fornecedores estão em sintonia, podem, em conjunto, identificar *muda* e agir em benefício mútuo. Não haverá tantas oportunidades perdidas. Womack e Jones[17] cunharam o termo *macro fluxo de valor* (macro value stream) para destacar as oportunidades que existem tanto cadeia acima quanto cadeia abaixo no fluxo de valor.

Uma palavra de cautela

Aprender a ver o desperdício é um primeiro passo importante. Porém, o sistema lean é muito mais do que uma caçada a *muda*. Também existem metas positivas importantes. Por exemplo, procuramos criar fluxo contínuo para que o cliente possa puxar. Procuramos criar estabilidade para que qualquer impedimento ao fluxo possa logo ficar aparente. Procuramos usar as técnicas do gerenciamento visual para que a condição fora do padrão fique visível. E procuramos envolver nossos membros de equipe em todas essas atividades, pois eles são a fonte de melhorias contínuas.

Muda em um restaurante grego

Meus pais administraram um restaurante grego em Toronto por quarenta anos. Obtive uma idéia concreta de *muda* cedo na vida. Lembro dos garçons e cozinheiros veteranos lidando com dezenas de pedidos sem esforço nenhum. Qual era seu segredo? Economia de movimento e sistemas visuais simples que tornavam as condições do negócio evidentes com um só olhar.

Agora, anos depois, quando entro em um restaurante (ou fábrica), não consigo deixar de notar as várias formas de *muda* e me pergunto como esse pessoal poderia melhorar. Já me vi em apuros por causa disso.

Mura

Mura[18] se refere à falta de regularidade ou flutuação no trabalho, geralmente causadas por planos de produção oscilantes. Um exemplo simples seria uma linha de produção que estivesse produzindo modelos complexos em um dos turnos e modelos simples em outro. Ou seja, os trabalhadores ultrapassam seu limite durante metade do dia e relaxam na outra metade. O sistema lean procura reduzir *mura* através de *heijunka*, ou nivelamento de produção, misturando modelos, por exemplo.

---

* N. de T.: Personagem de tiras criado por Scott Adams nos Estados Unidos.
[17] Womack, James P. e Jones, Daniel T., *Lean Thinking*, Simon & Schuster, New York, 1996.
[18] Documento de treinamento da Toyota.

Muri

Muri[19], quer dizer "difícil de fazer" e pode ser causado por variações na produção, maus projetos de funções ou de ergonomia, mau ajuste de peças, ferramentas ou gabaritos inadequados, e assim por diante.

A Figura 2.8[20] ilustra a relação entre *muda*, *mura* e *muri*.

Problema: Qual é a melhor forma de mover uma carga de 6.000 kg com uma empilhadeira com capacidade para 2.000 kg?

Muda (desperdício): 6 viagens @ 1.000 kg

Mura (irregularidade): 2 viagens @ 2.000 kg
2 viagens @ 1.000 kg

Muri (difícil de fazer – sobrecarga):
2 viagens @ 3.000 kg

O melhor: 3 viagens @ 2.000 kg

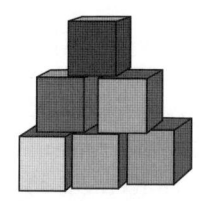

Carga: 6.000 kg   Capacidade: 2.000 kg

Figura 2.8 *Muda, Mura* e *Muri*.

Resumo

Apresentei a Casa de Produção Lean em torno da qual este livro está organizado. Uma das metas do sistema lean é eliminar o gasto para melhorar a lucratividade – a única estratégia eficaz em uma nova economia. Atividades lean são inter-relacionadas, se apóiam mutuamente e estão baseadas no mesmo jeito de pensar.

Os oito tipos diferentes de *muda* ou desperdício foram discutidos, assim como os conceitos relacionados de *mura* e *muri*. O excesso de produção é o desperdício mais grave. No entanto, a produção lean é mais do que apenas uma caçada por *muda*. As metas positivas da produção lean incluem a criação de fluxo para que o cliente possa puxar, e o envolvimento de trabalhadores em atividades de melhoria.

---

[19] Ibid.
[20] Ibid.

CAPÍTULO 3

Estabilidade

Dê-me um ponto de apoio que ergo o mundo.

Archimedes

Na Toyota aprendi que melhorias seriam impossíveis sem estabilidade nos 4 Ms[1]:

Man/Woman – Homem/Mulher
Machine – Máquina
Material – Material
Method – Método

Para chegar à estabilidade, de vez em quando éramos obrigados a adotar ações não-lean, tais como aumentar *buffers* ou acrescentar pessoas ou máquinas. Essas ações nos davam tempo para resolver nossos problemas básicos e, ao mesmo tempo, cumprir com nossas obrigações com nossos clientes.

A estabilidade começa com gerenciamento visual e o sistema 5S. Os 5S dão suporte para o trabalho padronizado e a manutenção produtiva total (TPM), que são centrais para a estabilidade de método e de máquina, respectivamente[2]. Além do mais, os 5S dão suporte à produção *just-in-time* (JIT) fornecendo informações práticas que facilitam a tomada de decisões.

---

[1] Documento de treinamento da Toyota.
[2] Não trataremos da estabilidade material aqui. Empresas lean confirmam peças e matérias-primas usando as técnicas já bem-desenvolvidas para o gerenciamento de qualidade. Toyota vai um passo além e dá apoio real para fornecedores através de seu *Operations Mangement Consulting Division*, e, na América do Norte, o *Toyota Suppliers Support Centre*.

Padrões dentro do sistema lean

O alicerce da produção é o padrão – aquilo que deve acontecer. O alicerce da excelência é adotar um padrão. Contudo, para muitos, o termo "padrão" sugere enormes manuais de baboseiras ilegíveis. Estatutos governamentais são um bom exemplo[3]. Tenho um amigo advogado que diz que nunca lê estatutos – acabaria com sua qualidade de vida.

Descobri que padrões são muito diferentes na Toyota. Vamos responder algumas perguntas fundamentais[4]:

Processo de melhoria lean

Aprendemos na Toyota processos de melhoria simples e elegantes:

1. **Estabilizar** os 4 Ms. Não é possível fluir ou puxar sem mão-de-obra, métodos, máquinas e materiais estáveis. Por favor, se concentre nos problemas maiores.
2. **Fluir**, ou seja, à medida que você estabiliza, gradualmente reduza os tamanhos dos lotes e o comprimento das filas. A condição ideal é "fazer um – mover um" (ou, "sirva um – mova um"). Agindo assim, serão reduzidas as despesas de operação (ex.: custo de estoque), defeitos e *lead time*.
3. **Puxar**, ou seja, não produza um item até que o cliente fluxo abaixo o queira. A magia do sistema puxado está no controle do produto em processo, o que traz os benefícios citados acima.
4. **Melhorar o sistema**. Queremos atingir a perfeição – apesar de sabermos que nunca a alcançaremos. A visão de Taiichi Ohno citada no capítulo anterior, "custo real tem o tamanho de uma semente de ameixa", reflete essa idéia. Nosso espírito deve ser humilde, mas resoluto. A cada dia melhoramos um pouco mais e nunca desistimos.

---

1. O que é um padrão?
   - Um padrão é uma imagem clara de uma condição desejada.
2. Por que os padrões são tão importantes no sistema lean?
   - Padrões tornam as anormalidades imediatamente visíveis para que ações corretivas possam ser tomadas.
3. O que torna um padrão eficaz?
   - Um bom padrão é simples, claro e visual.

Padrões – uma base para a comparação

Em japonês, o termo "padrão" não tem as conotações negativas que foram mencionadas acima. Um padrão é uma base de comparação, uma forma de tornar óbvia a condição fora de padrão – para que possamos tomar contramedidas. Portanto, um padrão pode ser:

---

[3] Por exemplo, padrões federais americanos quanto ao meio ambiente consistem, hoje em dia, de 17 volumes e 35.000 páginas. Quem consegue acompanhar, sem falar em entender, esses padrões? Phillip Howard defende a idéia de que, quando a lei (ou seja, os padrões) perde contato com o bom senso, perdemos o compasso que orienta nosso comportamento (*The Death of Common Sense – How Law is Suffocating America*, Warner Books, New York, 1996).

[4] Discussão com um executivo da Toyota.

- uma tabela padronizada de uma página demonstrando como se inicia o cromatógrafo de gás em um laboratório,
- uma silhueta pintada na parede em uma loja de manutenção de hospital, mostrando quais os gabaritos e as ferramentas que vão naquele local,
- um quadro de horários de entrega em uma doca de recebimento mostrando quais as entregas esperadas e quais chegaram no horário,
- um mostrador visual em um departamento de desenvolvimento de produtos mostrando a capacidade, o atravessamento e as metas de tempo de ciclo desse departamento, além de sua carga atual de projetos, em que fase se encontra cada projeto, e quais são os principais problemas.

Ponto importante: Deve ser fácil enxergar o que está acontecendo.

No sistema lean os padrões estão ligados à ação. Um livro grosso em uma prateleira tem pouco sentido. Porém, uma imagem clara postada no ponto de uso tem um forte efeito. Vamos considerar um padrão de qualidade para acabamento de pintura, digamos. Aqui temos três tipos de padrão e sua força relativa:

- Uma descrição escrita na gaveta da escrivaninha do supervisor – pouco efeito
- Imagem postada no local de trabalho – maior efeito
- Exemplo real, tanto das boas condições quanto das más condições, postada no ponto de uso – mais alto efeito

Daí é que vem o conceito de gerenciamento visual.

Gerenciamento visual

O sistema 5S foi projetado para criar um local de trabalho visual – ou seja, um local de trabalho que seja auto-explicativo, auto-organizativo e auto-melhorável[5]. Em um ambiente visual, a situação que está fora do padrão imediatamente fica evidenciada e os funcionários podem corrigir tal situação facilmente. Gerir assim, baseado em exceções, torna a excelência possível. Michael Greif, em seu excelente livro, *The Visual Factory*[6], define o triângulo do gerenciamento visual (Figura 3.1).

Gerenciamento visual no Zoológico Metro Toronto

O Zoológico Metro Toronto ocupa várias centenas de acres no belo Rouge River Valley na parte leste da cidade. Minhas duas filhinhas, Eleanor e Katie, sempre mostram o caminho. E nunca se perdem.

"Para onde estamos indo agora, crianças?"

"Para ver os gorilas no Pavilhão Africano, papai!"

"Onde fica isso?"

"É só seguir as pegadas de gorila, papai!"

Isso se chama bom gerenciamento visual: uma criança sabe para onde está indo.

---

[5] Galsworth, Gwendolyn. *Visual Systems*, AMACOM, New York, 1997.
[6] Greif, Michael. *The Visual Factory*, Productivity Press, Portland, OR, 1991.

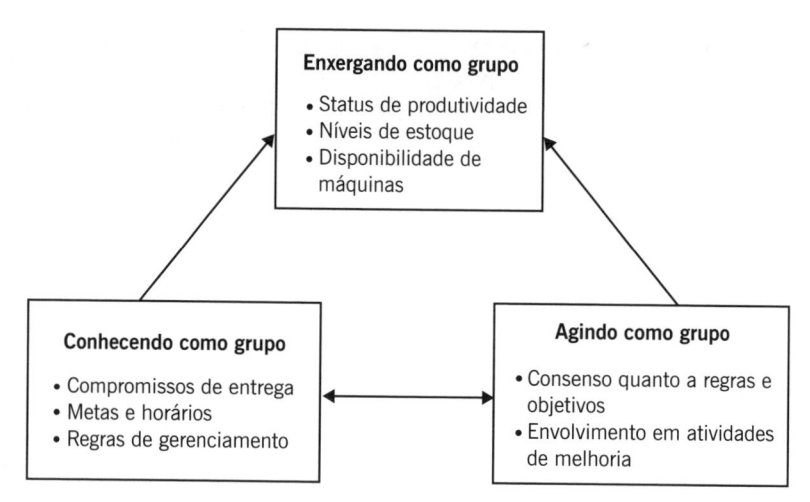

Figura 3.1 O triângulo de gerenciamento visual.

```
                    Enxergando como grupo
                    • Status de produtividade
                    • Níveis de estoque
                    • Disponibilidade de
                      máquinas

Conhecendo como grupo                    Agindo como grupo
• Compromissos de entrega                • Consenso quanto a regras e
• Metas e horários                         objetivos
• Regras de gerenciamento                • Envolvimento em atividades
                                           de melhoria
```

Cometemos um grave erro quando eliminamos controles visuais, tais como horários na parede, e os substituímos por computadores. Tabelas nas paredes dão suporte ao triângulo do gerenciamento visual. Envolvem a equipe e levam todos a agir.

O computador tem valor incalculável, mas não para a comunicação em grupo – não possui uma interface pública. Esse é o calcanhar de Aquiles dos sistemas de planejamento de material necessário (MRP) e planejamento de recursos empresariais (ERP) – ficam invisíveis e, portanto, anestesiam o local de trabalho. Quando computadores oferecerem visibilidade expandida (por exemplo, a exposição de dados em quadros bem iluminados, com mostruários gráficos expondo o fluxo de produção e estoques), terão um papel mais significativo no chão de fábrica.

O Sistema 5S

O 5S[7,8,9] é um sistema aparentemente simples que consiste do seguinte:

- Separar
- Classificar
- Limpar (e inspecionar)
- Padronizar
- Manter

Ou seja, na Toyota vi que uma boa condição 5S é um local de trabalho limpo, bem organizado, que fala com você – essa é a base da melhoria.

---

[7] Hirano, Hiroyuki. *5 Pillars of the Visual Workplace*, Productivity Press, Portland, OR, 1995.
[8] Toyota Motor Corporation, Operations Management Consulting Division, *The Toyota Production System*, Tokyo, 1995.
[9] As palavras correspondentes em japonês são *seiri, seiton, seiso, seiketsu* e *shitsuke*.

S1 – Separar

> Se estiver em dúvida, jogue fora.
> *Regra básica da etiquetagem vermelha*

O primeiro princípio da ordem visual é separar o que você não precisa. O local de trabalho pode ter coisas em excesso – peças, produtos em processo, sucata, gabaritos, estantes de estoque, caixas, arquivos, documentos, mesas, cadeiras, prateleiras, armários, telefones, material de empacotamento, ferramentas, maquinaria, equipamento e assim por diante. Algumas coisas são necessárias para seus objetivos, mas boa parte não é. Pilhas de coisas se acumulam e impedem o fluxo de trabalho. As confusões aumentam e *lead times* longos tornam-se crônicos.

Gerenciamento "só para estar seguro"

Muitos de nós somos acumuladores. Meu pai, por exemplo, tem três ou quatro aspiradores antigos em sua garagem. Sua atitude é "vou ficar com eles – só para estar seguro". (Sabe-se lá, a gente pode precisar de um aspirador de 1963 um dia.)

Assim, as coisas vão se acumulando. Objetos que já foram úteis, mas já não são mais, nunca são jogados fora. Um círculo vicioso se instala. Sua presença torna mais difícil dizer o que é necessário. Gastamos nosso precioso tempo tentando decidir o que é importante e o que não é. Além do mais, esses itens desnecessários tomam mais e mais espaço precioso nas prateleiras e no chão. Com o tempo, chegamos à conclusão de que precisamos mais espaço precioso, mais estantes, mais paletes, mais empilhadeiras, depósitos maiores – sem falar em mais pessoal para operar e administrar tudo isso. Toda essa bagunça também cria riscos para a segurança como escorregões, tropeços e quedas, além de pontas e cantos onde podemos nos machucar.

Etiquetagem vermelha

Defina o que precisará para chegar a seus objetivos de produção e jogue todo o resto fora.

A ferramenta S1 mais importante é a etiquetagem vermelha.

A etiqueta vermelha é uma etiqueta simples contendo a seguinte informação:

- Classificação do item
- Identificação e quantidade do item
- Motivo para a etiquetagem vermelha
- Seção de trabalho
- Data

Etiquetas vermelhas são colocadas em itens desnecessários durante a fase de separação do 5S.

A seguir listamos o suporte essencial para a técnica da etiquetagem vermelha[10]:

1. *Estabeleça uma área de etiquetas vermelhas para a remoção.* Pode ser uma unidade com prateleiras ou uma área separada com cordão no chão de fábrica.

---

[10] Galsworth, Gwendolyn. *Visual Systems*, AMACOM, New York, 1997.

2. *Programe uma pausa para a etiqueta vermelha.* Esse período para respirar pode durar alguns dias ou algumas semanas. Dará uma chance às pessoas para fazerem arranjos para jogar fora ou reciclar objetos e dará aos gerentes e supervisores tempo de revisar os itens antes que sejam descartados.
3. *Explore as opções para reciclagem.* Muitas coisas que ninguém quer não se parece lixo. Para se tornar um bom cidadão corporativo durante o S1, recicle diretamente, revenda ou negocie, e venda (*garage sale**).
4. *Estabeleça um procedimento para colocar a disposição ativos de capital.* Utilize um formulário de etiquetagem vermelha para a colocação a disposição de objetos para se assegurar de que possa haver o rastreamento por auditoria de ativos de capital importantes.
5. *Meça o volume de etiquetas vermelhas.* Para medir S1, conte quantos depósitos foram preenchidos, pese os itens que foram jogados fora, rastreie quantas estantes e prateleiras foram liberadas e calcule a área de chão que foi liberada.
6. *Comprometa-se com a etiquetagem vermelha regular.* Marque uma semana de etiquetagem vermelha anual. Algumas empresas fazem a etiquetagem vermelha trimestralmente usando um carrinho de etiquetas vermelhas que vai passando na última sexta-feira de cada trimestre.

A etiqueta vermelha é, efetivamente, uma ordem de execução. O "criminoso" é levado ao local da etiqueta vermelha para remoção. Qualquer pessoa pode defender um adiamento de execução. A equipe toma a decisão final.

5S na New United Motor Manufacturing Inc.

Em 1983, a Toyota investiu em uma fábrica falida da GM em Fremont na Califórnia. Mais de 5.000 trabalhadores haviam perdido seus empregos. Sua esperança era de que haveria o bem-sucedido lançamento de um novo modelo de veículo. Mas, foi dito à Toyota que não haveria espaço para uma nova linha.

Aplicando o 5S, os membros da equipe Toyota liberaram 30% de espaço no chão de fábrica, mais do que o suficiente para a nova linha. O novo modelo foi lançado com sucesso e o NUMMI seguiu em frente. O NUMMI é ganhador várias vezes da medalha de ouro de qualidade JD Power. Nunca mais houve demissões.

S2 – Classificar

Um lugar para tudo e tudo em seu lugar.

Provérbio

Agora estamos prontos para organizar o que sobrou para minimizar movimentos desperdiçados. Onde devemos colocar nossas máquinas, ferramentas, estantes de estoque e tudo mais, para reduzir o *muda* de movimento?

---

* N. de T.: O "garage sale" é uma tradição americana geralmente feita na hora de uma mudança de casa, ou simplesmente para descartar objetos que já não são necessários. É feito uma venda, aberta ao público, de objetos pessoais, muitas vezes na garagem da casa (daí o nome).

Racionalize os lugares

Escolha um local piloto e desenhe dois mapas em dois pedaços grandes de papel que descrevam[11]:

- A situação como é.
- A situação como poderia ser.

Desenhe limites de área e faça dois conjuntos de pequenos papéis adesivos representando o que está contido na área (em escala).

Coloque os papéis adesivos no mapa da situação como é para mostrar sua condição atual. Agora, com corda vermelha, ou setas adesivas vermelhas, mostre como o material se movimenta atualmente. Em muitos locais de trabalho, o resultado será um diagrama em espaguete. Coloque uma tabela grande ao lado do mapa da situação como é e peça aos membros de equipe para que preencham, incluindo as confusões atuais, possíveis contramedidas e comentários. Deixe a tabela exposta por pelo menos uma semana e peça *feedback*.

Agora, da mesma forma, faça um mapa da situação como poderia ser. Tente lidar com as confusões indicadas pelos membros de equipe. Responda a cada sugestão colocada na tabela. Tente minimizar movimentos desperdiçados. Mostre fluxos de material como foi feito com o mapa da situação como é. Você reduziu os movimentos desperdiçados? O novo leiaute faz sentido para todo mundo? Mais uma vez, deixe o mapa exposto por pelo menos uma semana e peça *feedback*.

A diferença entre os dois mapas será reveladora. Com esse processo, você aprenderá a enxergar de um jeito novo. Provavelmente não chegará a um consenso quanto ao lugar em que todas as peças devem ir. E talvez não consiga mover aquela prensa. Não se desencoraje. Certamente já terá ganho muito, e o 5S não é feito em uma tacada só.

Agora vem a prova dos nove. Em um local vazio da fábrica, ou no estacionamento (se o tempo permitir), desenhe seu leiaute proposto com fita adesiva ou giz. Use cartolina para representar peças grandes de equipamento. Use giz colorido para mostrar o movimento de material. Está tudo fluindo? Existe espaço suficiente para trabalhar? Houve alguma surpresa desagradável? Há alguma melhoria adicional que você possa fazer? Faça as mudanças correspondentes no mapa da situação como poderia ser. Quando tiver confirmado seu leiaute, estará pronto para mover o equipamento.

Organize e coloque cores

Nesse momento podemos organizar o que sobrou nas três dimensões e aplicar cores no local de trabalho. Os três pontos-chave para a organização são[12]:

Onde?
O quê?
Quantos?

---

[11] Ibid.
[12] Hirano, Hiroyuki. *Putting 5S to Work*, PHP Institute, Tokyo, 1993.

Para fixar as posições do equipamento e das prateleiras de peças, posicione o local principal com fita adesiva. Para ferramentas e gabaritos, faça um quadro. Para fixar as posições de peças e materiais você deve desenvolver um sistema em grade (como aquele das ruas de uma cidade) e dar a cada área um endereço simples. Faça grandes letreiros sinalizando o equipamento, material ou processo, e coloque-os nos locais adequados.

Mostre quantas unidades existem usando um sistema visual, como um pedaço de adesivo colorido, mostrando os níveis máximo e mínimo, ou uma pegada. Você também deve colocar adesivos indicativos em passagens, rotas de equipamentos móveis e o perímetro de abertura de portas.

Desenvolva um padrão de cor e aplique-o a seu local de trabalho. Você pode querer usar padrões ANSI já existentes. Seu objetivo é a transparência. O lugar de tudo deve ser tão claro que:

- Qualquer pessoa possa encontrar qualquer coisa a qualquer momento.
- Situações fora do padrão ficam evidentes para todos.

Sistemas visuais

Um sistema visual é um conjunto de dispositivos visuais feitos para compartilhar informações com uma só olhada. Existem quatro tipos, descritos na ordem crescente de efeito[13]:

1. *Indicador visual.* Apenas comunica. Por exemplo, sinais de rua.
2. *Sinal visual.* Chama a atenção. Por exemplo, farol de trânsito.
3. *Controle visual.* Põe limites em comportamentos. Por exemplo, linhas demarcando o estacionamento de veículos.
4. *Garantia.* Permite apenas uma resposta correta. Por exemplo, o dispositivo que automaticamente interrompe o fluxo de gasolina em um posto.

Desenvolva sistemas visuais para que o local de trabalho "fale com você". À medida que obtém experiência, começará a criar *poka-yokes* que eliminam a possibilidade de erros (veja mais sobre *poka-yokes* no Capítulo 6).

S3 – Limpar (e inspecionar)

Nada levanta mais os ânimos de sua equipe do que um local de trabalho limpo e bem organizado. Nada deprime mais do que um local escuro e sujo. O S1 e o S2 terão liberado um grande espaço no chão e nas estantes e, assim, a limpeza será mais fácil. Agora, vamos aplicar nosso *mantra* 5S ao S3. Qual é nosso padrão? Nossa equipe 5S deve decidir:

- O que limpar.
- Como limpar.
- Quem irá limpar.
- O que significa *limpo*.

---

[13] Galsworth, Gwendolyn. *Visual Systems*, AMACOM, New York, 1997.

Os alvos da limpeza devem incluir áreas de armazenamento, equipamento e maquinaria, além de áreas circundantes (corredores, janelas, salas de reuniões, vãos embaixo de escadas e assim por diante). Crie listas de verificação com um esquema do que deve ser limpo. Seja o mais específico possível.

Os métodos de limpeza também devem ser determinados e materiais apropriados fornecidos em uma área central. As estações 5S devem ser montadas e abastecidas com o seguinte material, pelo menos: vassoura, pá de lixo, escova, esfregão e balde, um saco de panos de limpeza e uma lixeira grande.

As responsabilidades e os horários de limpeza devem ser afixados de forma visível. Membros de equipe devem assinar seus nomes na folha quando terminarem suas tarefas de limpeza. Faça da "limpeza 5S de um minuto" uma parte de cada tarefa. Isso aumentará o respeito mútuo e o senso de responsabilidade entre os membros de equipe. Queremos que nossos membros de equipe sintam que "esta é minha área de trabalho e minha maquinaria e vou tomar conta disto".

O S3 também quer dizer inspecionar. Os membros de sua equipe de produção devem verificar com regularidade a condição de seu equipamento. Treine-os para reconhecer mudanças mínimas em termos de som, cheiro, vibração, temperatura e outros sinais reveladores. Crie listas de verificação para a maquinaria que possam dar suporte a essa atividade.

Finalmente, treine os membros de sua equipe para resolver aquilo que causa os problemas de limpeza. Por que essas lascas estão ali? O que está causando aquele vazamento? Como podemos evitar a emissão dessa poeira?

S4 – Padronizar

A ferrugem nunca dorme.
Neil Young

Já avançamos pelos três primeiros passos do sistema 5S. Devemos ter um local de trabalho de bom aspecto. Já:

- Removemos todo nosso lixo e organizamos o que sobrou em três dimensões.
- Estabelecemos endereços ou locais de origem claros (ou ambos) para áreas de produção e armazenamento, máquinas, ferramentas, gabaritos e estoque.
- Codificamos o local de trabalho por cor.
- Limpamos tudo através de uma programação de limpeza 5S e estações 5S.
- Melhoramos o desempenho de máquinas através de limpeza e verificação regulares.

Chegamos a uma situação ótima: um local de trabalho limpo e bem organizado que fala conosco.

Porém, como Neil Young já disse, as coisas tendem a se desmanchar. Essa é a segunda lei da termodinâmica (ou Lei de Murphy). Como faremos para manter nossa situação ótima?

Devemos criar e aplicar padrões desde o S1 ao S3. Feito isso, devemos criar padrões para a forma em que fazemos nosso trabalho. Isso se chama trabalho padronizado, nossa cartilha, por assim dizer.

Lembre-se que os melhores padrões são claros, simples e visuais. Padrões eficazes evidenciam a condição que está fora do padrão. Por exemplo, um quadro para ferramentas é um padrão que nos informa:

- Quais ferramentas devem estar lá.
- Quais ferramentas estão lá agora.
- Quem levou uma ferramenta e quando essa será devolvida.

Um quadro de produção no qual *kanbans*[14] estão afixados também é um padrão. Nos informa:

- O que produzir.
- Quantos produzir.
- Até quando.

Também nos informa se nossa produção está adiantada ou atrasada. (Se os *kanbans* de produção começam a acumular, estamos atrasados e todos saberão que há um problema em nosso processo).

Padrões do S1 ao S3

Padrões S1 (separar) devem nos informar sobre:

- O que é necessário e o que não é.
- Alvos, freqüência e responsabilidades da etiquetagem vermelha.
- Procedimentos de remoção.

Padrões S2 (classificar) devem nos informar sobre:

- Como os letreiros devem ser e onde devem ser colocados.
- O que cores diferentes significam.
- Onde as pessoas podem caminhar.
- Áreas perigosas.
- Que tipo de roupa protetora é necessária.
- Como deve ser a sinalização e as pegadas de equipamentos.

Padrões S3 (limpar e inspecionar) devem nos informar sobre:

- O que devemos limpar e inspecionar.
- Como devemos limpar e inspecionar.
- Quem limpa o quê e quando.
- Quem é responsável por assegurar que determinada área é limpa e inspecionada.

Também devemos ter uma abordagem padronizada para medir nossa situação 5S. Isso geralmente significa um cartão com pontuação 5S feito especialmente para nosso local de trabalho e uma programação de verificação padronizada. Medir nunca falha.

---

[14] Um *kanban*, em geral um cartão, é uma autorização para produzir ou retirar uma peça ou um produto.

E, finalmente, devemos nos assegurar que o 5S faz parte de nosso trabalho padronizado. Por exemplo, podemos adotar um 5S no final do expediente de cinco minutos. Dessa forma, funcionários deixariam sua área de trabalho em ótimas condições para o próximo turno.

S5 – Manter

> A perseverança é tudo.
> *Theodore Roosevelt*

Como podemos nos assegurar de que o 5S crie raízes em nossa empresa e se torne nossa forma usual de fazer negócios? O envolvimento é crucial. O 5S deve ser adotado pelos membros de nossa equipe. A promoção, a comunicação e o treinamento é o meio.

Promoção e comunicação 5S

Aqui temos algumas idéias para promover o 5S.

- Quadros para informar sobre o 5S. Coloque um quadro informativo central que mostre os alvos e o estado atual 5S, o "achado do mês" 5S e fotos de antes e depois.
- O "achado do mês" 5S. Reconheça um trabalho 5S de qualidade. Peça ao presidente da empresa que dê ao membro de equipe um presente que demonstre reconhecimento (p. ex: um kit de segurança nas estradas, uma camisa). Coloque a informação no quadro informativo 5S e na intranet da empresa.
- Concursos de slogans ou logos 5S. Envolva os membros da equipe para que dêem uma identidade singular a sua atividade. Em uma empresa, os membros de uma equipe criaram o termo WOW representando War on Waste (Guerra ao Desperdício) com um gráfico correspondente.
- Grupo 5S Central. Essa equipe é responsável por sustentar o 5S. Chame um voluntário de cada área de operação da fábrica. Forneça todo o apoio necessário como cópias, programas de processamento, uso de computador e um orçamento promocional.

Treinamento 5S

O 5S deve ser incorporado ao seu plano de treinamento lean geral. Decida quem deve receber qual nível de treinamento e providencie. Aqui temos um plano de treinamento básico:

- Membro de equipe: introdução ao 5S – duas horas.
- Membro de grupo central de 5S: implementação de 5S – um dia.
- Supervisores e gerentes: implementação de 5S – um dia.

O treinamento 5S é um investimento com retorno rápido. Introduz a linguagem da produção lean aos membros de equipe e estabelece as bases de toda atividade futura.

Manutenção produtiva total

> O padrão de desempenho é zero de interrupções.
>
> Seiichi Nakajima

O 5S naturalmente leva à manutenção produtiva total (TPM) que é central para a estabilidade e a eficácia de máquinas[15]. À medida que fizer progresso em sua jornada na produção lean, inevitavelmente irá querer treinar sua equipe para que possa cuidar de seu equipamento. A TPM atribui um trabalho de manutenção básica, tal como inspeção, limpeza, lubrificação e ajustes, aos membros da equipe de produção. Isso libera os membros da equipe de manutenção para que possam fazer uma manutenção preventiva, melhorias e vistorias de equipamento, treinamento e outras atividades de alto valor, como ilustrado na Figura 3.2[16].

A TPM representa uma mudança profunda da mentalidade "eu opero, você conserta" para uma que diz "somos responsáveis por nosso equipamento, nossa fábrica e nosso futuro". Assim como no caso da segurança, na qual a meta é zero de acidentes, a meta da TPM é zero em interrupções.

Estágios de manutenção

Estágio 1: Manutenção de interrupções (apagar incêndios)
Estágio 2: Manutenção preventiva (algum planejamento proativo e reparação de problemas)
Estágio 3: TPM (manutenção preventiva + ativa) + envolvimento total

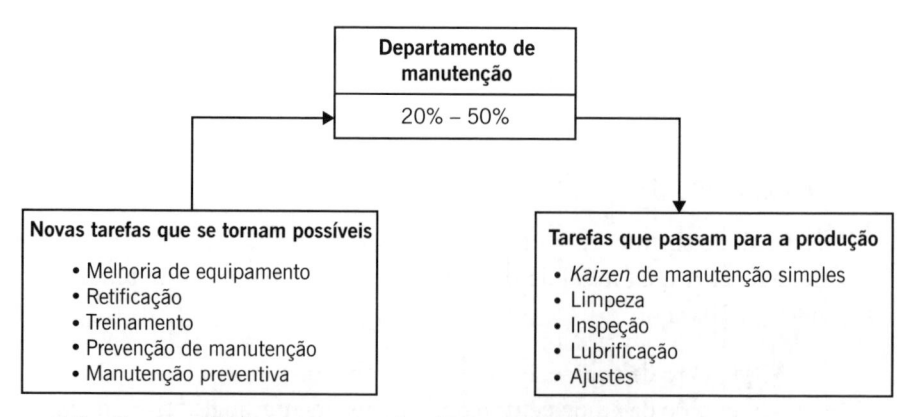

Departamento de manutenção
20% – 50%

Novas tarefas que se tornam possíveis
- Melhoria de equipamento
- Retificação
- Treinamento
- Prevenção de manutenção
- Manutenção preventiva

Tarefas que passam para a produção
- *Kaizen* de manutenção simples
- Limpeza
- Inspeção
- Lubrificação
- Ajustes

Figura 3.2 Como a TPM muda as tarefas de manutenção.

---

[15] Nakajima, Seiichi. *Total Productive Maintenance*, Productivity Press, Portland, OR, 1988.
[16] Ibid.

Medidas centrais

As medidas centrais para a eficácia de máquinas são[17,18]:

- Disponibilidade. Disponibilidade = (tempo de carregamento − tempo de parada)/ tempo de carregamento; uma medida de uptime
- Eficiência de desempenho. Eficiência de Desempenho = tempo de operação líquido − tempo perdido)/ (tempo de operação líquido); uma medida da eficiência enquanto a máquina está em operação
- Eficácia geral de equipamento (Overall Equipment Effectiveness − OEE). OEE = disponibilidade × eficiência de desempenho × índice de qualidade; uma medida de eficácia geral de equipamento

Dados precisos são essenciais. No entanto, alguns gerentes acham que o tempo gasto por funcionários na medição do desempenho de máquinas é tempo perdido. Algumas empresas nem registram o tempo de parada de equipamento por falha a não ser que esse exceda trinta minutos. Uma minoria mede perdas em velocidade.

Na Toyota aprendi que o foco é tudo em manutenção. Portanto, são necessários registros de operações de equipamento precisos, não apenas registros de tempo parado. Felizmente, avanços tecnológicos tornaram esses dados muito mais acessíveis. Com relativamente pouco investimento, a maioria das empresas pode rapidamente gerar um tempo médio de reparo, ou "Mean Time to Repair" (MTTR), tempo médio entre falhas, ou "Mean Time Between Failure" (MTBF) e outros dados úteis para seu equipamento mais importante.

Uma vez tendo identificado nossos pontos críticos, podemos resolvê-los com processos manuais ou *buffers* adicionais. Isso, por sua vez, nos dá o tempo necessário para resolver as causas básicas de nossos problemas de equipamento. É somente assim que poderemos nos livrar de constantemente ter que apagar incêndios, o que afeta a maioria dos esforços de manutenção.

As seis grandes perdas

O TPM significa envolver todos os membros de equipe na eliminação das seis grandes perdas que diminuem a eficiência de máquinas[19]. Estas são:

- Tempo de parada:
  1. Avaria de equipamento
  2. Atrasos na montagem e nos ajustes (p. ex.: devido a trocas de ferramentas em prensas e em máquinas de moldagem por injeção)

- Perdas de velocidade ou perdas ocultas:
  3. Tempo ocioso e pequenas paradas − a máquina está funcionando, mas não há produtos sendo processados

---

[17] Ibid.
[18] Hartmann, Edward. *Successfully Installing TPM in a Non-Japanese Plant*, TPM Press, Pittsburgh, 1992.
[19] Ibid. Hartmann também recomenda medir a produtividade efetiva total do equipamento ou, "total effective equipement productivity" (TEEP), que é o resultado de OEE e utilização do equipamento.

4. Velocidade reduzida – a velocidade real da máquina é menor do que a velocidade projetada

- Defeitos:
5. Defeitos de processamento (p. ex.: sucata, defeitos que exigem conserto)
6. Rendimento reduzido (p. ex.: da inicialização da máquina até a produção estabilizada)

Muitas empresas não registram o OEE. Ficariam chocadas se o fizessem. A empresa média apresenta um OEE de menos de 50%. Em outras palavras, o equipamento está sendo usado com menos de metade de sua eficácia.

Como isso acontece? Bem, a maioria das empresas tem uma boa idéia da disponibilidade de suas máquinas. Avarias são eventos dramáticos que chamam a atenção de todos, mas pequenas paradas raramente são registradas. E as falhas menores ou ocultas que não provocam uma perda de função imediata quase nunca são registradas.

Perdas de velocidade ou perdas ocultas

Essas são as mais difíceis de registrar. Por exemplo, o motor de uma máquina está funcionando, mas não há produtos sendo processados porque:

- Há uma obstrução e nenhum produto está entrando na máquina.
- Uma máquina fluxo abaixo não está funcionando ("bloqueada").
- Estamos sem peças ("famintos").
- A máquina está desajustada e precisa ser reajustada.
- Um sensor está desalinhado e precisa ser recolocado.

Outro exemplo é uma máquina que funciona com velocidade reduzida porque:

- O equipamento está gasto ou sujo.
- Não houve depuração suficiente ao iniciar a máquina.

Uma imagem básica de TPM – mãe e filho

Vamos pensar em uma mãe com uma criança pequena. Ela monitora a saúde da criança e consegue cuidar da maioria das necessidades dela. Se a temperatura da criança aumentar um pouco, a mãe dará um remédio para ela. Se a criança tiver brotoejas, ela aplicará um pouco de pomada de óxido de zinco.

No entanto, se a febre persistir, ela chamará o médico. Também marcará consultas regulares para se assegurar de que a criança está bem.

Como uma mãe, o funcionário da produção monitora as condições da máquina e pode lidar com a maioria de suas necessidades. Essas incluem uma limpeza simples, inspeção, lubrificação, apertos e ajustes. O funcionário de produção chamará o médico (a manutenção) quando uma condição irregular persistir, ou para consultas de rotina.

Conseqüentemente, devemos organizar nossas atividades de manutenção de acordo com o ciclo de vida do equipamento que normalmente segue a chamada curva da banheira, mostrada na Figura 3.3[20].

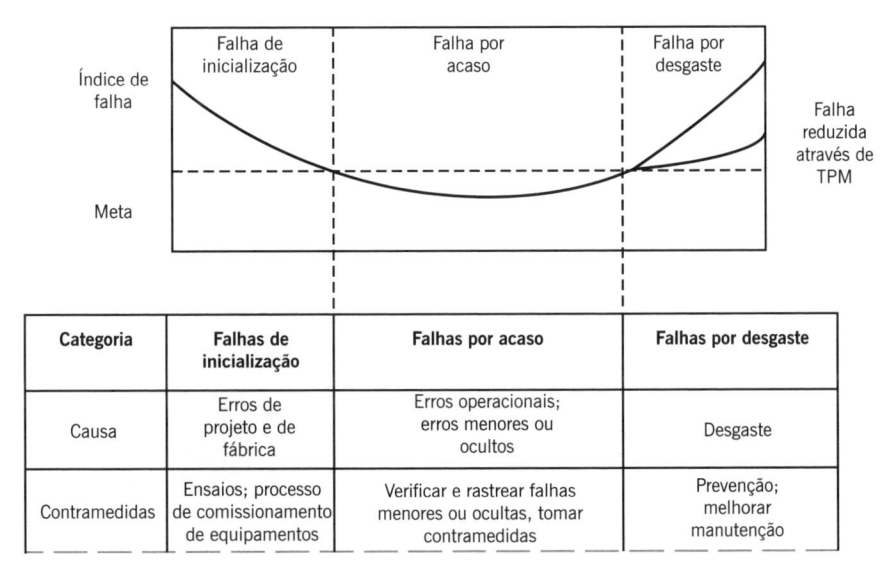

Categoria	Falhas de inicialização	Falhas por acaso	Falhas por desgaste
Causa	Erros de projeto e de fábrica	Erros operacionais; erros menores ou ocultos	Desgaste
Contramedidas	Ensaios; processo de comissionamento de equipamentos	Verificar e rastrear falhas menores ou ocultas, tomar contramedidas	Prevenção; melhorar manutenção

Figura 3.3 Características de tempo de vida e atividades de manutenção.

A pirâmide de perdas de máquina

Para entender melhor perdas de máquina, vamos tomar emprestado um conceito da gerência de segurança. Herbert Heinrich, em seu texto fundador de 1931, *Industrial Accident Prevention*, defende a idéia de que para cada ferimento grave há dez ferimentos menores, 30 incidentes de danos à propriedade (porém, sem danos pessoais) e 600 erros que por pouco não aconteceram. Uma idéia semelhante se aplica às perdas de máquina (Figura 3.4). Os números absolutos importam menos do que o conceito.

Vamos definir nossos termos:

- Avaria significa perda de função.
- Parada menor significa redução de função.
- Falha menor significa uma condição ou um incidente abaixo do padrão que causa a perda de função (p. ex.: temperatura ou pressão elevada, vibração, arranhões, poeira e emissão de lascas).
- Falha oculta significa uma condição que pode levar a uma falha menor (p. ex.: parafusos e porcas soltos, falta de lubrificação, empenamento ou estiramento).

---

[20] Nakajima, Seiichi. *Total Productive Maintenance*, Productivity Press, Portland, OR, 1988.

```
                          /\
                         /  \
    Avaria              / 1  \                    Exemplo:
(Perda de função)      /------\                  Queima do motor
                      /        \
                     /    10    \                Superaquecimento do motor
  Parada menor      /------------\
(Redução de função)/              \
                  /      30        \             Vibração causa deterioração
  Falhas menores /                  \            do rolamento
  (não há redução/--------------------\
   de função)   /                      \
               /      Centenas          \        Parafusos e porcas soltos
  Falhas ocultas
  (não há redução
   de função)
```

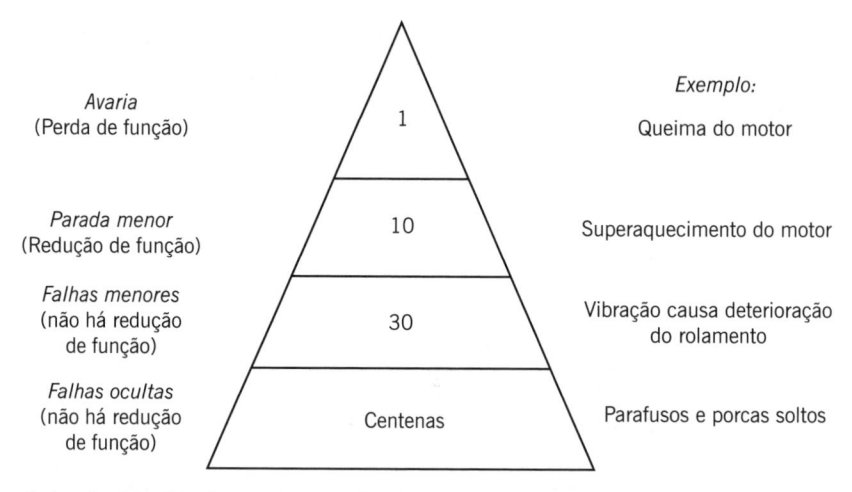

Figura 3.4 A pirâmide de perda de máquina.

A figura nos mostra que:

1. Os incidentes referentes às avarias (perda de função) são apenas a ponta do iceberg.
2. Paradas menores (deterioração de função) podem ser mais importantes do que avarias.
3. Provavelmente existem centenas de falhas menores ou ocultas para cada avaria de máquina.
4. Para prevenir avarias devemos rastrear e prevenir essas centenas de falhas menores ou ocultas.

Os primeiros sinais que podem indicar um possível acidente, que eu chamei de falhas menores e ocultas, são chamados de *warusa-kagen* em japonês. São anomalias que não causam nenhuma perda de função, mas cuja detecção ajuda a prevenir as avarias e melhoram nosso entendimento do equipamento.

Com freqüência, anomalias menores não atraem nossa atenção. Quando dirigimos, por exemplo, podemos ignorar um barulho estranho no motor do carro, contanto que o carro esteja andando bem. Talvez esperemos pela avaria antes de reagir. O TPM significa ouvir e observar as anomalias e tomar uma atitude antes da avaria acontecer.

Masaaki Imai descreve uma unidade de produção na fábrica Tokai Rika no Japão, na qual os maquinistas são encorajados a reportar todas as *warusa-kagen*, ou "quase problemas"[21]. Essas são registradas, e membros de equipe que são bons observadores são reconhecidos.

Desenvolvemos uma atividade semelhante na Toyota Cambridge que chamamos de *Take Action on Accident Prevention* (Tome uma Atitude na Prevenção de Acidentes). Seu sucesso estrondoso ajudou a levar a fábrica à liderança industrial em eficácia

---

[21] Imai, Masaaki. *Kaizen – The Key to Japan's Competitive Success*, McGraw-Hill, New York, 1986.

na área de segurança e de máquinas. Comumente, recebíamos milhares de "tomadas de atitude" a cada ano.

Como usamos essas percepções para apoiar nossas atividades de TPM?

Atividades de pequenos grupos

Precisamos envolver os membros da equipe de produção na verificação, no relato e, quando possível, na correção de falhas ocultas e paradas menores. É necessário que se criem listas de verificação para cada peça importante de equipamento e um sistema para rastrear e tornar nossa situação visível.

A Figura 3.5 mostra uma lista de verificação genérica. Idealmente, membros das equipes de produção e de manutenção criam essa lista em conjunto. A Figura 3.6 mostra uma lista de verificação TPM que pode ser usada na área de consertos.

Quando tivermos identificado nossos pontos cruciais, podemos fortalecê-los através do envolvimento de nossos membros de equipe em círculos *kaizen*, treinamento *kaizen* prático e outras atividades de pequenos grupos. Assim:

- Fortalecemos a eficiência geral de nosso equipamento e aumentamos a vida útil de nossas máquinas.
- Fortalecemos a competência dos membros de equipe e dos processos.
- Aumentamos o respeito humano.

A Figura 3.7 resume os estágios de TPM. Nossa estratégia a longo prazo de implementação lean deve incorporar essa imagem.

Departamento ____________ Seção ____________

Mês ____________ Equipe ____________

Máquina ____________ No. da máquina ______

Pontos Centrais de Verificação ____________

Padrões ____________

Dia: 1 2 3 4 5 6 7 8 9 10 11 12 13 14 15 16 17 18 19 20 21 22

Resultado 1:

Resultado 2:

Resultado 3:

Comentário:

Figura 3.5 Exemplo de lista de verificação TPM.

Ferramentas elétricas	No. de ferramenta	1	2	3	4	5	6	8	9	10	12	13	14	15	17	18
Folha de verificação TPM		Serra circular	Serra de gabarito	Broca pequena	Broca grande	Esmeril para dispositivo pequeno	Esmeril para dispositivo grande	Lixadeira	Esmeril de disco	Pistola de jato de tinta	Pistola de cola	Serra rápida circular para ferrosos	Serra circular para meia-esquadria	Solda	Furadeira com broca	Serra de mesa

No.	Detalhe																
			E	E	E	E	P	P	P	P	E	E	E	E	E	E	E
1	**_Limpeza_**																
1-1	Ferramenta livre de sujeira / graxa / ou óleo																
1-2	Tudo se move / peças rotatórias podem ser inspecionadas com facilidade																
2	**_Mecânica_**																
2-1	Sinais de desgaste ou fadiga																
2-2	Esquadrias trincadas ou danificadas																
2-3	Todos os anteparos no lugar e em boas condições (se aplicável)																
2-4	Condição de eixos e mandris																
2-5	Parafuso/porca que "mantém" o mandril em boas condições																
2-6	Lubrificação de ferramenta (por spec.)																
2-7	Vibração excessiva																
3	**_Elétrica_**																
3-1	Condição do fio / tomada elétrico																
3-2	Operação de gatilho e trava																
3-3	Condição de barramentos																
3-4	Arqueamento excessivo e/ou operações feitas com descuido																
3-5	Vibração excessiva																
3-6	Desgaste ou dano geral as esquadrias																
4	**_Geral_**																
4-1	Todos os parafusos colocados e parafusos de travas estão montados de acordo com as especificações do fabricante?																
4-2	O usuário anterior deixou tudo em boas condições?																

Dica mensal de segurança

Assegure-se de que todos os parafusos colocados estão em ótimas condições ou abaixo da superfície de peças rotatórias. A posição desse parafuso colocado nesse lixador causou um ferimento.

Legenda

☐ Boas condições

☐ Inaceitável (remover)

Tipo de ferramenta

Elétrico

Pneumático

Membro de equipe _____
Líder de equipe _____

_____ / 2001

Código: Se a ferramenta for considerada inaceitável, por favor, retire-a de uso, ou conserte-a ou a substitua.

Figura 3.6 Exemplo de folha de verificação TPM para área de conserto.

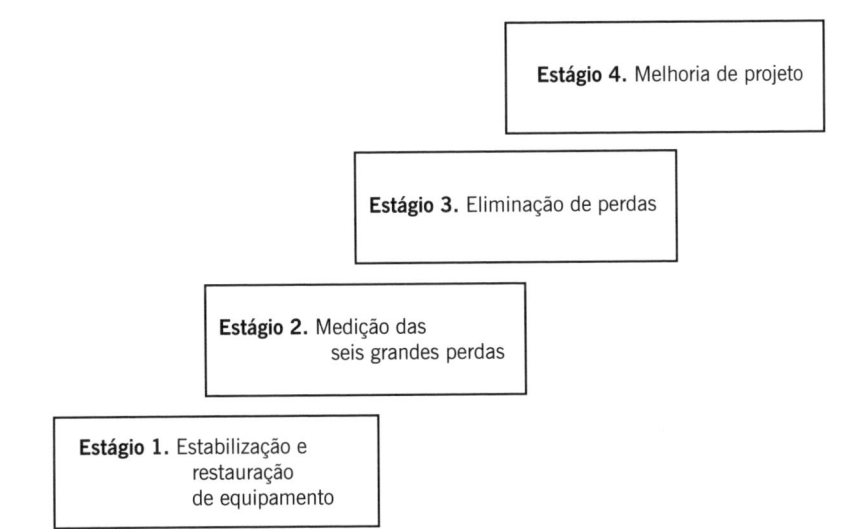

```
                                    ┌─────────────────────────────┐
                                    │ Estágio 4. Melhoria de projeto │
                                    └─────────────────────────────┘
                        ┌─────────────────────────────┐
                        │ Estágio 3. Eliminação de perdas │
                        └─────────────────────────────┘
              ┌─────────────────────────┐
              │ Estágio 2. Medição das  │
              │           seis grandes perdas │
              └─────────────────────────┘
     ┌─────────────────────────┐
     │ Estágio 1. Estabilização e │
     │            restauração     │
     │            de equipamento  │
     └─────────────────────────┘
```

Figura 3.7 Estágios de TPM.

Resumo

O 5S e a TPM são cruciais para atingir a estabilidade de produção. O 5S é um sistema de organização e padronização no local de trabalho cuja meta é dar suporte ao gerenciamento visual. Gerenciamento visual significa gerenciar através das exceções. Em um local de trabalho visual, condições fora do padrão são imediatamente óbvias e podem ser corrigidas rapidamente.

O 5S naturalmente leva à TPM através da qual membros da equipe de produção se envolvem em atividades básicas de manutenção. TPM tem como alvo as seis grandes perdas que afetam o equipamento. O conceito da Pirâmide de Perda de Máquina realça a importância de identificar perdas menores e ocultas desde o início. Ao envolver os membros de nossa equipe de produção na verificação e na melhoria do desempenho de equipamentos, obtemos benefícios significativos.

CAPÍTULO 4

Trabalho Padronizado

Melhorias são ilimitadas e eternas.

Provérbio da Toyota

O trabalho padronizado é nossa cartilha – é o jeito mais seguro, fácil e eficaz de fazer o trabalho que conhecemos *hoje em dia*. Na Toyota, passei a entender que:

- Não existe uma única maneira de fazer o trabalho.
- Os trabalhadores devem projetar o trabalho.
- O objetivo do trabalho padronizado é fornecer uma base para melhorias.

Mesmo nossos melhores processos estão repletos de *muda*. Portanto, o trabalho padronizado se modifica constantemente.

Infelizmente, em muitas organizações, a padronização se torna uma camisa de força – mais um instrumento de comando e controle da gerência. "Farás como eu mandar", vocifera o gerente sênior, dessa forma engessando esforços de melhoria. Precisamos aprofundar nosso entendimento sobre a padronização.

Engenharia de métodos *versus* pensamento lean

Fred Taylor introduziu o conceito de que havia um "jeito certo de fazer as coisas" há um século atrás. Frank e Lillian Gilbreth apuraram o conceito e desenvolveram as ferramentas da engenharia de métodos que engenheiros industriais utilizam até hoje. A prática da engenharia industrial se baseia nas suposições informais a seguir[1]:

---

[1] Há também um desrespeito latente pelo trabalhador. Se eu fosse um experiente operador de máquinas e alguém do setor de planejamento viesse me filmar, iria querer dar-lhe um tapa na cabeça.

1. Existe um jeito certo (e os engenheiros irão defini-lo).
2. Os trabalhadores não estão envolvidos em projetar o trabalho ou fazer melhorias.
3. Padrões raramente mudam (e apenas os especialistas podem mudá-los)[2].

Estas idéias romperam com o que existia há um século atrás, mas, hoje, já estão ultrapassadas.

O que precisamos administrar?

Vamos adotar uma visão de sistemas (Figura 4.1). Nosso propósito é fornecer um nível demandado de produção (de bens ou serviços) que preencha nossas expectativas e aquelas de nossos clientes no quesito PQCDSM:

- Productivity (produtividade)
- Quality (qualidade)
- Cost (custo)
- Delivery time (tempo de entrega)
- Safety and environment (segurança e ambiente)
- Morale (moral)

Nossas ferramentas são os 4 Ms:

- Man/woman (homem/mulher): nossos membros de equipe
- Machine (máquina): nosso equipamento, gabaritos, condutores, e assim por diante
- Material (material): a matéria-prima e as peças de nossos fornecedores
- Method (método): nossos processos

O método é a mistura de homem/mulher, máquina e material. O trabalho padronizado é uma ferramenta para desenvolver, confirmar e melhorar nosso método (processos). Um processo é simplesmente *um conjunto de etapas ou ações com uma meta*

Entrada
- Homem/Mulher
- Máquina
- Material
- Método

→ Fábrica →

Produção
- Produtividade
- Qualidade
- Custo
- Tempo de entrega
- Segurança e ambiente
- Moral

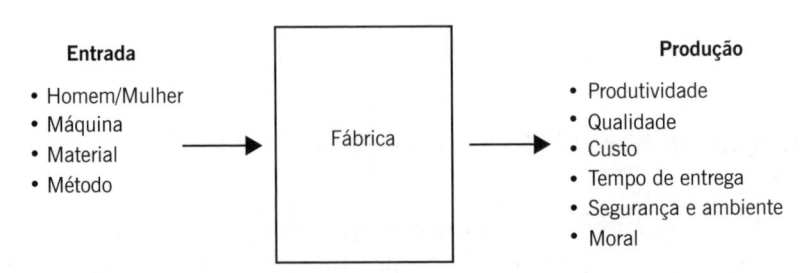

Figura 4.1 Uma visão de sistemas.

---

[2] Com isso, não tenho intenção de desrespeitar meus colegas engenheiros que herdaram essas suposições e reconhecem a necessidade de mudanças. Ao contrário, desejo salientar pontos de melhoria em potencial de forma construtiva.

claramente definida[3]. O processo diz ao membro de equipe o que deve fazer, quando fazer e em que ordem.

Maximizar a utilização de máquinas ou de pessoas?

Muitos de nós aprendemos que, para melhorar a eficiência, devemos melhorar a utilização de máquinas. Devemos reconsiderar essa idéia. Para maximizar a utilização de máquinas, devemos:

- Ter máquinas em funcionamento constante com a maior velocidade possível, o que cria *muda* de superprodução.
- Reter mais pessoal para manter as máquinas em funcionamento.
- Aumentar os produtos em processo para cobrir os problemas e manter as máquinas em funcionamento.

Em outras palavras, devemos nos envolver em atividades desperdiçadoras.

Por outro lado, a Toyota procura maximizar a utilização de pessoas[4]. A flexibilidade humana apresenta benefícios que excedem aqueles que podem ser fornecidos através da utilização de máquinas. Por exemplo, um operador pode:

- Mover-se de uma máquina para outra para produzir itens conforme a necessidade.
- Carregar máquinas e transferir peças com facilidade, ao passo que o custo de máquinas aumenta exponencialmente com a carga e transferência automáticas.
- Facilmente ajustar ciclos de trabalho de acordo com a necessidade de mudanças.

O corolário é que máquinas pequenas e simples geralmente são preferidas em detrimento de máquinas grandes e complexas ("monumentos") porque estas são:

- Mais baratas (e, com freqüência, podem ser produzidas internamente)
- Mais fortes (têm menor número de peças móveis)
- Facilmente ajustáveis a necessidades de mudanças (p. ex.: se a demanda dobrar, podemos acrescentar mais uma máquina pequena; se a demanda cair pela metade, podemos deixar a máquina ociosa metade do tempo a um baixo custo)

Densidade de trabalho

Portanto, no sistema lean o trabalho padronizado enfoca o movimento humano. Procuramos desenvolver processos centrados em pessoas, que fluem com tranqüilidade e segurança. Nossa medida de eficiência é a densidade de trabalho, definido assim[5]:

Densidade de trabalho = Trabalho/Movimento

A demanda do cliente determina o numerador. A abordagem da Toyota é reduzir o denominador constantemente.

---

[3] Uma série de ações que avançam um *processo* de forma significativa é chamada de um *elemento* de trabalho.
[4] Discussão com um executivo da Toyota.
[5] Japanese Management Association, *Kanban – Just-In-time at Toyota*, Productivity Press, Portland, OR, 1989.

Por que trabalho padronizado?

O trabalho padronizado apresenta muitos benefícios[6]:

1. *Estabilidade de processos.* A estabilidade significa possibilidade de repetição. Devemos alcançar nossas metas de produtividade, qualidade, custo, *lead time*, segurança e metas ambientais sempre.
2. *Pontos de início e parada claros para cada processo.* Isso, aliado ao conhecimento de nosso *takt*, ou seja, nosso ritmo de produção racionalizado com nossa taxa de vendas e tempos de ciclo, nos permite ver nossa condição de produção com facilidade. Estamos atrasados ou adiantados? Há algum problema?
3. *Aprendizagem organizacional.* O trabalho padronizado mantém o *know-how* e a experiência. Se um funcionário experiente sai, não perdemos seu conhecimento.
4. *A solução de auditorias e de problemas.* O trabalho padronizado nos permite avaliar nossa situação atual e identificar problemas. Pontos de verificação e etapas vitais do processo ficam fáceis de rastrear. Podemos fazer perguntas importantes:
   - Os membros de equipe estão conseguindo fazer o trabalho com tranqüilidade ou estão se atrasando?
   - Se estiverem se atrasando, em que medida e em que elementos do trabalho? Como poderemos melhorar esses elementos?
5. *Envolvimento do funcionário e poka-yoke.* No sistema lean, membros de equipe criam o trabalho padronizado, com o apoio de supervisores e engenheiros. Além do mais, os membros de equipe identificam as oportunidades para a verificação de erros, ou *poka-yoke*, de forma simples e com baixo custo.
6. *Kaizen.* Na maior parte, nossos processos são *muda*. Quando tivermos alcançado a estabilidade de processos, estamos prontos para melhorar. O trabalho padronizado fornece a base contra a qual podemos medir as melhorias.
7. *Treinamento.* O trabalho padronizado fornece uma base para o treinamento de funcionários. Quando os operadores estiverem familiarizados com formatos de trabalho padronizado, torna-se natural fazer o trabalho de acordo com os padrões. Etapas vitais e pontos de verificação funcionam como lembretes constantes. Como o treinamento em processos é mais fácil, podemos reagir mais facilmente à necessidade de mudanças (e às mudanças correspondentes em tempo *takt* e etapas de processos).

Pré-requisitos para o trabalho padronizado

Não conseguimos trabalhar dentro de um padrão quando há paradas e atrasos constantes na linha. Aqui temos algumas causas de instabilidade:

- Problemas de qualidade nas peças recebidas.
- Problemas com maquinaria, gabaritos ou ferramentas.

---

[6] Ibid.

- Falta de peças.
- Uma situação que apresenta lacunas (o que significa que um membro de equipe precisa esperar por uma peça para continuar o trabalho)[7].
- Problemas de segurança, como falhas na ergonomia, nos leiautes, o perigo de tropeçar, escorregar e cair, pontas onde as pessoas podem se machucar, e assim por diante.

Atividades lean dão suporte à estabilidade. A estabilidade de máquinas exige 5S e TPM. A qualidade é reforçada com *jidoka*. Técnicas *just-in-time* atacam problemas de falta de peças. O 5S, a TPM e o trabalho padronizado melhoram a segurança.

Os elementos do trabalho padronizado

O trabalho padronizado consiste em três elementos[8,9,10]:

- Tempo *takt*.
- Seqüência de trabalho – qual a melhor maneira de fazer o processo?
- Estoque em processo – quanto estoque deve haver?

Esses itens fornecem uma base através da qual podemos avaliar determinado processo.[11]

Tempo *takt*

Tempo *takt* nos fornece nossa freqüência de demanda, ou seja, com que freqüência devemos produzir um produto, e pode ser calculado assim:

Takt = Tempo de operação diária ÷ Quantidade exigida por dia[12]

Por exemplo, se nosso pedido diário é de 890 unidades e operamos com dois turnos de 445 minutos, nosso tempo *takt* será:

Takt = (445 + 445) : 890 unidades = 1 minuto

Teríamos que produzir um produto a cada minuto.

---

[7] Trabalho completo é alcançado através do "controle de dois pontos" no qual a quantidade de estoque padrão em processo entre dois processos é controlada. Dessa forma, o produto do processo fluxo acima não é processado antes do processo fluxo abaixo estar "vazio". Isso pode levar a uma pequena quantidade de estoque *buffer* entre processos que permite que o trabalho continue sem interrupções enquanto a troca ocorrer.

[8] Ibid.

[9] Toyota Motors Corporation, Operations Management Consulting Division, *The Toyota Production System*, Tokyo, 1995.

[10] Documento de treinamento da Toyota.

[11] Um processo é uma série de etapas ou ações com uma meta claramente definida. Um *processo* pode ser visto como um "trabalho". Um *elemento* de trabalho é uma ação ou conjunto de ações que avançam o processo.

[12] Quantidade ou produção exigida por dia pode ser estimada assim:
Produção exigida por dia = Produção exigida por mês ÷ dias em operação.

Tempo *takt* e tempo de ciclo de trabalho

Tempo *takt* é diferente de tempo de ciclo que é o *tempo real* que leva para completar o processo. Nossa meta é sincronizar, o máximo possível, o tempo *takt* e o tempo de ciclo. Isso nos permite integrar processos em células que dão suporte a nossa meta de produção de um-de-cada-vez.

Uma célula é um arranjo de pessoas, máquinas, materiais e métodos de tal forma que as etapas de um processo estão adjacentes e em ordem de seqüência para que peças possam ser processadas uma de cada vez (ou, em alguns casos, em um lote pequeno e constante que é mantido em toda a seqüência do processo). O objetivo de uma célula é atingir e manter um fluxo contínuo eficiente (que é discutido no Capítulo 5).

Tempo *takt* também nos permite entender nossa situação de produção com uma só olhada. Por exemplo, se o tempo *takt* for 1 minuto, devemos ver um produto passar por nós a cada minuto[13]. Se um produto passar a cada dois minutos, saberemos que tem algum problema fluxo abaixo. Esse entendimento compartilhado resulta em contramedidas rápidas para por a linha em movimento mais uma vez, e *kaizen* para eliminar a causa do problema.

Seqüência de trabalho

A seqüência de trabalho define a ordem em que o trabalho é feito em um dado processo. Por exemplo, um membro de equipe pode precisar:

- Pegar uma peça.
- Caminhar até a máquina.
- Colocar a peça na máquina e processá-la.
- Levar a peça até a próxima máquina.

Temos que definir claramente a melhor forma de fazer cada ação de trabalho e a seqüência apropriada. Na Toyota, quando possível, usávamos imagens e desenhos para mostrar:

- A postura certa.
- Como as mãos e os pés devem se mover.
- Como as ferramentas devem ser seguradas.
- Conhecimento acumulado quanto aos pequenos segredos do trabalho.
- Qualidade crítica ou itens de segurança.

Descobri que os membros de nossa equipe tinham confiança no trabalho padronizado desenvolvido dessa forma[14].

---

[13] Isso pressupõe que o tempo *takt* seja equivalente ao tempo de ciclo e que haja pontos claros de início e de parada em cada processo. A ausência disso é causa comum da confusão que existe nas áreas de produção. Vemos pessoas se movendo em torno da linha, mas sem nenhuma referência.

[14] As ferramentas usadas para desenvolver a seqüência de trabalho são semelhantes àquelas usadas por engenheiros industriais.

Na Toyota, o enfoque dado às pessoas e a natureza visual do trabalho padronizado o torna uma poderosa ferramenta para a segurança e a ergonomia[15]. A imagem clara de uma postura correta ou da posição certa das mãos, por exemplo, é uma advertência constante, além de um desafio sutil, para que se eliminem posturas perigosas e outros fatores de risco ergonômicos.

Estoque em processo

Estoque em processo é a quantia mínima de peças de trabalho incompletas necessárias para que o operador complete o processo sem ficar parado na frente de uma máquina. O fator determinante é que o trabalho não pode progredir sem certo número de peças a disposição.

Devemos aumentar o estoque em processo nas seguintes circunstâncias:

- Verificações de qualidade exigem peças de trabalho adicionais.
- As temperaturas devem cair antes de começar a próxima operação.
- A maquinaria começa um ciclo automaticamente.
- A operação de máquinas está na ordem inversa dos processos.

A definição de estoques em processo estabelece padrões WIP (produtos em processo) por processo e, mais uma vez, revela as anormalidades.

O trabalho padronizado é desumano?

Na minha experiência, o trabalho padronizado dá suporte à criatividade humana, contanto que o líder de equipe tenha o entendimento certo. O trabalho padronizado é um processo, não uma prisão. Nossa meta é a perfeição, um processo sem nenhum desperdício. O trabalho padronizado fornece a base e o envolvimento dos membros de equipe dá o ímpeto para melhorias ilimitadas e infinitas.

Formulários usados para definir o trabalho padronizado

Os membros de nossa equipe desenvolvem o trabalho padronizado com o apoio de engenheiros e outros especialistas, conforme é exigido. São usados três formulários[16,17]:

- Quadro de capacidade de produção
- Tabela de combinação de trabalho padronizado
- Diagrama padronizado

Cada formulário é uma ferramenta para analisar e definir um processo e para identificar pontos de melhoria.

---

[15] Ferimentos ergonômicos totalizam 70% dos pagamentos compensatórios trabalhistas na América do Norte (*Accident Facts*, 1999 – National Safety Council).

[16] Japanese Management Association, *Kanban – Just-In-Time at Toyota*, Productivity Press, Portand, OR, 1989.

[17] Documento de treinamento da Toyota.

Quadro de capacidade de produção

Este quadro determina a capacidade de uma máquina em um processo. Documenta os tempos manuais e da máquina, e permite que identifiquemos gargalos com um olhar apenas. A capacidade de uma dada máquina é calculada através da seguinte fórmula:

Capacidade = tempo operacional por turno ÷ (tempo de processo + tempo de *setup*/intervalo)

O tempo de *setup* é o tempo necessário para trocar a máquina de uma composição para outra. O *setup* para uma mesma pode incluir a troca de ferramenta, ajuste na montagem da máquina e a colocação de uma nova bobina de aço. O intervalo se refere à freqüência do *setup* em relação ao número de peças.

A Figura 4.2[18] mostra uma tabela real. A capacidade de produção da furadeira usada no processo 2 pode ser calculada assim:

- Tempo operacional = 460 minutos por turno (27.600 segundos)
- Tempo de processo = 24 segundos por parte
- Tempo necessário para repor o disco abrasivo = 30 segundos
- Intervalo = a cada 1.000 peças

A capacidade da furadeira é de 1.148 peças por turno.

Gerente	Supervisor	Folha de capacidade de produção padronizada	No. peça	17111-38010	Tipo de unidade	22R	Seção	532 542	Nome Suzuki Sato	
			Nome da peça	Conduto de admissão	No. de unidades	1				
No. processo	Nome do processo	No. M/C	Tempo de operação básico			Troca de ferramentas		Capacidade	Comentários	
			Tempo manual	Tempo auto	Tempo para completar	Intervalo entre trocas	Tempo tomado			
			Min Seg	Min Seg	Min Seg					
1	Face anexada colocada em funcionamento	MIL 1764	3	25	28	100	1"00"	965		
2	Perfurar buraco do parafuso	DR 2424	3	21	24	1000	30"	1148		
3	Rosquear fios	TP 1101	3	11	14	1000	30"	'967		
4	Verificar qualidade (passo da rosca)		5		5			5520		
		Total	14							

Figura 4.2 Quadro de capacidade de produção.

Tabela de combinação de trabalho padronizado

Esta tabela mostra:

- Elementos de trabalho e sua seqüência
- Tempo por elemento de trabalho
- Tempo de operador e de máquina
- A interação entre operadores e máquinas ou entre operadores diferentes

---

[18] Ibid.

A tabela torna *kaizen* mais fácil ao separar os movimentos do operador e relacioná-los ao tempo da máquina. A Figura 4.3[19] mostra uma tabela real.

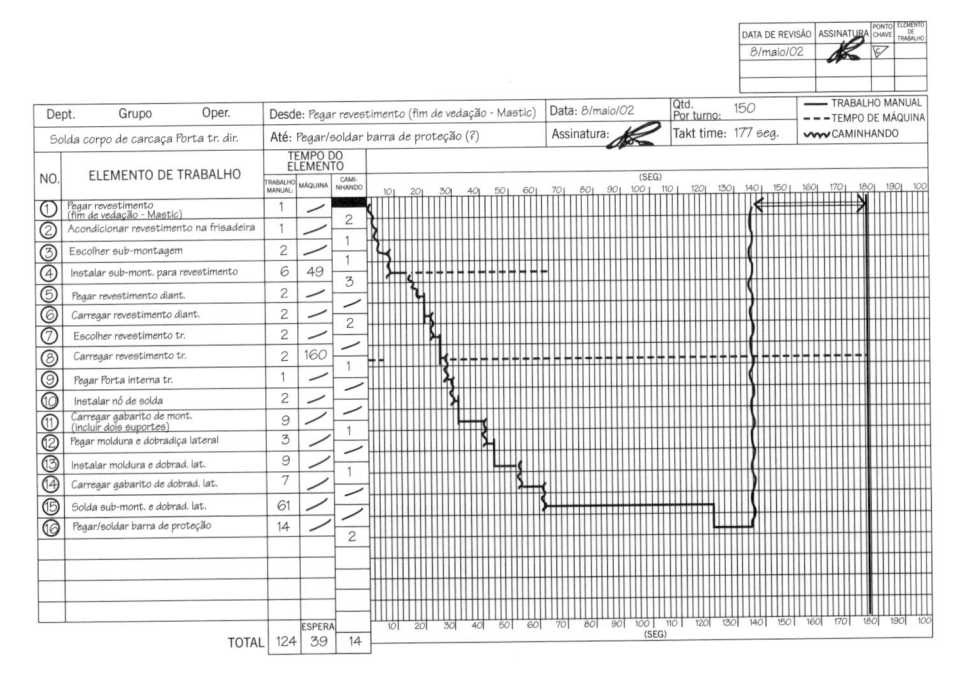

Figura 4.3 Tabela de combinação de trabalho padronizado.

Diagrama de trabalho padronizado

Este tipo de diagrama ajuda a racionalizar o leiaute e treinar funcionários. Compreende:

- O leiaute de trabalho
- Etapas de processos e tempos
- Itens cruciais de qualidade e segurança
- Estoque WIP padronizado

A Figura 4.4[20] mostra um diagrama real.

Folhas de elementos de trabalho

Um *elemento* de trabalho é a ação, ou o grupo de ações, mínima necessária para o avanço de um *processo*[21]. Por exemplo, pegar um parafuso é uma ação, mas ela não faz o processo avançar. Pegar um parafuso e instalá-lo em uma peça de trabalho é um conjunto de ações que faz o processo avançar. Folhas de elementos de trabalho (JES – job element sheets) têm uma página apenas e definem:

---

[19] Documento de treinamento da Toyota.
[20] Ibid.
[21] Ibid.

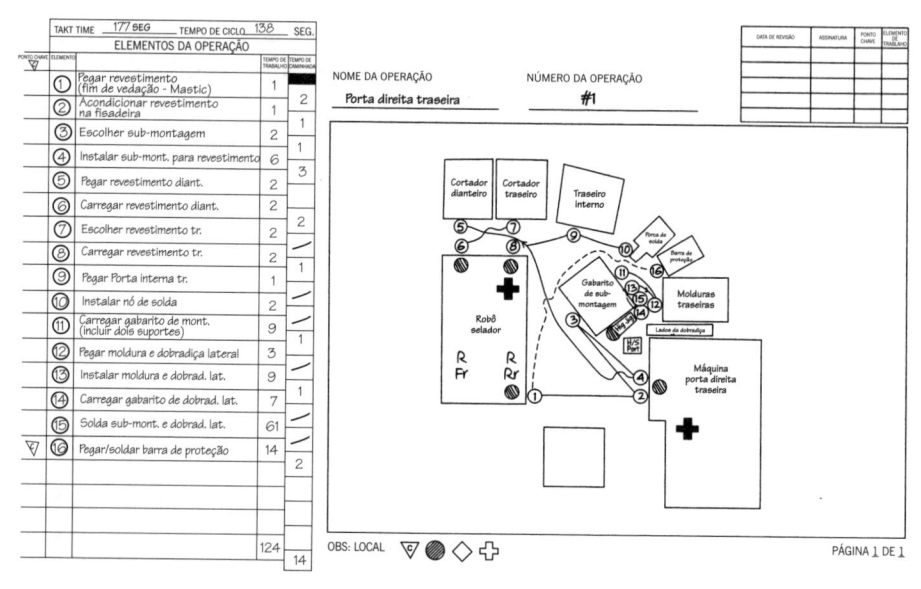

Figura 4.4 Diagrama de trabalho padronizado.

- Ações que fazem parte do elemento de trabalho.
- O fundamento lógico.
- Imagens e fotos que salientam os pontos chave.
- Registro de revisão.

A Figura 4.5[22] mostra uma JES real.

Medida de tempo

A medida de tempo consiste em dividir um processo em seus vários elementos e medir o instante em que cada elemento se inicia e termina. A seguir, as etapas necessárias:

1. Torne-se familiarizado com a área do processo e a área circundante.
2. Desenhe o leiaute da área do processo.
3. Mostre a seqüência de trabalho.
4. Anote os elementos de trabalho.
5. Meça o tempo de ciclo total (pelo menos dez vezes).
6. Meça o tempo para cada elemento de trabalho (pelo menos dez vezes).
7. Identifique e meça trabalho irregular (p. ex.: desobstrução de bloqueios).
8. Faça anotações na tabela de análise de trabalho padronizado e na tabela de combinação de trabalho padronizado.

Na Toyota aprendi que medidas simples de tempo podem revelar bastante sobre a condição atual do local de trabalho. Estamos adiantados? Estamos atrasados? O quão repetível é o nosso processo? Temos máquinas demais? Quanto trabalho que agrega valor existe em nosso processo?

---

[22] Ibid.

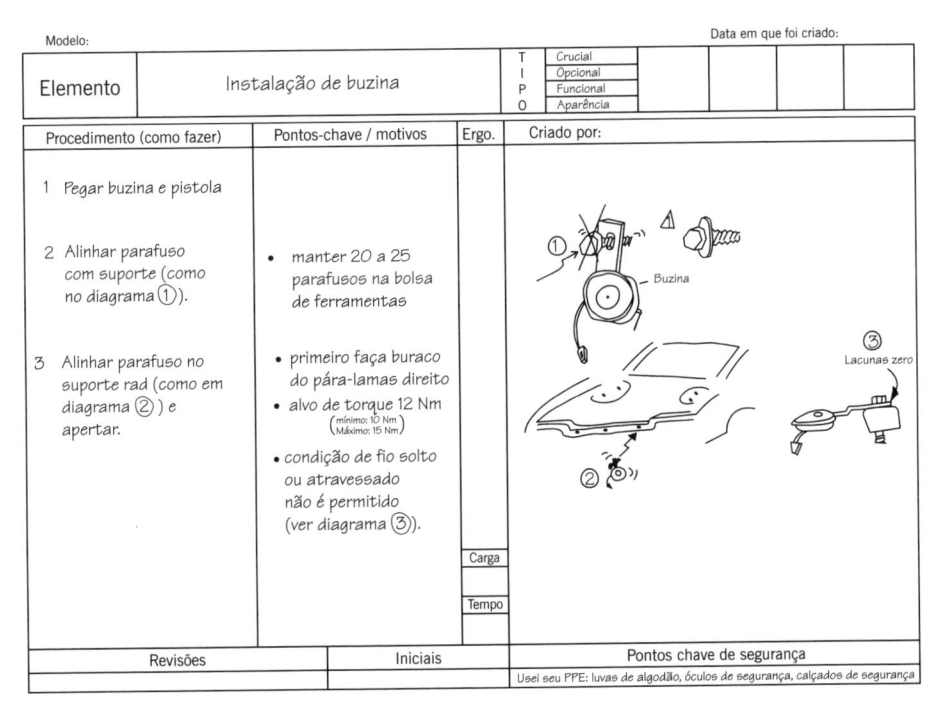

Figura 4.5 Folha de elemento de trabalho – JES.

Redução de mão-de-obra

As ferramentas do trabalho padronizado nos ajudam a melhorar a eficiência através da identificação de valor e desperdício em um processo. A eficiência pode ser definida da seguinte forma:

$$\text{Eficiência} = \text{Produção}/\text{Mão-de-Obra}$$

Na Toyota aprendi que, como a produção é determinada pelo cliente, a única maneira de melhorarmos a eficiência é reduzindo a mão-de-obra. Os trabalhadores dispensados dessa forma eram redistribuídos.

A Figura 4.6[23] mostra uma ferramenta útil chamada de tabela de equilíbrio de operadores para um processo antes e depois de melhorias. Melhorias se baseiam em uma profunda compreensão daquilo que realmente está acontecendo em cada processo. A atividade *kaizen* para este processo reduziu seu tempo de ciclo de 134 para 82 segundos. As Figuras 4.7[24] e 4.8[25] mostram o antes e depois em tabelas de equilíbrio de operadores para uma equipe.

A Figura 4.9 mostra como podemos redistribuir o trabalho para reduzir a mão-de-obra. Como se pode observar, eliminamos o processo 6. Note que os processos 1 a 5 estão "cheios" no sentido de que os tempos de ciclo se equivalem a tempo *takt*. O processo 5,

---

[23] Ibid.
[24] Ibid.
[25] Ibid.

Figura 4.6 Tabela de equilíbrio de operadores.

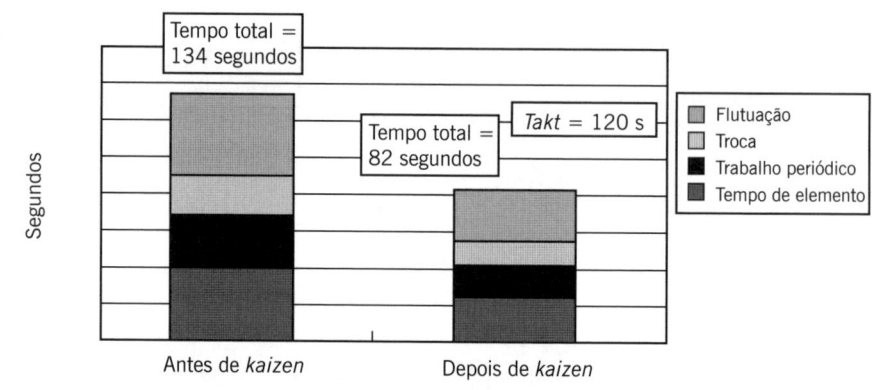

Flutuação: Problemas do processo que causam instabilidade.
Troca: Relacionado ao produto; troca de um produto (ou peça) para outro.
Trabalho Periódico: Relacionado ao processo (ex.: troca de material ou ferramenta, ou limpeza de ponta de solda).
Tempo de Elemento: Trabalho que agrega valor, *muda*, tempo incidental (trocável e não-trocável).

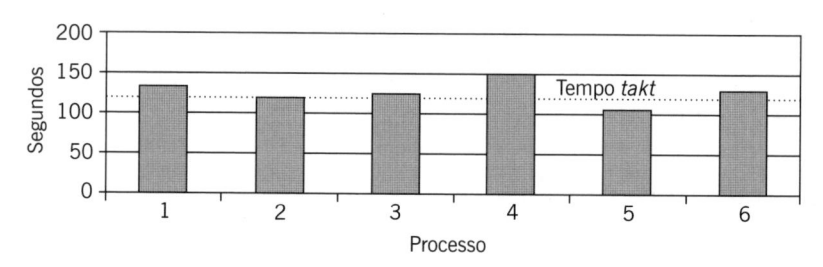

Figura 4.7 Tabela de equilíbrio para a linha de produção – atual.

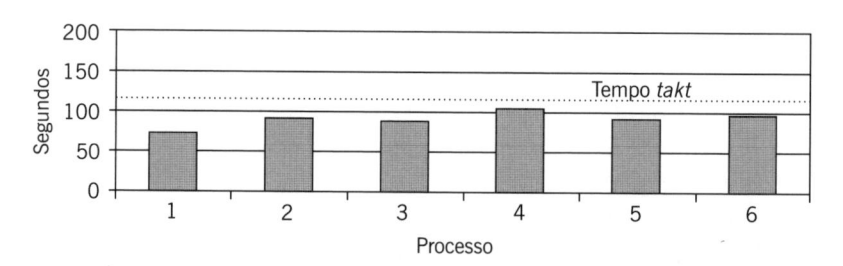

Figura 4.8 Tabela de equilíbrio para a linha de produção – melhorada.

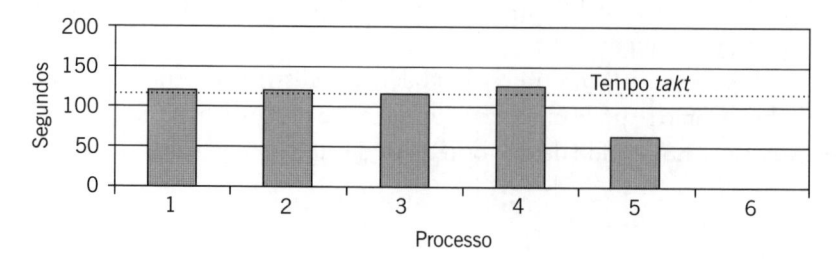

Figura 4.9 Linha de produção reequilibrada.

ao contrário, constitui em torno de 50% de nosso tempo *takt*. Faremos mais *kaizen* para eliminar este processo. No ínterim, ao reequilibrar dessa forma, tornamos visível o *muda* de espera e incentivamos o *kaizen*. A Figura 4.10[26] fornece diretrizes para determinar quantos operadores precisamos.

Redução de mão-de-obra na Toyota

Na Toyota observei que trabalhadores cujos processos haviam desaparecido devido ao reequilíbrio eram freqüentemente redistribuídos para equipes de *kaizen*. Essas redistribuições eram almejadas, pois significavam uma mudança positiva em relação à produção, uma boa forma de obter uma promoção, e eram divertidas. Assim, a redução de mão-de-obra passou a ser vista de forma positiva.

Arredondamento de nº de operadores exigido pelo cálculo	Diretriz/Alvo
< 0,3	Não acrescente mais um operador. Reduza ainda mais o desperdício e trabalho incidental.
0,3 – 0,5	Não acrescente mais uma operação ainda. Após duas semanas de operação e *kaizen*, re-avalie se quantidades suficientes de desperdício e de trabalho incidental podem ser removidos.
> 0,5	Acrescente mais um operador se for preciso e continue reduzindo o desperdício e trabalho incidental para eliminar, com o tempo, a necessidade desse operador.

Figura 4.10 Diretrizes para determinar o número de operadores em uma célula.

Eficiência geral *versus* eficiência individual

O trabalho padronizado pode nos auxiliar a desenvolver um processo eficiente. Porém, nossa meta é eficiência geral. Na verdade, um processo que passa na frente dos processos em sua volta cria *muda* de estoque, pois WIP se acumula na frente de processos mais lentos.

Contudo, alguns processos são invariavelmente mais fáceis de fazer do que outros. Como se promove a colaboração entre processos dentro de uma área de produção?

A resposta é planejar trabalho padronizado para uma área de produção de tal forma que:

- Tempos de ciclo estejam tão equilibrados quanto possível.
- Áreas de responsabilidade se sobreponham.
- As distâncias entre trabalhadores sejam as menores possíveis.

---

[26] Rother, Mike and Harris, Rick. *Creating Continuous Flow*, The Lean Enterprise Institute, Brookline, MA, 2001.

Organizar o trabalho dessa forma melhora a produção. Uma fábrica típica consiste em processos dependentes em série, cada processo sujeito a flutuações estatísticas. Em *The Goal*, Eli Goldratt ilustra de forma clara os desafios que tal sistema enfrenta[27]:

- Variáveis (p. ex.: estoque) fluxo abaixo oscilarão em torno do desvio máximo estabelecido pelos processos fluxo acima.
- A produção é determinada pela máquina mais lenta na cadeia (o gargalo).

A metáfora da corrida de revezamento

Taiichi Ohno enfatizava que as máquinas não deveriam ser colocadas ao redor de membros de equipe (como jaulas em um zoológico). Deveria ser fácil para os membros de uma equipe se comunicar e ajudar uns aos outros. Ohno comparou esse tipo de trabalho em equipe a uma corrida de revezamento, na qual o corredor mais rápido pode dar apoio ao corredor mais lento na zona de passagem do bastão. Esse tipo de cooperação salienta a eficiência e o *esprit de corps*.

Portanto, Goldratt defende que devemos:

1. Identificar nossos gargalos.
2. Decidir como explorar os gargalos.
3. Elevar os gargalos.

Arranjar processos de tal forma que os membros de equipe possam ajudar uns aos outros automaticamente eleva nossos gargalos.

Trabalho padronizado e kaizen

O trabalho padronizado é um processo cujo objetivo é *kaizen*. Se o trabalho padronizado não se altera, estamos regredindo. A responsabilidade do líder é manter boas condições e melhorar. Às vezes, as oportunidades de *kaizen* são óbvias, o que inclui *muda* evidente, tais como defeitos recorrentes, avarias de máquinas ou WIP em excesso. Sobrecarga (*muri*) ou falta de regularidade (*mura*) são outros alvos óbvios. As seções a seguir descrevem diretrizes que podem nos ajudar a encontrar oportunidades de kaizen[28,29].

Diretrizes para a economia de movimento

- Os movimentos das mãos devem ser simétricos e simultâneos.
- Os movimentos feitos com duas mãos devem ser tão compactos quanto possível.

---

[27] Goldratt, Eliyahu. *The Goal*, 2ª edição, North River Press, Great Barrington, MA, 1992.
[28] Japanese Management Association, *Kanban – Just-in-Time at Toyota*, Productivity Press, Portland, OR, 1898.
[29] Toyota Motor Corporation, Operations Management Consulting Division, *The Toyota Production System*, Tokyo, 1995.

- O trabalho leve deve ser feito com as mãos e antebraços e não com a parte superior dos braços e os ombros.
- O movimento deve fluir.
- O trabalho deve ser feito no "círculo forte", de cerca de 1 metro de diâmetro, e diretamente na frente do trabalhador. Mantenha uma postura corporal adequada.
- Mantenha as mãos livres o máximo possível.

Diretrizes para o leiaute e equipamento

- Identifique os locais de origem de ferramentas e materiais.
- Possibilite a flexibilidade do leiaute para acomodar mudanças na demanda, assim como operadores mais altos ou mais baixos.
- Mova as peças horizontalmente. Evite o movimento vertical de peças.
- Use a gravidade para mover peças (p. ex.: uso de prateleiras em leve declive para peças).
- Posicione as ferramentas e os materiais de forma conveniente.
- Assegure-se de uma iluminação adequada.
- Use cores.
- Utilize leiautes em forma de U para que os pontos iniciais e finais de um processo estejam lado a lado.

Diretrizes para ferramentas e gabaritos

- Crie gabaritos para não eliminar o uso manual de materiais.
- Use ferramentas ergonômicas (p. ex.: ferramentas que são fáceis de segurar incentivam uma boa postura da mão e do pulso e minimizam a força de vibração).
- Combine ferramentas quando possível (p. ex.: use uma chave em T em vez de uma chave com soquete e chave de fenda).
- Se for possível, use braços que automaticamente retirem a ferramenta do ponto de uso.

Leiautes comuns

Normalmente encontramos quatro leiautes[30,31]:

- Ilhas (processos isolados)
- Ilhas conectadas
- Ilhas conectadas com controle total do trabalho
- Células

---

[30] Ibid.
[31] Documento de treinamento da Toyota.

Ilhas

Processos em ilhas estão separados uns dos outros. Empilhadeiras movem pilhas de estoque entre as ilhas. Com freqüência, operadores em cada ilha produzem o mais rápido possível, independente da real demanda.

Ilhas conectadas

Esteiras transportadoras ou condutos conectam as ilhas. Não há um mecanismo para controlar a quantidade de estoque nas esteiras. Os trabalhadores normalmente produzem o mais rapidamente possível.

Ilhas conectadas com controle total do trabalho

Esteiras ou condutos conectam as ilhas. Um dispositivo visual controla a quantidade de estoque entre processos. O processo fluxo acima pára de produzir quando o processo fluxo abaixo está cheio.

Células

As máquinas estão lado a lado. Há um mínimo de estoque entre as máquinas. Idealmente, uma peça é feita de cada vez. Assim que uma peça é processada, esta passa ao próximo processo. A Figura 4.11 ilustra as quatro situações. A Figura 4.12 faz um resumo das vantagens relativas de cada leiaute[32].

O benefício de células

Podem-se obter grandes vantagens quando uma equipe trabalha em uma célula. Para início de conversa, é fácil para as pessoas se comunicarem umas com as outras – e ajudar uns aos outros. Em segundo lugar, há um *feedback* de qualidade instantâneo de seu colega de equipe no processo que segue. "Olha, esse negócio não cabe!" Em terceiro lugar, como células são compactas, temos que reduzir nosso produto em processo – o que proporcionalmente significa *lead times* e custos de operação menores. Por último, uma equipe trabalhando lado a lado em uma célula inevitavelmente começa a se treinar mutuamente. Com o tempo, todos os membros de equipe passam a conhecer todas as funções na célula – o que melhora a qualidade e torna o local de trabalho mais humano.

O conceito de célula está agora sendo usado fora da área de manufatura em indústrias tão diversas como bancos, previdência e saúde, com resultados promissores (como pode ser comprovado com uma simples busca na internet). A maior barreira (igualmente na manufatura): modelos mentais disfuncionais.

---

[32] Discussão com executivo da Toyota.

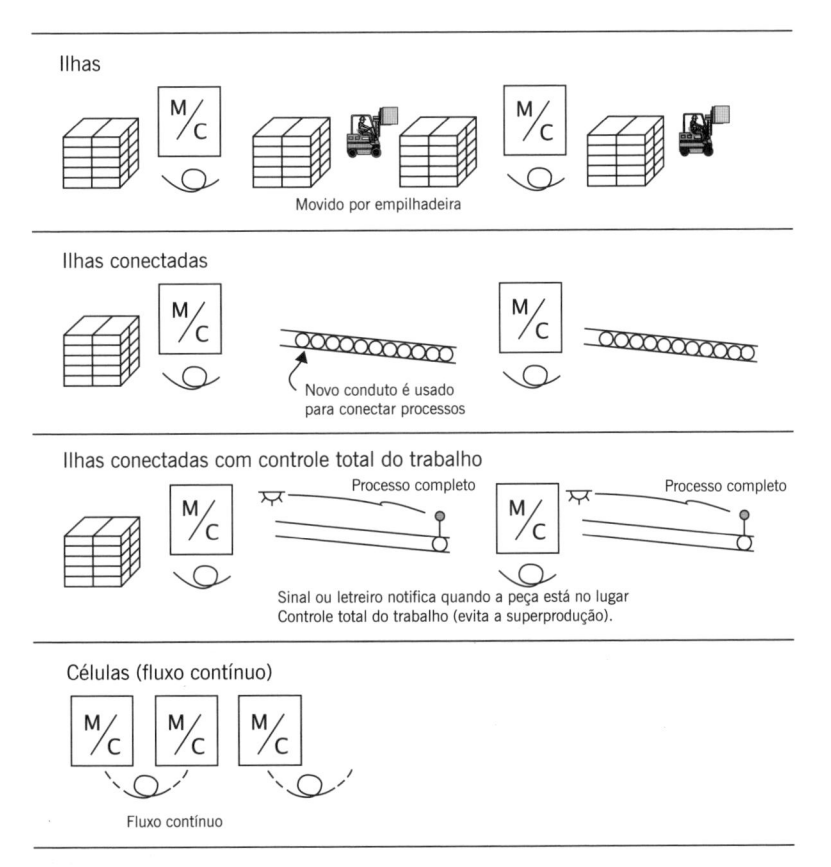

Figura 4.11 Quatro situações de leiaute.

	Efeito				
Tipo	Eficiência	Lead time	Qualidade	Outro tipo de desperdício	Comentários
Ilhas (vilas de processos)	Baixa	Baixa	Baixa	Baixa	Muda de transporte, outras confusões, WIP alto, *feedback* de qualidade mínima.
Ilhas conectadas (conectadas por transporte, sem controle total do trabalho).	Um pouco melhor	Um pouco melhor	Um pouco melhor	Um pouco melhor	Ainda difícil ajustar a mudanças em demanda. Um pouco menos WIP (tanto quanto a esteira pode carregar).
Ilhas conectadas – (controle total do trabalho)	Um pouco melhor	Melhor	Melhor	Melhor	Menos WIP e muda de transporte.
Células (fluxo contínuo)	Boa	Boa	Boa	Boa	Menor WIP, muda de transporte e de movimento de todos. *Feedback* de qualidade contínua.

Figura 4.12 Avaliação dos diferentes leiautes.

Resumo

O trabalho padronizado é um processo cujo objetivo é identificar *muda* para que possamos melhorar continuamente através do envolvimento de membros de equipe. A produção lean e a engenharia de métodos se diferenciam significativamente em sua abordagem quanto ao trabalho padronizado. Descrevi os elementos do trabalho padronizado e as várias tabelas relacionadas. Através do trabalho padronizado, podemos melhorar a densidade de trabalho aumentando a quantidade de trabalho que agrega valor em cada processo. Também procuramos melhorar a eficiência reduzindo a mão-de-obra. Trabalhadores dispensados por *kaizen* são redistribuídos. A meta implícita do trabalho padronizado é *kaizen*. São dadas diretrizes para o desenvolvimento de idéias *kaizen*. No final, discutimos leiautes típicos e suas vantagens relativas.

CAPÍTULO 5

Produção Just-in-Time

Em um período de baixo crescimento econômico, a superprodução é um crime.

Taiichi Ohno

Produção *just-in-time* (JIT) significa produzir o item necessário na hora necessária na quantidade necessária. Qualquer outra coisa acarreta *muda*. A Toyota introduziu o JIT nos anos 50 como uma reação a problemas muito concretos, tais como:

- Mercados fragmentados que demandavam muitos produtos em volume baixo.
- Uma dura concorrência.
- Preços fixos ou em queda.
- Uma tecnologia que rapidamente mudava.
- O alto custo de capital.
- Trabalhadores capazes que exigiam maior nível de envolvimento.

Na Toyota, passei a entender que JIT deve ser apoiado por todo o sistema lean.

Por que JIT?

Fabricantes convencionais de produtos em massa "empurram"[1] o produto pelo sistema independente da demanda real[2]. Um cronograma mestre é elaborado baseado na demanda projetada. Pedidos diários são passados para cada departamento para que produzam as peças que a montagem final precisará. Como os tempos de troca são longos, lotes grandes são comuns.

---

[1] "Empurrar" significa produzir mesmo quando não há demanda. "Puxar" significa produzir apenas quando há um pedido do cliente.

[2] Demanda real significa um pedido do cliente na mão.

Física de produção

Para compreender o poder de JIT é necessário conhecer física básica de produção. A Lei de Little é a equação fundamental, o equivalente de Força = Massa × Aceleração na física geral. A Lei de Little se aplica tanto na indústria de manufatura quanto de serviços.

Lei de Little: Tempo de Ciclo = Produto em processo (WIP): Produção **ou**
Produção = Produto em processo (WIP): Tempo de Ciclo

Definições:

- Produção (*Throughput*) é o *output* médio de um processo de produção (p. ex.: máquina, estação de trabalho, linha, fábrica) por unidade de tempo (p. ex.: unidades por hora, pacientes por dia, seguros por semana).
- Tempo de ciclo (também conhecido como tempo de ciclo médio, tempo de fluxo e tempo de produção) para uma rota específica é o tempo médio desde a saída de uma peça ou unidade de trabalho até sua chegada no fim da rota (p. ex.: o tempo que leva para um paciente para passar por internamento, triagem, avaliação geral, avaliação de especialista, tratamento e alta).
- Produto em processo é o estoque acumulado entre os pontos de início e fim de uma rota (p. ex.: o número de pacientes entre internamento e alta).

Implicações:

- Para um processo de capacidade fixa, o tempo de ciclo e WIP são proporcionais. Logo, se colocarmos duas vezes o trabalho em nosso sistema, o tempo de ciclo dobra. Além do mais, níveis altos de WIP também significam custos de operação altos.
- Para aumentar a produção, podemos encher o local de trabalho com WIP (abordagem de produção em massa ou de lote e fila); ou podemos reduzir o tempo de ciclo reduzindo o desperdício (abordagem da Toyota).
- Se não há WIP, não há produção. O que acaba com a idéia da "fábrica sem estoque"! Taiichi Ohno não era contra estoque – era contra o excesso de estoque, ou seja, matéria-prima, produtos em processo e produtos finais além do necessário para satisfazer a demanda do cliente.

Leis relacionadas:

- A Lei da Variabilidade: O aumento da variabilidade inevitavelmente prejudica o desempenho do sistema de produção.
- A Lei de Proteção de Variabilidade: A variabilidade em um sistema de produção será contraposta por alguma combinação de estoque, capacidade e tempo.

O leitor que estiver interessado pode se referir ao texto clássico de Hopp e Spearman.*

*Hopp, Walter and Spearman, Mark, *Factory Physics*, McGraw Hill, New York, 2000.

Manter o controle dos níveis reais de estoque é difícil. A falta de peças não é incomum e estoques *just-in-case* ("só para estar seguro") são mantidos como prevenção. O espaço no chão e nas prateleiras se reduz, o que significa que são necessárias instalações maiores e mais equipamento de transporte e pessoal. As instalações e os lotes enormes isolam os trabalhadores e atrapalham a comunicação[3].

Na década de 70, métodos de programação manual foram substituídos por sistemas de planejamento de necessidades materiais (MRP). Um bom sistema MRP conseguia controlar o estoque (mais ou menos), fazer pedidos de material e enviar instruções sobre o que produzir a seguir para cada departamento. Porém, ainda havia grandes problemas. Se não se registrassem todas as peças no sistema à medida que passavam de uma etapa de produção para a outra, erros começavam a se acumular. Defeitos, tempo de parada, trocas fora do programa, e outros acontecimentos aleatórios causavam muita confusão para os programas de re-pedidos.

Como conseqüência, frequentemente as operações fluxo abaixo apresentam ou um número de peças muito acima ou muito abaixo do que precisaria para cumprir com a programação de produção. Até mesmo o melhor sistema MRP perde contato com a real situação no chão de fábrica[4]. Muitas vezes, o sistema MRP recebe o apoio de um sistema *back-up* de expedidores que movem as peças que estão em falta urgente para o início da fila em cada departamento e para cada máquina.

Os sistemas MRP têm se tornado cada vez mais complexos. Módulos de planejamento de capacidade têm sido acrescentados para determinar a capacidade de máquinas em cada etapa de um processo para identificar gargalos em potencial. Na década de 90 esses módulos evoluíram para caros softwares de planejamento de recursos empresariais (ERP – *enterprise resource planning*) que supostamente servem para toda a empresa, incluindo produção, logística, manutenção, qualidade e recursos humanos. Os resultados reais ficam aquém do esperado e têm sido especialmente decepcionante no planejamento de logística[5].

Sensíveis às falhas dos sistemas empurrados, fornecedores de software também desenvolveram sistemas ERP lean e com capacidade de fluxo[6]. Será que funcionam melhor? Que o comprador fique atento!

Princípios básicos de JIT

A Toyota introduziu a produção *just-in-time* (JIT) na década de 50 e continua aprimorando-a. A JIT foi introduzida na América do Norte na década de 80 junto com círculos de qualidade, controle estatístico de processo (CEP*) e outras inovações japonesas. JIT teve um breve momento de crescimento na América do Norte e depois morreu quando o solo provou ser infértil.

---

[3] Fábricas tradicionais geralmente são barulhentas, o que exacerba o problema de comunicação. Instalações lean requerem maquinaria silenciosa para que os membros de equipe possam conversar uns com os outros.

[4] Eu queria ganhar um siclo cada vez que um funcionário de chão de fábrica cochicha em meu ouvido "Nosso sistema MRP não funciona."

[5] Sobey's, a segunda maior cadeia de supermercados do Canadá, teve que amargar uma depreciação de $49 milhões depois que a empresa foi obrigada a se desfazer de um sistema de software de gerenciamento de cadeias de fornecimento de $90 milhões (*National Post*, 28 de junho de 2001). Logo após, dei uma palestra em uma conferência assistida por equipes tanto da Sobey's quanto do fornecedor de software. Houve a troca de olhares nada amistosos, mas nenhum tiro foi dado.

[6] Nakishima, Brian. "Can Lean and ERP Work Together?", *Advanced Manufacturing*, setembro de 2000.

* N. de T.: Em inglês SPC, Statistical Process Control.

A produção JIT segue algumas regras simples[7].

1. Não produza um item sem que o cliente tenha feito um pedido.
2. Nivele a demanda para que o trabalho possa proceder de forma tranqüila em toda a fábrica.
3. Conecte todos os processos à demanda do cliente através de ferramentas visuais simples (chamadas *kanban*).
4. Maximize a flexibilidade de pessoas e máquinas.

Womack e Jones também definiram os conceitos de apoio de fluxo e puxar contínuos[8].

Fluxo contínuo

Minha amiga, Mary, há pouco tempo foi ao médico para tratar de uma contusão no ombro que insistia em incomodar. Ela marcou a consulta com alguns dias de antecedência, chegou na hora marcada e esperou para fazer a consulta. O médico a chamou em torno de uma hora mais tarde, mas não conseguiu fazer o diagnóstico. Ele decidiu mandá-la a um especialista.

Algumas semanas mais tarde, Mary passou pelo mesmo processo com o especialista. Mary sugeriu ao médico que se fizesse uma ressonância magnética. O médico discordou e pediu que ela fizesse mais alguns raio X, o que levou mais uma semana. Os resultados eram inconclusivos. O especialista decidiu marcar uma ressonância.

Após a ressonância, Mary consultou o especialista mais uma vez. A mesma rotina da outra vez se repetiu. O especialista finalmente conseguiu fazer um diagnóstico e prescreveu fisioterapia e um remédio. Mary foi até a farmácia perto de sua casa e ficou na fila para comprar o remédio. Ela também marcou sua primeira sessão de fisioterapia para a semana seguinte.

Esse processo todo levou dois meses, apesar do tempo em que Mary realmente foi tratada ter levado apenas alguns minutos[9]. Na maior parte do tempo, Mary ficou sentada esperando (*paciente* é a palavra certa). Se tivesse tido o azar de precisar de hospitalização, teria entrado em um mundo totalmente diferente em termos de especialização, processos desconexos e espera. Se ela tivesse reclamado, teriam lhe dito que todo esse processo de parar, recomeçar e esperar, além de ter que passar para o cuidado de estranhos, é a forma mais eficiente de fornecer cuidados de saúde de alta qualidade[10]. Sem dúvida, os administradores de hospitais poderiam produzir tabelas mostrando que os índices de utilização de especialistas e equipamento foram muito altos.

Esse é o mundo de produção de lotes e filas.

Como fazer com que as coisas fluam? Eis um bom jeito de começar[11]:

1. Defina valor a partir do ponto de vista do cliente.

---

[7] Discussão com executivo da Toyota.
[8] Womack, James e Jones, Daniel. *Lean Thinking*, Simon & Schuster, New York, 1996.
[9] Poderíamos calcular a porcentagem de valor agregado nessa interação de saúde usando a fórmula (minutos recebendo tratamento/tempo total que passou).
[10] Meu temperamento mediterrâneo limita minha tolerância para essas coisas. "Belo jeito de administrar um salão de sinuca," reclamo. Coloco todo meu foco em prevenção para nunca precisar usar o sistema de saúde.
[11] Ibid.

2. Coloque máquinas e pessoas próximas para que possam fornecer valor continuamente.
3. Subordine todo o resto aos itens 1 e 2.

O que isso significaria para Mary e seu ombro contundido? Em primeiro lugar, seu médico e o hospital teriam que repensar tudo a partir da perspectiva do paciente. Teriam que se perguntar;

- O que é importante para Mary?
- O que é desperdício para Mary?
- Como podemos arranjar nossas atividades para maximizar o valor e minimizar o desperdício?

As respostas são óbvias:

- Mary quer um diagnóstico claro e tratamento rápido.
- Todo o resto é desperdício.
- Devemos colocar cada processo – médico, especialista, raio X, ressonância, farmácia e fisioterapia – mais próximo um do outro e eliminar os obstáculos que atrapalham o fluxo de valor.

Tudo isso altera os limites entre tarefas, carreiras, departamentos e organizações. A maioria dos gerentes imagina que os bens e serviços passam pelo sistema e que o bom gerenciamento consiste em minimizar a variação no desempenho do sistema complexo. Porém, a real necessidade é eliminar o sistema e recomeçar, baseado em valor[12].

Fluxo e muda

Muda geralmente é um sintoma de que existem obstáculos ao fluxo. Por exemplo: WIP na frente de uma máquina significa que pode haver um problema com:

- Tempo de troca (p. ex.: as trocas são tão longas que o operador produz quantas peças conseguir).
- Disponibilidade de máquinas (p. ex.: as máquinas não são confiáveis e o operador faz peças a mais como garantia).
- Qualidade (p. ex.: o índice de defeitos é alto e o operador deve fazer mais para cumprir com a meta de produção).

Você consegue pensar em outros exemplos?

Puxar

Puxar significa que ninguém fluxo acima deve produzir bens ou serviços sem que o cliente fluxo abaixo tenha feito o pedido. No sistema puxado mais comum, o cliente retira o produto e nós preenchemos a lacuna criada a partir disso. A aplicação do sistema puxado é um pouco mais complicada. Vamos ver um exemplo[13].

---

[12] Ibid.
[13] Ibid.

Digamos que você dê ré em seu Toyota Camry 2000 azul e bata em um poste. Você vai até seu revendedor Toyota mais próximo onde é instalado um novo pára-choque azul para seu automóvel. Isso cria um "buraco" na área de loja do revendedor. Esse buraco gera um sinal para o Centro de Distribuição de Peças da Toyota daquele local (Toyota Parts Distribution Center – PDC): "Por favor, mande-nos um pára-choque azul para a Toyota Camry 2000 (para colocar no lugar de um que instalamos no veículo de um cliente)".

O PDC envia um outro pára-choque para a revenda e um sinal fluxo acima para o Centro de Redistribuição de Peças (Parts Redistribution Center – PRC) onde os fornecedores Toyota expedem suas peças. O PRC envia um pára-choque azul para a Toyota Camry 2000 e um sinal para a fábrica de pára-choques: "Por favor, produzam um pára-choque azul para a Toyota Camry 2000". O fabricante de pára-choques programa um *slot* de tempo de produção para produzir o pára-choque azul. A Figura 5.1[14] mostra as três curvas do sistema puxado entre o fabricante de pára-choques e o revendedor.

O que tudo isso tem de tão especial? Bem, sem o sistema puxado, o revendedor teria que manter estoques de peças grandes. O PRC e o PDC teriam que ter enormes depósitos devido ao *muda* e aos altos custos decorrentes. E isso não asseguraria uma entrega rápida. Quanto maior o depósito, mais difícil fica controlar o número de pecas. Se seu pára-choque fosse encomendado sob medida, você teria que esperar várias semanas para que o fabricante de pára-choques o fabricasse e para que o sistema o entregasse ao revendedor.

O dinheiro disponibilizado pelo sistema puxado pode ser usado pelo revendedor para investir em um maior número de baias de conserto, melhor equipamento diagnóstico, ou treinamento para melhorar a capacidade dos mecânicos da loja. De forma semelhante, o dinheiro economizado pelos PDC e PRC pode ser usado para fortalecer ainda mais a empresa, ou para tornar os funcionários da base mais eficientes.

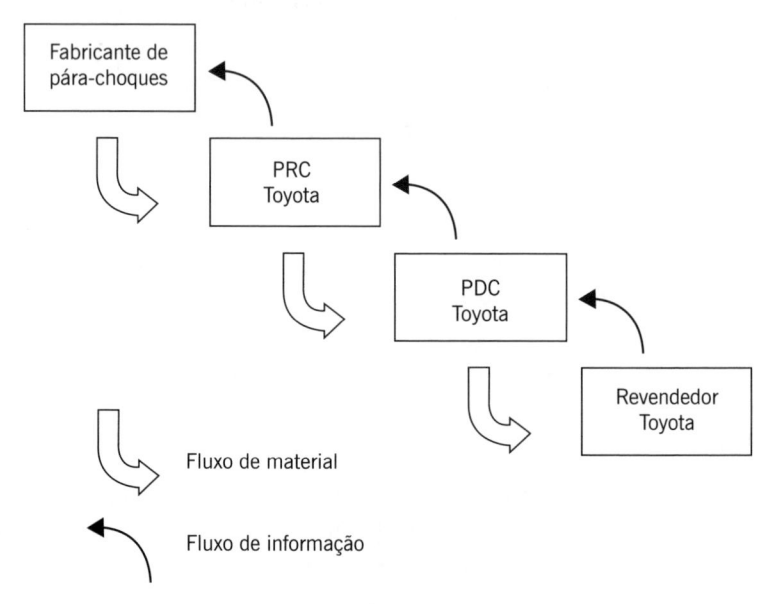

Figura 5.1 O sistema puxado através de três *loops*.

---

[14] Ibid.

A magia do sistema puxado

Os sistemas puxados controlam o WIP. O número de cartões *kanban*, caixas, pegadas no chão da fábrica, etc. estabelecem um limite superior de WIP no sistema.

Isso, por sua vez:

- Reduz o tempo de ciclo – de acordo com a Lei de Little.
- Reduz a despesa com a operação – não pedimos tanta matéria-prima ou criamos tanto WIP ou estoque de produtos finais.
- Melhora a qualidade – os defeitos não são reproduzidos em grandes lotes e fica mais fácil de pegá-los rapidamente.
- Melhora a ergonomia – as caixas de peças não são tão grandes ou numerosas e assim não é preciso levantar tanto peso.
- Melhora a segurança – há um menor número de empilhadeiras andando pela fábrica.

Em um sistema puxado puro, não há um limite superior para o WIP. Se uma programação gerada por MRP é seguida ao pé da letra, ou seja, sem ajuste às condições do chão de fábrica, poderia facilmente haver uma explosão de WIP – no qual a programação se adiantaria muito em relação à produção e enterraria a fábrica em WIP.

O Sistema JIT

Na Toyota comecei a entender a essência do JIT – fazer o valor fluir para que o cliente possa puxar. Os componentes do sistema JIT são:

- Kanban. Um sistema de ferramentas visuais (geralmente cartões de sinalização) que sincronizam e fornecem instruções aos fornecedores e clientes tanto dentro quanto fora da fábrica.
- Nivelamento de produção ou heijunka. Dá suporte ao trabalho padronizado e ao kaizen. A meta é produzir no mesmo ritmo todos os dias para minimizar os picos e os vales na carga de trabalho. Paradoxalmente, heijunka também dá suporte para que haja uma rápida adaptação à demanda flutuante.

Kanban e *heijunka*, por sua vez, dependem de:

1. *Trocas rápidas de máquinas* que permitem respostas rápidas aos pedidos diários de clientes e minimizam a *muda* da espera.
2. *Gerenciamento visual* através do sistema 5S, o que torna a condição de produção transparente para a equipe inteira e coordena ações.
3. *Processos capazes*, o que significa métodos, trabalhadores e máquinas competentes:
   - Métodos competentes significam trabalho padronizado que fornece uma base para kaizen. Também significa aplicar jidoka para minimizar e conter os defeitos.

- Trabalhadores competentes significam solucionadores de problemas com múltiplas habilidades, que circulam de uma tarefa para outra e se envolvem em atividades de melhoria.
- Máquinas competentes significam atividades TPM e 5S que ataquem as seis grandes perdas (equipamento, avarias, atrasos de setup e de ajuste, ócio e paradas menores, velocidade reduzida, defeitos do processo e produção reduzida).

Já falamos a respeito de 5S, TPM e trabalho padronizado. A seguir, vamos investigar *kanban* e nivelamento de produção.

Kanban

Um *kanban* é uma ferramenta visual usada para chegar à produção JIT[15]. Geralmente é um cartão dentro de um envelope retangular de vinil. Um *kanban* é uma autorização para produzir ou parar, e pode também conter outras informações relacionadas, tais como:

- O fornecedor da peça ou do produto
- O cliente
- Onde o item deve ser armazenado
- Como deve ser transportado (p. ex.: o tamanho da caixa e o método de transporte)

Outras formas de *kanban* são:

- Um espaço aberto em uma área de produção que nos indica que alguém retirou um produto e devemos preencher a lacuna.
- Uma linha em uma esteira ou em uma prateleira de estoque. Quando o estoque cai abaixo da linha, peças de reposição são produzidas.
- Um espaço aberto em uma plataforma de transporte. Produziremos tantas peças quanto pudermos colocar na plataforma.
- Uma caixa de peças vazia com espaços para um número específico de peças.
- Um sinal eletrônico de uma chave limite para uma máquina automática que dá instruções para que a máquina comece a produzir peças até o "cliente estar cheio."[16]
- Uma luz em um painel de controle de produção.
- Um espaço em um carrinho de peças (útil na montagem de kits de peças).
- Uma bola de ping-pong colorida que rola por um conduto quando um cliente retira um item, nos dizendo "faça um desses, por favor."

Uma mensagem eletrônica em uma tela de computador também serve como um *kanban*. No entanto, esse tipo de *kanban* eletrônico não se enquadra no triângulo de gerenciamento visual abordado no Capítulo 3. Esta situação pode mudar à medida que a tecnologia de computadores avança e telas grandes, visíveis para todos ao mesmo tempo, se tornem disponíveis.

---

[15] Japanese Management Association, *Kanban – Just-In-Time at Toyota*, Productivity Press, Portland, OR, 1989.
[16] Também chamado de "processo completo".

Existem dois tipos de *kanban*:

- Kanban de produção, que especifica o tipo e a quantidade de produto que o processo fluxo acima (o fornecedor) deve produzir.
- Kanban de retirada, que especifica o tipo e a quantidade de produto que o processo fluxo abaixo (o cliente) pode retirar.

Isso funciona em série, como se pode ver na Figura 5.2[17]. A linha de montagem produz os itens A, B e C usando as peças *a, b* e *c*. A linha de montagem "adquire" o tipo e a quantidade específica de peças *a, b* e *c* na loja de peças usando *kanbans* de retirada. A lacuna resultante gera um *kanban* de produção para os processos 1, 2 e 3 que produzem peças de reposição para preencher a lacuna.

Os *kanbans* de retirada e produção são trocados no processo do fornecedor. As peças e os processos são sempre acompanhados por um *kanban*. Somente produzimos o que foi retirado e na ordem em que foi retirado. E nunca expedimos peças com defeitos.

O que aconteceria se a loja de peças ficasse sem a peça *a*? O cliente entregaria o *kanban* de retirada ao processo 1 que interromperia qualquer outro trabalho para cumprir com o pedido. As Figuras 5.3 e 5.4 mostram o *kanban* de produção e de retirada, respectivamente.

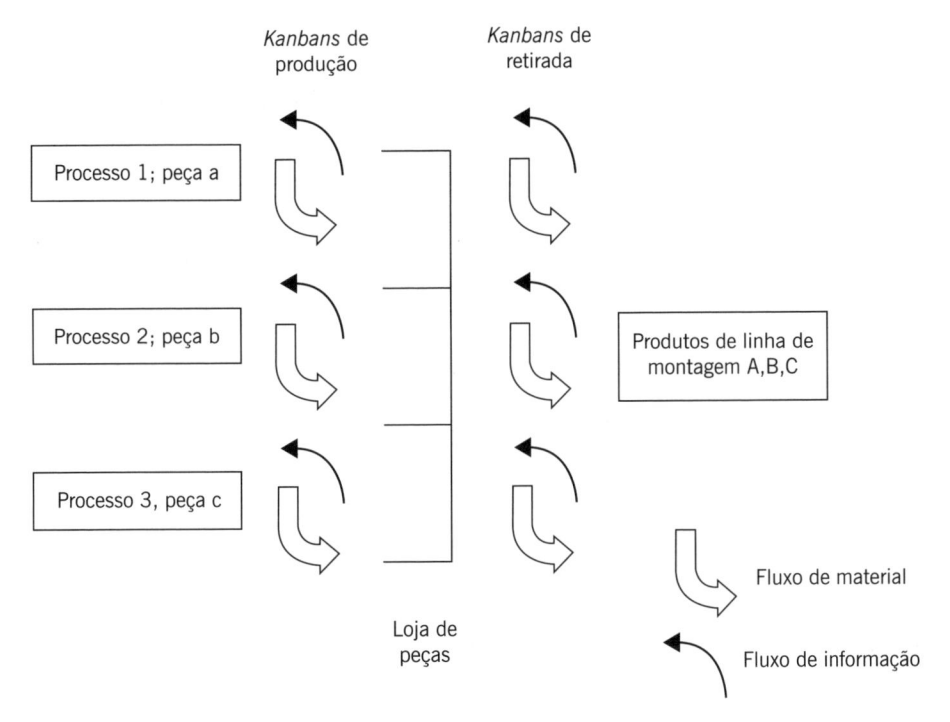

Figura 5.2 Circulação de *kanban*.

[17] Ibid.

```
Área de armazenamento _____ No. Peça _____       Processo
Nome do item _____
Tipo de produto _____                            Solda
Quantidade/contêiner _____ Tipo caixa _____      SB-4
Área de entrega _____ No. Cartão _____
```

Figura 5.3 *Kanban* de produção.

```
Prateleiras da loja _____ No. Item _____       Processo
Nome do item _____                              anterior
Tipo de produto _____
Capacidade da caixa _____ Tipo de caixa _____   Processo
No. cartão _____                                subseqüente
```

Figura 5.4 *Kanban* de retirada.

Sistema puxado no Imperial Grill – Parte 1

O restaurante do meu pai, o Imperial Grill, usava um sistema puxado simples. Garçons e garçonetes registravam os pedidos dos clientes em bilhetes (*kanbans*) que passavam pela janela de serviço. A programadora, minha mãe, determinava a melhor combinação e seqüência e, de acordo com isso, colocava os bilhetes no quadro de cortiça.

A cozinha (chão de produção) consistia de balcões separados (células de trabalho) para:

- pedidos de alto volume e freqüência, como hambúrgueres, sanduíches e saladas (*runners* e *repeaters*) e
- pedidos de baixo volume (estranhos ou "gatos e cachorros").

Para os *runners* de alta freqüência, meu pai criava um *buffer* de produtos finais, antes da hora corrida do café da manhã, do almoço e da janta. "Gatos e cachorros", ou seja, pedidos fora do comum, eram feitos na hora – um tema de muito debate na cozinha.

Minha mãe: "Por que oferecemos filé *tartare*? O Sr. Nagy é o único que pede esse prato".

Meu pai: "Sim, mas ele é um bom cliente e manda seus paciente aqui".

Metáforas de kanban

Na Toyota aprendi muitas metáforas de *kanban*. Um *kanban* é:

- A autorização para produzir ou retirar peças ou produtos finais.

- Dinheiro. Se não há dinheiro, não há produção.
- A voz do cliente dizendo "Por favor, faça...".
- Um sistema de engrenagens que sincroniza a produção com o "processo marca-passo".

A metáfora de engrenagens é particularmente eficaz. Engrenagens mecânicas sincronizam o movimento de peças díspares com aquele de uma força motora central. De forma semelhante, os *kanbans* sincronizam processos de produção díspares com o "marca-passo". É somente dessa forma que o cliente pode puxar no processo do marca-passo.

A Toyota tem um plano de produção?

A produção JIT significa que não é preciso um plano de produção? Na verdade, a Toyota tem planos de produção de longo prazo, anuais e mensais. Estas se baseiam em pedidos que estão na mão de revendedores e na demanda estimada ao longo de vários períodos de tempo. Planos de produção ajudam a determinar necessidades de pessoal e peças e para confirmar que existe uma capacidade adequada para cumprir com a demanda do cliente. As várias previsões são ajustadas para um pedido de dez dias e depois para um plano de produção diária. A Toyota espera que haja mudanças no pedido de dez dias na ordem de +/– 10%. Esse ajuste fino crucial é feito através de *kanbans*.

O plano de produção diário da Toyota é passado para o marca-passo (geralmente a montagem). As atividades de prensar, soldar e pintar, assim como os fornecedores, estão ligadas ao marca-passo através de *kanbans*.

Processo de marca-passo

O marca-passo é o ponto de conexão com o cliente, o processo pelo qual a produção é programada[18]. No fluxo acima do marca-passo, a produção é determinada pelo sistema *kanban*. Por exemplo, suponhamos que o pedido diário do cliente seja 100 de cada dos produtos A, B e C. Esse pedido torna-se um *kanban* de produção para o marca-passo, que, a partir disso, consumirá peças dos processos fluxo acima conforme o necessário. Os processos fluxo acima produzirão peças consumidas em *loops* do sistema puxado como mostrado nas Figuras 5.1 e 5.2.

O sistema *kanban* requer apenas uma programação de produção – o que é uma enorme vantagem. Dessa forma, as mudanças inevitáveis de demanda do cliente e outras causas de instabilidade podem ser acomodadas muito mais facilmente. Em um sistema empurrado, por outro lado, somos obrigados a programar e reprogramar cada ponto no processo de produção, o que pode levar dias, ou até semanas. A facilidade de programação libera os supervisores e gerentes para a atividade *kaizen*.

A visibilidade é outra grande vantagem. O acúmulo de *kanbans* em nosso quadro de controle de produção significa que estamos atrasados – o cliente está fazendo pedidos de itens que não estamos produzindo. Por outro lado, se nosso quadro mostrar um menor número de *kanbans* do que nosso nível mínimo, isso significa que devemos parar de produzir aquela peça.

---

[18] Rother, Mike and Shook, John. *Learning to See*, The Lean Enterprise Institute, Brookline, MA, 1999.

A loja (Supermercado)

Na Figura 5.2 colocamos nossas peças finais em uma "loja", ou supermercado. É aqui que nossos clientes vem "comprar" peças.[19] Uma loja é um estoque controlado de peças usada para programar um processo fluxo acima através de algum tipo de *kanban*. Como veremos, uma de nossas regras *kanban* é que nenhum item defeituoso seja enviado ao cliente (seja esse cliente interno ou externo). É o mesmo princípio que rege a promessa do dono de uma loja de que ele não venderá um produto defeituoso para seu cliente.

Nossa situação ideal é não termos uma loja e praticarmos a produção de uma peça só. Porém, isso nem sempre é possível, pelas seguintes razões:

- Desencontros de tempo de ciclo. Alguns processos (p. ex.: prensar) operam em um ciclo muito rápido e precisam ser trocados para servir a múltiplas famílias de produtos. Outros (p. ex.: injeção plástica, tratamento de calor e tintura) operam em ciclos muito lentos e exigem trocas freqüentes. Fluxo de uma peça só não é prático nesses casos.
- Distância. Alguns processos (p. ex.: aqueles nas instalações de fornecedores) estão muito longe e a expedição de uma peça de cada vez não é prática.
- Instabilidade de Processos ou *lead time* longo. Alguns processos não são confiáveis o suficiente para acoplar diretamente a outros processos na célula. Outros têm um *lead time* longo demais para fazer parte de uma célula.

Em longo prazo, talvez possamos substituir nossos monumentos (maquinaria enorme e complexa para produzir lotes) por equipamento de fluxo de uma peça só muito mais simples[20].

5S e gerenciamento visual na loja nos dará a informação de que precisamos:

- Onde está?
- O que é?
- Quantos têm?
- O que devemos produzir agora?
- Quantos devemos produzir?
- Para onde vai depois que o tivermos produzido?

Nossa situação de produção ficará transparente. Um número excessivo de itens pode significar que a capacidade tenha sido aumentada excessivamente, ou que temos problemas de qualidade ou com alguma máquina. Uma loja quase vazia pode significar que nossa capacidade é inadequada e que estamos sobrecarregando os membros de nossa equipe.

---

[19] Ibid.
[20] "Toyota Must Maintain Edge of Quality as It Tries to Step Up US Production", *The Wall Street Journal*, 20 de março de 2001. Este artigo contém um estudo de caso interessante.

As seis regras do kanban[21]

Os membros de equipe e supervisores devem ter um profundo conhecimento dessas regras, além de boas habilidades para solucionar problemas. A Lei de Murphy reina durante a implementação de *kanban*.

Regra 1: Nunca faça expedição de itens com defeitos

Produzir defeitos significa investir trabalho, materiais e tempo em algo que não conseguiremos vender. Os defeitos seriamente prejudicam nossa capacidade de reduzir custos – a nossa meta principal. A regra 1 requer:

- Detecção e contenção rápidas de defeitos, também conhecido como controle de zona.
- Automação. Ex.: as máquinas param automaticamente quando um defeito é detectado.
- A solução rápida de problemas.
- No caso de haver peças boas misturadas com as defeituosas, devemos imediatamente trocá-las pelas peças boas.

Regra 2: O cliente retira apenas o que é necessário

Já abordamos esse conceito no contexto de JIT. Deve haver uma mudança crucial em nosso modo de pensar, de *suprirmos* o cliente[22], para a situação de nosso cliente vir *retirar* na hora e na quantidade necessária. Esse modo de pensar resolve os problemas críticos de produção:

- O que produzimos?
- Quantas peças produzimos?
- Quando produzimos essas peças?

Os corolários da regra 2 são o que segue:

- Não pode haver retirada de produtos sem um *kanban*.
- Um *kanban* deve acompanhar cada item.
- Devem ser retiradas apenas as peças indicadas na quantidade indicada.

Dessa forma, evitamos o *muda* criado quando produzimos peças demais, cedo demais, ou a peça errada. Essas perdas podem incluir um excesso de hora extra, de estoque e de acúmulo de capacidade por não sabermos que nossa capacidade existente é o suficiente.

---

[21] Japanese Management Association, *Kanban – Just-In-Time at Toyota*, Productivity Press, Portland, OR, 1986.
[22] "Cliente" também pode significar o processo fluxo abaixo em relação a nós.

Regra 3: Produza apenas a quantidade retirada pelo cliente

A regra 3 é deduzida da regra 2 e permite que os processos de produção funcionem todos juntos, como se fossem parte de uma linha de montagem se movendo em um passo uniforme. Os *kanbans* são as engrenagens que ligam os processos do cliente e do fornecedor. Os corolários da regra 3 são:

- Não produzir mais do que o número de *kanbans* que tiver em mão.
- Produzir na seqüência em que tiver recebido os *kanbans*.

Devemos projetar nossos quadros de programação de produção de tal forma que a seqüência e as quantidades fiquem transparentes.

Regra 4: Nivele a produção

Para permitir que nossos processos produzam a peça certa na quantidade certa na hora certa, temos que dar-lhes estabilidade quanto aos pedidos de produção. Não podemos pedir 50 peças em um momento e 250 no próximo. Isso exigiria que o processo ou mantivesse capacidade em excesso ou produzisse adiantado. De fato, quanto mais no início da seqüência de produção está um processo, mais capacidade extra é preciso para manter a produção. Devemos retirar um produto em horas fixas, em quantidades fixas e em uma seqüência fixa. O nivelamento de produção é discutido em maior detalhe mais adiante neste capítulo.

Regra 5: Use *kanban* para o ajuste fino de produção

O sistema *kanban* não pode responder a grandes mudanças na produção. Essas devem ser tratadas no plano de produção. *Kanban* é um meio de ajuste fino. Por exemplo, se o cliente retirar peças em um ritmo instável – digamos, 100 peças na primeira hora, 200 peças na segunda hora, 75 peças na terceira hora – tenderemos a estocar suprimentos e estoque e investir em capacidade em excesso (pessoal e máquinas), só para estar seguro, o que resultaria no colapso do sistema *kanban*.

Regra 6: Estabilize e fortaleça o processo

Não podemos cumprir com as regras 1 a 5 sem processos robustos. Portanto, devemos aplicar o princípio do *jidoka* para aumentar a capacidade de nossos processos (ver Capítulo 6). Devemos constantemente reduzir *muda*, *mura* e *muri* através da:

- Implementação de poka-yokes para detectar erros que podem causar defeitos.
- Redução de tempo de caminhada ou posturas inadequadas que sobrecarregam nossos membros de equipe.
- Racionalização de leiautes para que, por exemplo, os processos estejam na forma de U e os membros de equipe possam verificar o processo todo.
- Implementação de sistemas visuais que reduzam a sobrecarga cognitiva.

O papel expandido do transporte

No sistema JIT os funcionários que trabalham com transporte devem transportar informações tanto quanto materiais.[23] Vejamos a Figura 5.2 novamente, onde se visualiza uma imagem simples: a montagem puxa as peças *a*, *b* e *c* de uma loja. Na prática, no entanto, a montagem pode exigir peças de várias lojas diferentes. O transporte, portanto, teria que juntar os kits necessários de acordo com o *kanban* submetido e envia-los *just-in-time* segundo uma rota padronizada. De fato, o trabalho padronizado para processos de transporte corresponde muito proximamente àquele de processos de produção (Figura 5.5[24]).

Pitch* determina a freqüência de retirada e é um múltiplo de tempo *takt* . Por exemplo, se uma peça tem um tempo *takt* de um minuto e tem dez peças por bandeja, o *pitch* será de dez minutos.

Com que freqüência devemos fornecer pedidos de produção?

É o mesmo que perguntar "Que tamanho devem ter nossos lotes?" Em longo prazo, nossa meta é a retirada de uma peça só, o que significa que a freqüência de retirada é igual ao *takt*. Em curto prazo, nossa meta é continuamente reduzir os tamanhos dos lotes. Nosso *pitch* será o número de peças na caixa multiplicado pelo tempo *takt*.

Vamos revisar as vantagens de produzir em lotes menores e retirar incrementos constantes de produtos.

Ajustes rápidos a mudanças na demanda ou a outras causas de instabilidade

Suponha que o processo do fornecedor produza lotes de 100 unidades antecipando uma demanda correspondente. Porém, a demanda real acaba sendo apenas de 50 unidades. Todo aquele trabalho é desperdiçado e o fornecedor fica com 50 unidades não vendidas armazenadas.

O erro foi fazer o tamanho do lote de 100. Se o tamanho do lote tivesse sido 10 ou 5, o fornecedor poderia ter parado a produção quando ficou sabendo que apenas 50 unidades seriam vendidas.

Transporte	Produção
Pitch = peças por contêiner × *takt*	*Takt*
Rota de caminhada	Seqüência de trabalho
Peças sendo transportadas	Estoque em processo padrão

Figura 5.5 Elementos do trabalho padronizado – transporte e produção.

---

[23] Discussão com executivo da Toyota.
[24] Documento de treinamento da Toyota.
* N. de T.: *Pitch*: quantidade de tempo necessária em uma área de produção para completar um contêiner de produtos. (Lean Institute Brasil).

Um melhor sentido de tempo takt

Puxadas freqüentes e pequenas nos ajudam a encontrar o ritmo da produção (p. ex.: nos fornece uma boa imagem de *takt*). Assim, nossa situação se torna fácil de monitorar: "Estávamos atrasados. Agora estamos no ritmo certo".

Menor número de picos e vales

Lotes pequenos e puxadas pequenas e consistentes significam que precisamos de menos ajuste. Podemos fazer nosso trabalho de forma equilibrada sem os picos e os vales que podem sobrecarregar nosso pessoal, nossas máquinas e nossos fornecedores. Cortar o tamanho de nosso lote pela metade significa que podemos cortar nosso WIP de peças pela metade, dessa forma minimizando a sobrecarga para nossos fornecedores.

Controle de abnormalidade

Taiichi Ohno compara a manufatura aos *cattle drives* (deslocamento de rebanhos) de seus filmes de caubói prediletos.[25] *Cattle drives* envolvem um pequeno número de caubóis movendo milhares de animais por centenas de quilômetros. Em condições normais os caubóis fazem pouco mais do que seguir o rebanho. Mas, se o rebanho começa a sair do rumo certo, os caubóis rapidamente passam à cabeça do rebanho para corrigir o rumo. Se alguns animais insistem em sair do rumo, os caubóis usam seus laços para que retornem ao rebanho. Os caubóis devem freqüentemente verificar o curso do rebanho e agir rapidamente quando há alguma anormalidade. De forma semelhante, pedidos de produção freqüentes dão suporte a verificação minuto a minuto e a ação corretiva.

Os tipos de transporte

Existem dois tipos de transporte em um sistema *kanban*.[26]

- Transporte de quantidade variável e tempo fixo
- Transporte de tempo variável e quantidade fixa

O transporte de tempo fixo é preferível quando os processos são desconectados e as distâncias de transporte são longas. Rotas "milk run" ou fáceis de seguir podem ser facilmente elaboradas. Fornecedores externos quase sempre usam esse tipo de transporte. O transporte de quantidade fixa é preferível quando os processos são conectados (p. ex.: em uma linha de montagem) e as distâncias de transporte são curtas, ou quando os tamanhos dos lotes são grandes (p. ex.: prensa). A Toyota utiliza-se de transporte de quantidade fixa para peças prensadas e para grandes peças de injeção plástica como os painéis de instrumentos (Figura 5.6).

---

[25] Rother, Mike and Shook, John, *Learning to See*, The Lean Enterprise Institute, Brookline, MA, 1999.
[26] Discussão com um executivo da Toyota.

Ponto de discussão	Tempo fixo	Quantidade fixa
Estoque	Fornecedor deve se adaptar a quantidades variáveis	Fornecedor deve se adaptar a tempos variáveis
Tempo de retirada	Fixo	Variável
Quantidade retirada	Variável	Fixa
Uso	Processos desconexos distâncias de transporte longas	Processos conectados Distâncias de transporte curtas Produção em lotes grandes
Metáfora	Serviço de Transportes da cidade	Serviço de táxi por telefone

Figura 5.6 Transporte de tempo fixo *versus* quantidade fixa.

Nivelamento de produção

A maioria dos setores de montagem acha mais fácil programar produções longas de um tipo de produto e evitar trocas. Porém, acabamos pagando caro por isso. *Lead times* aumentam porque torna-se difícil servir os clientes que querem algo diferente do lote que estamos produzindo no momento. Portanto, temos que investir em nossa loja de produtos finais com a esperança de que teremos o que o cliente quer na hora.

A produção em lotes também significa que consumimos matéria-prima e peças em lotes, o que acaba inchando os estoques WIP. A qualidade sofre porque um único defeito se repete em todo o lote. Os funcionários trabalham com um desequilíbrio – ou seja, algumas linhas estão ocupadas enquanto outras ficam ociosas – o que também afeta a eficiência. O desequilíbrio no trabalho cria tensões que minam a segurança e a moral.

Nivelamento de produção, ou *heijunka*, significa distribuir o volume e a mistura de produção de forma equilibrada através do tempo. Por exemplo, em vez de montar todos os produtos do tipo A de manhã e todos do tipo B de tarde, alternaríamos pequenos lotes de A e B.

Levou algum tempo até que eu entendesse os benefícios do *heijunka*. Mas, quanto mais nivelamos a mistura de produção no marca-passo:

- Mais curto é nosso *lead time*.
- Menor é o estoque de produtos finais e WIP de que precisamos.
- Menor é o desequilíbrio e a sobrecarga sofrido pelos nossos operadores.

Na verdade, o sistema *kanban* pressupõe o nivelamento de produção, assim como o trabalho padronizado.

O nivelamento de produção também nos auxilia no cálculo de nossas necessidades de pessoal, equipamento e material. Suponhamos que a quantidade de trabalho varia, como está demonstrado na Figura 5.7[27]. Se programarmos nossa capacidade para uma demanda de pico, haverá uma subutilização durante os vales. Se programarmos nossa capacidade para os vales, nosso pessoal, equipamento e fornecedores sentirão sobrecarga durante a demanda de pico.

---

[27] Japanese Management Association, *Kanban – Just-in-Time at Toyota*, Productivity Press, Portland, OR, 1989.

Entendendo a demanda do cliente

Para entender a demanda do cliente, precisamos entender:

- Volume – como se modifica com o tempo? Existem picos e vales previsíveis (p. ex.: Dia dos Namorados, Dia das Mães e feriados importantes)? Nosso negócio é sazonal? Gráficos de demanda são uma ferramenta útil. Tabelas de movimento médio também podem ser úteis em situações em que a demanda parece particularmente caótica.
- Combinação – que produtos e serviços fazem parte do volume? A análise de produto-quantidade é uma ferramenta muito útil. Compreende fazer um gráfico de barra da quantidade de cada produto vendido. Geralmente descobrimos que 20% dos produtos fazem parte de 80% do volume (o princípio de Pareto).
- Variação – qual a variação na demanda por cada produto? É muito útil planejar o coeficiente de variância (COV) da demanda por cada produto. (COV é definido como o desvio-padrão dividido pela média.)

Podemos usar nossa análise de volume, combinação e variação para categorizar nossos produtos assim:

- *Runners*: Pedidos de alto volume e alta freqüência com baixa variação na demanda (ex.: COV menor de 1). Podemos usar linhas dedicadas a *runners*.
- *Repeaters*: Volume e freqüência de pedido moderados e variação na demanda moderada (ex.: COV de 1 a 1,5). Poderíamos agrupar *repeaters* com peças semelhantes e produzi-las em células de trabalho.
- Estranhos (gatos e cachorros): Pedidos de baixo volume e baixa freqüência com uma alta variação na demanda. É mais provável que se faça esse tipo por pedido.

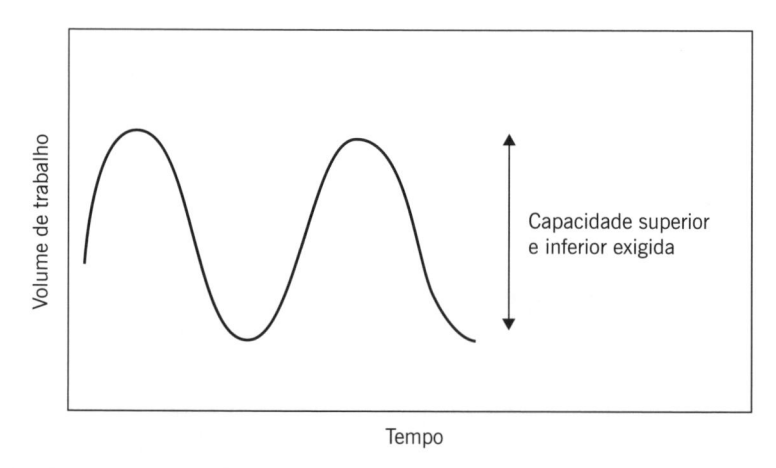

Figura 5.7 Picos e vales no trabalho.

Reagindo a mudanças na demanda do cliente

Como se ajustar as constantes mudanças na demanda do cliente? Temos três opções (na ordem de preferência):[28]

- Absorver as mudanças diárias na demanda com uma loja de produtos finais.
- Funcionar com um pouco de hora extra a cada turno ou no sábado de vez em quando.
- Ajustar o tempo *takt*, como é exigido, e alternar o número de operadores.

Nivelamento de produção no Imperial Grill

O negócio de meu pai apresentava desafios de *heijunka* significativos. Havia três períodos de maior movimento – o café da manhã, o almoço e o jantar – e longos períodos ociosos. Ou tínhamos pessoal demais, ou de menos, estoque demais, ou de menos. Como nivelar o trabalho? Meu pai teve as seguintes idéias:

- Promover lanches para o meio da manhã e meio da tarde.
- Promover um "happy hour" de fim de tarde.
- Desenvolver um serviço de comida para levar.

As coisas melhoraram, apesar de ainda haver períodos ociosos nos quais eu folheava nossa coleção da revistas *Life*.

As duas primeiras opções podem ser usadas diariamente sem maiores dificuldades. Porém, ajustar nosso tempo *takt* ao mesmo tempo em que se alternam operadores é difícil porque também precisamos mudar as tabelas de trabalho padronizado e retreinar e redistribuir pessoal. Empresas com experiência em produção lean têm prática em tais atividades, mas, empresas recém iniciando suas atividades lean podem achar complicado no início. Devemos manter nosso novo tempo *takt* por pelo menos um mês.

Felizmente, células lean normalmente usam equipamentos pequenos, simples e de baixo custo que reagem mais facilmente às necessidades do cliente. Ao desenhar nossos leiautes, devemos preparar cenários aos quais podemos acrescentar ou retirar, antecipando mudanças no tempo *takt*.

Na Toyota lidávamos com pequenas variações na demanda trabalhando com um pouco de hora extra a cada dia, ou em um sábado ocasionalmente. Lidávamos com variações maiores sazonais ajustando nosso tempo *takt*. Nós nos preparávamos de antemão criando trabalho padronizado para diferentes cenários *takt*.

Caixa de heijunka

É uma ferramenta de programação de produção que nos diz visualmente quando, o que e quanto produzir. O programador de produção geralmente coloca *kanbans* de retirada na caixa de *heijunka* com base nos pedidos daquele dia. Em um sistema puxado tipo A, as linhas e as colunas da caixa de *heijunka* (ver Figura 5.8) correspondem a:

---

[28] Ibid.

Cliente	Produto	Tempo (volume)							
		1	2	3	4	5	6	7	8
Ford	A	O		O		O		O	
Ford	B		Δ			Δ			
GM	C				Φ			Φ	
	Total	O	Δ	O	Φ	O	Δ	O	Φ

Neste caso, os produtos Δ e Φ levam mais tempo para produzir do que o produto O. Preencher a caixa *heijunka*, como demonstrado aqui, ajuda a equilibrar o trabalho. Se os Δs ou os Φs não estivessem programados, os funcionários tentariam manter *Takt* e trabalho padronizado.

Figura 5.8 Caixa de *heijunka* – sistema puxado tipo A.

- Número de produtos que a fábrica ou setor produzem (linhas)
- Tempo *takt* ou pitch

Em um sistema puxado tipo B, a caixa de *heijunka* geralmente tem apenas uma linha e é usada principalmente para colocar a produção em seqüência baseada nas peças de componentes necessárias. Sistemas do tipo C usam tanto as caixas de *heijunka* tipo A e B.

Três tipos de sistemas puxados[29]

Escolher o sistema puxado certo é uma parte importante da implementação do sistema lean.

Sistema puxado tipo A

Os sistemas do tipo A são os mais comuns e exigem reabastecimento ou preenchimento de lacunas que são criadas na loja de produtos ou peças finais quando o cliente retira uma peça ou produto. Cartões *kanban* fornecem a autorização de produção e a seqüência através de uma caixa de *heijunka*.

A loja de produtos finais está localizada no final na linha de produção O tamanho de nossa loja de produtos finais depende do ritmo de produção e retirada. Todas as peças necessárias para produzir os produtos são armazenadas na área de produção, com freqüência em uma loja pequena. Novamente, o volume de peças ao lado da linha depende da freqüência de produção e retirada.

Sistemas do tipo A funcionam melhor quando os pedidos do cliente são freqüentes e os *lead times* são curtos e estáveis (como ocorre na indústria de peças automotivas). Essas exigem alguns produtos finais e estoque WIP. Nosso desafio é fortalecer nossa capacidade para que possamos constantemente reduzir o estoque. De fato, o tamanho de nosso WIP e de nossas lojas de produtos finais é inversamente proporcional a capacidade de nossos processos.

---

[29] Essa seção pode estar um pouco acima do nível de compreensão de um iniciante. Pode ser deixada de lado sem nenhum problema pelo recém-iniciado em lean.

Sistema puxado do tipo B

Sistemas do tipo B são usados quando a freqüência de pedidos é baixa e o *lead time* do cliente é longo (p. ex.: produtores de customizados). O marca-passo geralmente é mais acima no fluxo do que no sistema tipo A. O trabalho fluxo abaixo ocorre seqüencialmente através de rotas FIFO (*first in, first out*). Cartões de *kanban* fornecem a autorização e seqüência de produção através de uma caixa de *heijunka* do tipo B (também chamada de caixa de sequenciamento).

Para aproximar o fluxo contínuo em processos customizados, devemos manter um fluxo FIFO em cada etapa do processo e cuidadosamente regular a quantidade de trabalho liberado através da cadeia de etapas FIFO.

As peças pequenas necessárias para fabricar os produtos são armazenadas ao lado da linha, geralmente em uma loja pequena. Peças grandes e caras não são armazenadas no local, se possível, para reduzir os custos de estoque. Sistemas do tipo B não apresentam nenhum, ou quase nenhum, estoque de produtos finais.

Na Toyota Cambridge, nossa linha de montagem era um sistema do tipo B. As peças eram fornecidas por um sistema do tipo A. Aprendi que manter a seqüência era fundamental e falhar nesse quesito significava ter peças por toda parte no chão de fábrica. Tínhamos *buffers* pequenos entre os setores e gerenciá-los era uma parte importante na manutenção de nossa seqüência.

Passei a entender que o tamanho desses *buffers* é inversamente proporcional a capacidade da fábrica – quanto melhor a fábrica, menor o *buffer*. Fabricantes em dificuldades freqüentemente constroem um prédio separado no qual tentam refazer a seqüência.

Sistema puxado do tipo C

Os sistemas do tipo C são uma combinação dos tipos A e B funcionado paralelamente. Pedidos de alta freqüência são feitos no sistema A; pedidos de baixa freqüência são feitas no sistema B. Cartões de *kanban* fornecem a autorização e a seqüência de produção através das caixas de *heijunka* dos tipos A e B. As exigências para cada tipo de sistema puxado também se aplicam aqui. Os sistemas do tipo C funcionam melhor com fabricantes que produzem tanto itens de alta quanto de baixa freqüência.

Sistema puxado no Imperial Grill – Parte 2

O sistema puxado no restaurante de meu pai, mencionado anteriormente, incluía:

- reabastecimento de *runners* e *repeaters* (sistema de abastecimento) e
- produção seqüencial de estranhos (gatos e cachorros).

"Pai," eu disse para ele, depois que ele se aposentara, "o Imperial Grill era um sistema puxado tipo C clássico".

Ele então se virou para minha mãe, "Ouviu essa, Helen, estudar demais destrói o cérebro".

Mapeamento do fluxo de valor (MFV)

O mapeamento do fluxo de valor (MFV)[30] é uma ferramenta valiosa que nos ajuda a entender nossa situação atual e a identificar oportunidades de melhoria[31]. Um MFV é uma linguagem que consiste dos símbolos mostrados na Figura 5.9[32]. Uma discussão detalhada de MFV vai além de nosso objetivo aqui, porém, as Figuras 5.10 e 5.11, que se baseiam em uma implementação lean real, ilustram sua importância.

Fluxo de informação

Fluxo de informação eletrônica   Fluxo de informação manual   Kanban de retirada

Nivelamento de carga   Kanban de produção

Fluxo de material

Produtos finais para o cliente   Nivelamento de produção   Seqüência FIFO   Processo de manufatura

Fornecedor ou cliente   Estoque   Transporte por caminhão   Seta de sistema empurrado   Caixa de dados

Oportunidades Kaizen   Operador   Supermercado   Retirada

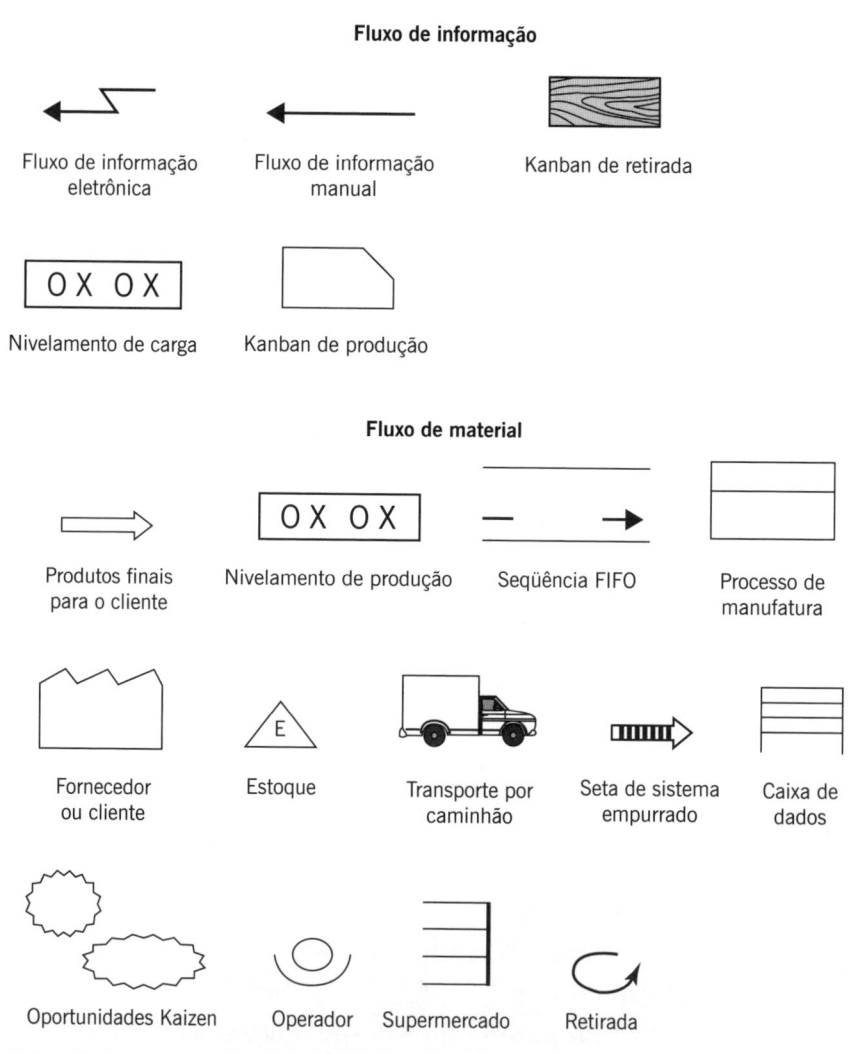

Figura 5.9 Símbolos de mapeamento de fluxo de valor.

---

[30] Na Toyota, um mapa de fluxo de valor é chamado de diagrama de fluxo de material e informação.
[31] Rother, Mike and Shook, John. *Learning to See*, The Lean Enterprise Institute, Brookline, MA, 1999.
[32] Ibid.

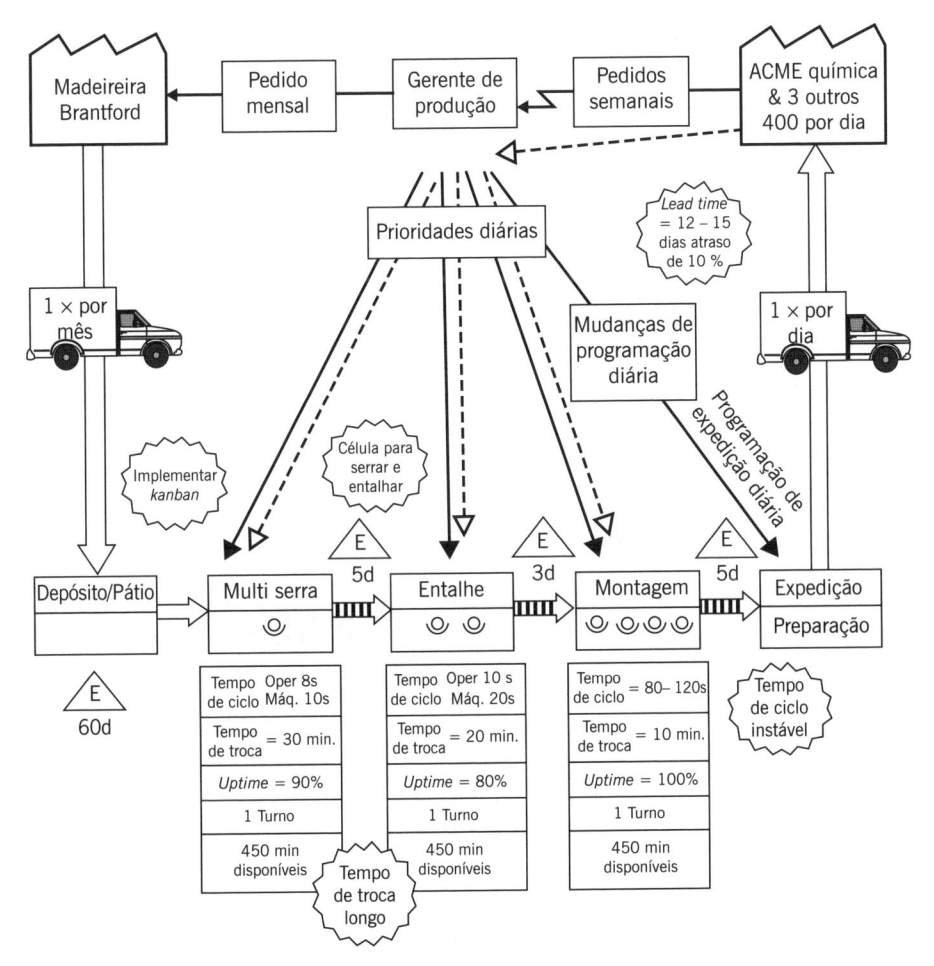

Figura 5.10 Mapa da situação atual – St. Clair Pallet.

A Figura 5.10 mostra um mapa da situação atual para a St. Clair Pallet, um fabricante de paletes comerciais. O processo envolve serrar, entalhar e montar vários tipos de madeira. Atualmente, o gerente de produção programa a produção manualmente em cada processo, baseado nas prioridades diárias percebidas. Há mudanças freqüentes na programação (mostrado pelas linhas pontilhadas). *Lead times* variam de doze a quinze dias e 10% dos pedidos estão atrasados.

É pago aos trabalhadores um valor por peça trabalhada e, portanto, esses trabalham o mais rápido possível. Os tempos de ciclo na montagem são instáveis e variam de 80 a 120 segundos. Os estoques são altos no depósito de madeira e entre cada processo. O tempo de troca na multi-serra é de 30 minutos e na máquina de entalhe é de 20 minutos. Existe muito *muda* de espera em cada processo causado por falta de peças, avaria de máquinas e trocas.

As oportunidades kaizen estão indicadas pelas "nuvens com pontas" e são a base de nosso mapa da situação futura mostrado na Figura 5.11. Algumas das melhorias planejadas são:

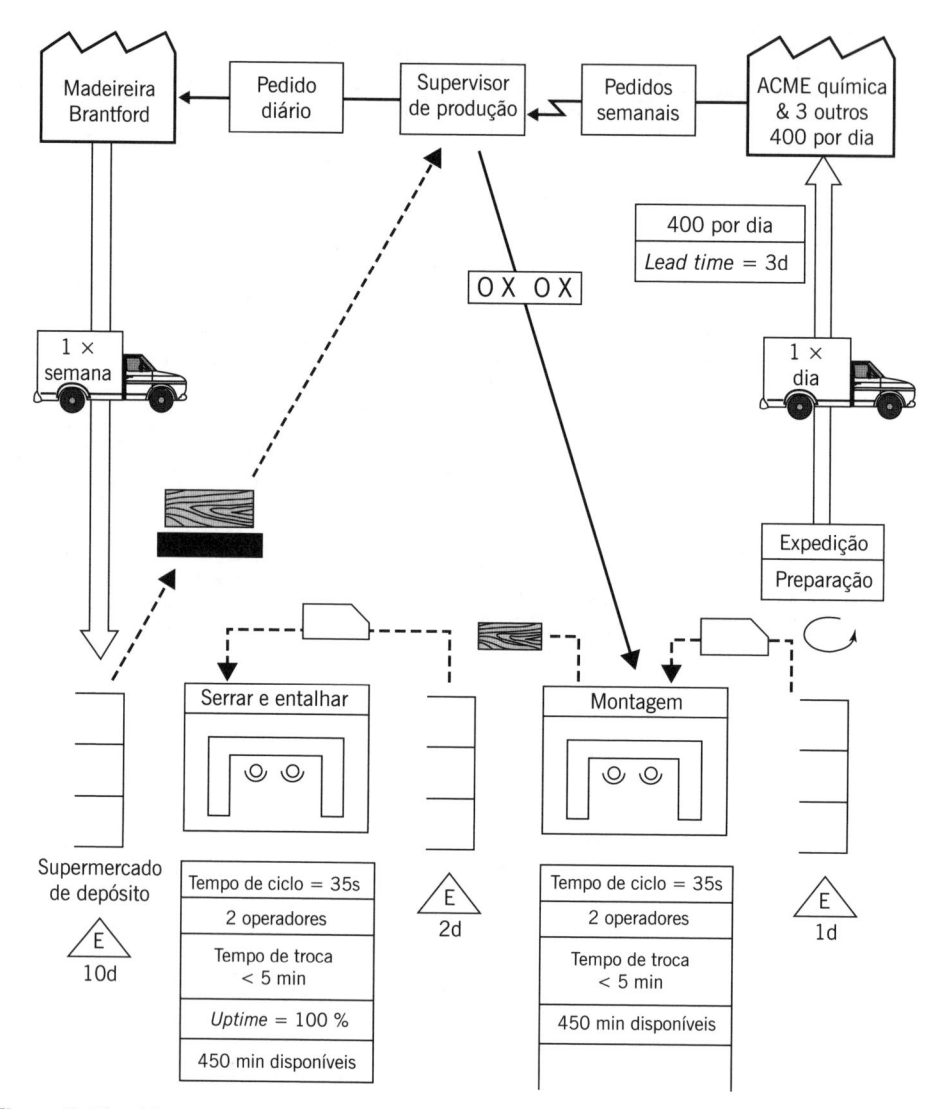

Figura 5.11 Mapa da situação futura – St. Clair Pallet.

- Implementar um sistema puxado do tipo A usando a montagem como marca-passo. Puxar itens de uma loja de produtos prontos contendo o equivalente a um dia de estoque. A loja acomodará pedidos emergenciais que freqüentemente perturbam a operação. Nosso tempo *takt* será de 68 segundos.
- Combinar a máquina multi-serra e de entalhe em uma célula com dois operadores.
- Implementar uma loja entre a montagem e as atividades de serrar e entalhar, e outra no depósito de madeira. Usar *kanbans* para repor itens retirados de cada loja.
- Passar uma programação diária para o supervisor de produção, o que irá liberar o tempo do gerente para *kaizen*.

Serão necessárias muitas atividades *kaizen* para manter a situação futura desejada, incluindo:

- Estabilizar o processo de montagem. Re-equilibrar o trabalho para que dois operadores, e não quatro, possam fazê-lo. Reduzir os tempos de troca de montagem para menos de cinco minutos.
- Re-equilibrar o trabalho nas máquinas de serrar e entalhar para que dois operadores possam fazê-lo em um tempo de ciclo de trinta e cinco segundos. Reduzir tempos de troca para menos de cinco minutos para cada máquina.
- Usar gerenciamento visual e 5S em cada uma das lojas.

Os benefícios decorrentes incluem;

- *Lead time* reduzido para três dias.
- Estoque no depósito de madeira reduzido para dez dias (de 60 dias).
- Estoque de produtos em processo reduzido para dois dias (de oito dias).
- Estoque de produtos finais reduzido para um dia (de cinco dias).
- Melhoria de produtividade em 43% (mão-de-obra reduzida de sete para quatro sem perda de produção). Os operadores liberados dessa forma serão redistribuídos.

Também esperamos reduzir o espaço necessário na fábrica em pelo menos 30% e no depósito de madeira em 50%.

Pensamento de fluxo de valor

Pensamento de fluxo de valor consiste em enxergar a *combinação de processos necessários para levar o produto ou serviço para o cliente* – ao invés de departamentos de processos específicos. Na sua ausência, departamentos podem otimizar medidas em sua área sem levar em consideração o impacto que isso terá em outras áreas, ou no negócio como um todo. Essa "otimização pontual" é freqüentemente vista onde *kaizens* não são coordenados com um propósito maior.

À medida que aprofundamos nossa compreensão de produção lean e estabilizamos nossos processos, precisamos identificar o fluxo de valor total que cria o produto ou o serviço final. Quando o fluxo de valor for identificado, um líder de fluxo de valor pode ser designado para se assegurar de que os esforços do departamento estão alinhados para produzir resultados reais para os clientes.

Na Toyota, o "engenheiro chefe", ou *shusa*, tem essa responsabilidade. Essa pessoa é o marca-passo para uma plataforma de veículos como a do Camry ou Corolla. Se, por um lado, o engenheiro chefe na Toyota tem pouca autoridade formal, ele é reconhecido como sendo a pessoa mais poderosa na plataforma, alguém a quem mesmo os executivos seniores se submetem.

Mapeamento de fluxo de valor nos processos de negócios

Todo negócio é uma coletânea de processos. Alguns são internos (p. ex.: produção, contabilidade, contratação, treinamento). Outros são compartilhados com outros negócios e/ou clientes (p. ex.: compras, desenvolvimento de novos produtos, distribuição de produtos).

Onde existem processos, existem etapas que agregam valor – e existe desperdício. Logo, o mapeamento do fluxo de valor também pode nos auxiliar a melhorar os processos de nosso negócio. Áreas como a saúde, finanças e seguros já estão se beneficiando substancialmente desse mapeamento, e estamos apenas no início.

Resumo

JIT quer dizer produzir a peça necessária na quantidade necessária na hora necessária. O objetivo de JIT é produzir um fluxo de valor contínuo para que o cliente possa puxar. JIT é o instrumento certo para oferecer uma rápida resposta aos clientes, um melhor entendimento de tempo *takt* e de controle de anormalidades. O sistema JIT consiste de *kanban* e nivelamento de produção, ou *heijunka*. Descrevi as seis regras do *kanban* e os três tipos de sistema puxado. O transporte assume um papel mais importante no sistema lean. Tanto o transporte em tempo fixo e de quantidade fixa é possível. O mapeamento de fluxo de valor é uma linguagem que nos ajuda a compreender nossa situação atual e identificar oportunidades de *kaizen*.

CAPÍTULO 6

Jidoka

Pare a produção para que a produção nunca tenha que parar.

Provérbio da Toyota

A palavra japonês *ji-do-ka* consiste de três caracteres chineses. O primeiro, *ji*, se refere ao próprio trabalhador. Se ele sente que "algo não está bem", ou que "está criando um defeito", deve parar a linha. *Do* se refere ao movimento, ou trabalho, e *ka* ao sufixo "ação". Juntando as partes, *jidoka* tem sido definido pela Toyota como "automação com uma mente humana" e se refere aos trabalhadores e às máquinas inteligentes identificando os erros e decidindo por contramedidas rápidas.[1]

Na Toyota passei a entender que *jidoka* significa criar processos livres de defeitos por constantemente fortalecer:

- A capacidade do processo.
- A contenção. Os defeitos são rapidamente identificados e contidos em uma zona.
- O *feedback*. Para que rápidas contramedidas possam ser tomadas.

Também comecei a compreender que *jidoka* representa uma revolução no gerenciamento de qualidade que talvez ainda não tenha sido totalmente compreendido.

Desenvolvimento do conceito jidoka

Zero de defeitos é absolutamente possível.

Shigeo Shingo

---

[1] Toyota Motor Corporation, Operations Management Consulting Division, *The Toyota Production System*, Tokyo, 1995.

Sakichi Toyoda, o fundador da empresa, foi o primeiro a intuir o conceito de *jidoka*. Em 1902 ele inventou uma máquina de tear que pararia automaticamente se qualquer fio se rompesse. Isto abriu as portas para o tear automatizado no qual um único operador podia lidar com dezenas de máquinas de tear.

A invenção de Sakichi reduziu o número de defeitos e o tempo de espera e aumentou a produtividade. Sakichi também introduziu a idéia de que não havia problema em parar a produção para extrair a causa de defeitos.

Shigeo Shingo desenvolveu e estendeu o conceito de *jidoka*.[2] Mas, primeiro, ele teve que superar a importância exagerada que os profissionais da área de qualidade davam às estatísticas, fomentado, ironicamente, por W. Edwards Deming. De fato, Shingo disse que levou vinte anos para que ele conseguisse escapar do feitiço do "deus dos métodos estatísticos".

Nossa meta, ele argumentava, era reduzir defeitos. Porém, os métodos estatísticos se baseiam na expectativa de defeitos, e não na prevenção. Por exemplo, o controle estatístico de processos (CEP), que nos diz quantos defeitos produziremos, não entende o principal. A meta deveria ser prevenir defeitos. Shingo também observou que o CEP:

- Aliena os gerentes, supervisores e trabalhadores de produção que eram responsáveis pela qualidade.
- Baseia-se na falsa premissa de que inspeção 100% é impossível.

Por que não podemos ter zero de defeitos? perguntava Shingo.

Para atingir essa remota meta ele inventou um conceito chamado *poka-yoke*[3], que se refere a dispositivos simples, baratos e a prova de falhas. Shingo também desenvolveu o que ele chamou de inspeção na fonte para apoiar os *poka-yokes*. E, por último, ele provou que a inspeção 100% é possível a um baixo custo.

Por que jidoka?

> Os humanos são animais que cometem erros.
>
> *Shigeo Shingo*

Altos índices de defeitos provocam paradas freqüentes de linha, o que torna o fluxo e o sistema puxado impossíveis. Sistemas *kanban* caem em colapso quando peças defeituosas são expedidas. A produtividade implode; *lead time* e custos vão às alturas.

Shingo foi presciente em sua observação de que os seres humanos cometem erros. Dados compilados pelos programas aeroespaciais e militares dos Estados Unidos confirmam que os humanos são, com freqüência, os componentes menos confiáveis de sistemas complexos. A Figura 6.1 revela os índices de erro humano comuns para uma variedade de tarefas. O lado esquerdo da escala representa os índices mais altos de erro, o lado direito os índices mais baixos.

---

[2] Shigeo, Shingo. *Zero Quality Control: Source Inspection and the Poka-yoke System*, Productivity Press, Portland, OR, 1986.
[3] Ibid.

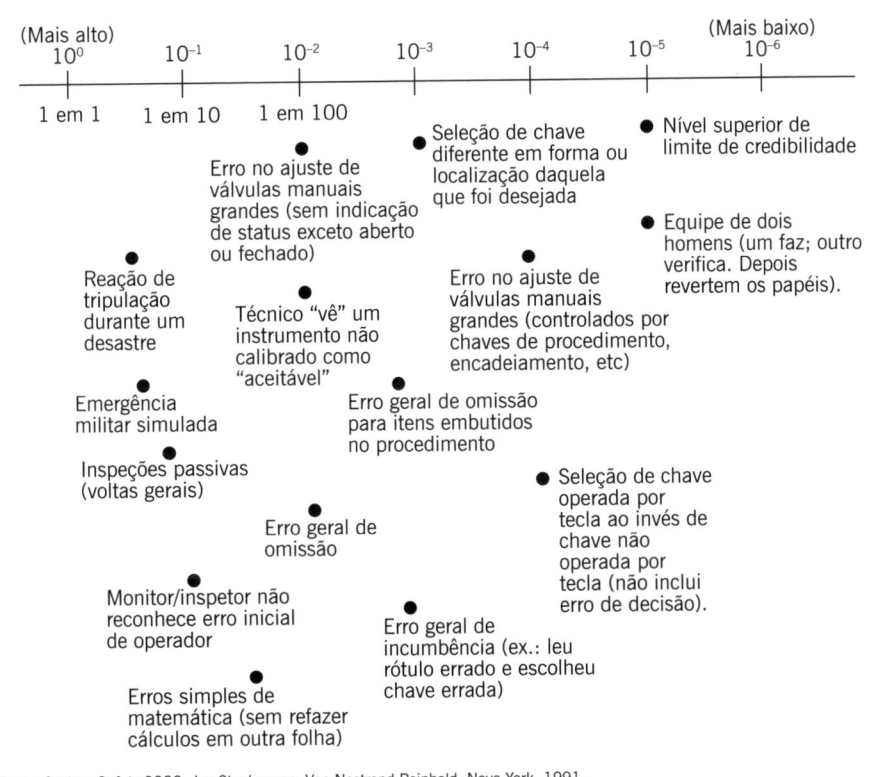

```
(Mais alto)                                                              (Mais baixo)
   10⁰     10⁻¹     10⁻²     10⁻³     10⁻⁴     10⁻⁵     10⁻⁶
    |        |        |        |        |        |        |
  1 em 1  1 em 10  1 em 100
                              • Seleção de chave      • Nível superior de
                              diferente em forma ou   limite de credibilidade
           • Erro no ajuste de  localização daquela
           válvulas manuais    que foi desejada
           grandes (sem indicação
           de status exceto aberto                    • Equipe de dois
           ou fechado)                                homens (um faz; outro
                                       •              verifica. Depois
  •                              Erro no ajuste de   revertem os papéis).
  Reação de                      válvulas manuais
  tripulação      •              grandes (controlados por
  durante um      Técnico "vê" um chaves de procedimento,
  desastre        instrumento não encadeiamento, etc)
                  calibrado como
  •               "aceitável"
  Emergência              •
  militar simulada  Erro geral de omissão
                    para itens embutidos
        •           no procedimento
        Inspeções passivas
        (voltas gerais)                  • Seleção de chave
                                         operada por
                          •              tecla ao invés de
                        Erro geral de    chave não
                        omissão          operada por
                                         tecla (não inclui
        •                                erro de decisão).
        Monitor/inspetor não
        reconhece erro inicial    •
        de operador              Erro geral de
                                 incumbência (ex.: leu
                    •            rótulo errado e escolheu
                 Erros simples de chave errada)
                 matemática (sem refazer
                 cálculos em outra folha)
```

Fonte: *System Safety 2000*. Joe Stephenson, Van Nostrand Reinhold, Nova York, 1991.

Figura 6.1 Índices de erro humano.

Pare a produção – para que a produção nunca pare

Era isso que nos ensinavam na Toyota. O modelo mental subjacente aqui é "Não envie porcaria!" *versus* aquilo que se vê na produção em massa, ou seja, "Olha os números! (Podemos consertar tudo depois)".

Os membros de nossa equipe foram encorajados a identificar problemas puxando a linha de ajuda ou o chamado *andon* (geralmente uma corda que corria por toda a linha de montagem). Durante o lançamento de um modelo novo, a linha parava o tempo todo – o que desencadeava uma intensa procura pela solução dos problemas. Tínhamos que recomeçar a linha – identificando e tratando as causas de origem e, assim, melhorando a competência e a contenção do processo.

Nos primeiros dias de um novo lançamento, talvez produzíssemos apenas dez ou quinze unidades por turno. Porém, logo atingíamos a produção plena – e a mantínhamos. Nossos *senseis* na Toyota desconfiavam de linhas de produção com baixo uso do *andon*. Uma vez, durante um relatório oral de chão de fábrica, um jovem líder de grupo afirmou que não havia problemas em sua linha e, portanto, não era necessário puxar o *andon*. O *sensei* sacudiu a cabeça e disse, "Não haver problemas é um grande problema".

Mesmo pessoal militar altamente treinado comete erros 20% do tempo em emergências militares simuladas. O melhor que os seres humanos conseguem fazer é cometer um erro a cada 10.000 tentativas, ou 100 partes por um milhão.

Contudo, erros não precisam se tornar defeitos.

Como melhorar a confiabilidade humana?

Já discutimos trabalho padronizado, gerenciamento visual e 5S como formas de melhorar a confiabilidade humana. Existe outro método.

Poka-yoke

Poka significa erro inadvertido e *yoke* significa prevenção. *Poka-yoke* significa implementar dispositivos simples, de baixo custo, que, ou detectem situações anormais antes que ocorram, ou, uma vez que essas tenham ocorrido, parem a linha para prevenir defeitos.[4] Shingo teve o cuidado de fazer distinções entre erros, que ele considerava impossíveis de evitar, e defeitos, que ele acreditava podiam ser totalmente eliminados.[5,6]

Erros comuns

Poka-yokes reduzem a sobrecarga física e mental do trabalhador ao eliminar a necessidade de constantemente verificar erros comuns que provocam defeitos. Aqui temos os erros mais comuns, na ordem de importância:

1. Pular etapas do processo (p. ex.: fluxo não aplicado antes da solda).
2. Erros de processo (p. ex.: solda aplicada não está dentro do padrão).
3. Ajuste errado de peças (p. ex.: peça colocada de trás para frente e solda aplicada no local errado).
4. Peças faltando.
5. Peças erradas.
6. Peça errada processada.
7. Operação falha da máquina.
8. Erros de ajuste (p. ex.: erro no ajuste da máquina de corte resulta em peça sendo cortada fina demais ou grossa demais).
9. Equipamento não montado de forma correta.
10. Ferramentas e gabaritos preparados de forma inadequada.

Um bom *poka-yoke* satisfaz as seguintes exigências:

- é simples, de longa duração e baixa manutenção;

---

[4] Inicialmente, Shingo havia introduzido a palavra *baka-yoke* o que quer dizer imune a imperícias, mas resolveu mudá-la para evitar conotações negativas para os trabalhadores.
[5] Shingo, Shigeo. *Zero Quality Control: Source Inspection and the Poka-yoke System*, Productivity Press, Portland, OR, 1986.
[6] NKS Factory Magazine, *Poka-Yoke – Improving Quality by Preventing Defects*, Productivity Press, Portland, OR, 1987.

- é altamente confiável;
- tem baixo custo;
- é projetado para as condições do local de trabalho.

Os membros de equipe do chão de fábrica são, em geral, os melhores criadores de *poka-yoke*.

Sistemas de inspeção e controle de zona

Na Toyota passei a dar importância para o conceito de "controle de zona". Cada nível sucessivo de gerência, desde o líder de equipe, passando pelo supervisor até chegar ao gerente da fábrica, era encorajado a pensar em termos de sua zona. Por exemplo, a zona de um líder de equipe era sua área de trabalho e de equipe imediata. O fornecedor e o cliente eram as equipes fluxo acima e fluxo abaixo, respectivamente. Essa forma de pensar incentivava a criação de controles redundantes, a essência da engenharia de confiabilidade.

Inspeções de julgamento e a descoberta de defeitos

Essas são inspeções "bom/ruim", cujo objetivo é prevenir que os defeitos cheguem até o cliente ou aos processos fluxo abaixo. São atividades *post-mortem* que, com freqüência, são conduzidas por um departamento de inspeção separado[7], o que geralmente implica em pouca análise quanto à causa principal, ou *feedback* em relação à origem do defeito. Inspeções de julgamento não fortalecem nossos processos ou nosso pessoal, e são desperdiçadoras. Existem abordagens mais eficazes.

Inspeções informativas e a redução de defeitos

Estas são projetadas para descobrir defeitos, e não erros, e para dar *feedback* quanto à origem, o que, então, leva à ação corretiva. Com freqüência, implicam no uso de ferramentas estatísticas tais como protocolos de amostragem e CEP. Inspeções informativas tendem a ser melhores do que as inspeções de julgamento, porém, muitas vezes, demora para que haja *feedback* e contramedidas.

As inspeções informativas mais eficazes são aquelas que envolvem a autoverificação ou a verificação sucessiva.[8] Autoverificação quer dizer que o operador verifica seu próprio trabalho. Células em forma de U ajudam na autoverificação ao colocar o processo de início e de fim lado a lado. Na verificação sucessiva, o processo fluxo abaixo verifica defeitos e fornece *feedback* imediato. Esse tipo de verificação deve ser feito de colega a colega, pois verificações pelo supervisor podem parecer punitivas. Na Toyota, vi que verificações sucessivas podem ser muito eficazes quando cobrem 100% dos itens. Linhas de montagem são perfeitas para esse tipo de verificação.

---

[7] Shingo, Shigeo. *Zero Quality Control: Source Inspection and the Poka-yoke System*, Productivity Press, Portland, OR, 1986.
[8] Ibid.

Inspeções na origem previnem defeitos

Esses métodos de inspeção são projetados para descobrir erros que podem levar a defeitos, e para dar um *feedback* rápido para a origem. A meta da Toyota Cambridge era inspeção total dos processos prioritários. Inspeções na origem podem ser categorizadas como verticais ou horizontais.

Inspeções na origem verticais

Essas requerem uma busca fluxo acima pela causa de origem. Por exemplo, rebarbas em peças de metal que estão na loja de montagem podem ter origem na loja de solda. Ou, um vazamento de água na montagem pode ser causado pela aplicação indevida de selador na loja de pintura.

A abordagem padronizada quanto à solução de problemas e bons *loops* de *feedback* na Toyota permitiam que rapidamente identificássemos e atacássemos problemas em comum. Esses *loops* fluxo abaixo e fluxo acima eram cruciais para melhorar a capacidade e a contenção do processo.

Inspeções na origem horizontais

Envolve buscar as causas raízes dentro do departamento. Por exemplo, a causa raiz de defeitos causados por erro ou falta em uma loja de montagem, com freqüência, é a ausência de técnicas que assegurem que todas as peças necessárias sejam instaladas. A causa raiz de buracos, arranhões e outros defeitos de pintura é, muitas vezes, a contaminação dentro da própria pintura.

Na Toyota desenvolvemos *loops* de *feedback* entre supervisores dentro de cada departamento para que os defeitos fossem contidos e consertados "dentro da zona". Cada supervisor era encorajado a pensar como se fosse o proprietário de um pequeno negócio com fornecedores e clientes.

Usando poka-yokes

Um *poka-yoke* eficaz;

- Inspeciona 100% dos itens.
- Fornece *feedback* imediato que leva a contramedidas.

Inspeções na origem (prevenção de erros) são o tipo de *poka-yoke* mais eficaz. As inspeções informativas (prevenção de defeitos) podem ser eficazes especialmente quando são baseadas na verificação sucessiva ou na autoverificação.

Dois tipos de ação

Quando um *poka-yoke* detecta um erro, deve parar a máquina ou enviar um aviso.

Parada

A seguir, os *poka-yokes* mais eficazes. Por exemplo:

- Um sensor luminoso interrompe uma operação de perfuração quando não é detectado o número necessário de buracos em uma peça em processo.
- Uma máquina não inicia seu funcionamento se uma peça em processo não está posicionada corretamente. A chave "ligar" envia uma corrente elétrica fraca para grampos de referência, e a máquina inicia apenas quando a peça faz contato com cada grampo.
- Uma rosqueadeira pára porque o sensor metálico não detecta uma arruela em cada ponto de furo.

Um último exemplo de *poka-yoke* de parada é o chamado sistema de processo completo no qual um processo do fornecedor pára de alimentar o processo fluxo abaixo quando esse está cheio (p. ex.: quando o número desejado de peças foi fornecido).

Alerta

Poka-yokes de alerta nos avisam de anormalidades ativando uma campainha ou luz. O mais famoso talvez seja o quadro andon da Toyota, que alerta o líder de grupo quanto a problemas acendendo o número do processo, tocando um trecho de música, ou ambos.[9] O andon da Toyota é posto em funcionamento quando um membro de equipe puxa a cordinha que corre pela linha.

A linha continua a funcionar até que chegue a uma posição fixa. Como cada processo tem uma posição fixa, os membros de equipe conseguem completar pelo menos um ciclo de operação. Isso reduz em muito os defeitos potencialmente criados ao parar a linha no meio do ciclo.[10]

Três caminhos para *poka-yoke*

Poka-yokes podem detectar desvios na peça em processo ou no método de trabalho, ou desvios de algum valor fixo.[11]

Desvios de peças em processo

Esse tipo de *poka-yoke* utiliza dispositivos sensores para detectar anormalidades no peso, nas dimensões ou na forma de um produto. Por exemplo:

- Peso. Estabeleça um padrão de peso e pese cada produto usando uma balança.
- Dimensões. Estabeleça padrões para espessura, diâmetro interno e externo, e assim por diante, e identifique desvios usando chaves, tampões, gabaritos, olhos fotoelétricos e outros dispositivos de limite.

---

[9] Quantos líderes da Toyota já não murmuraram "Odeio essa música" enquanto corriam para resolver o problema.
[10] Para emergências reais a Toyota também tem um andon que imediatamente pára a linha.
[11] Ibid.

- Forma. Crie padrões para ângulos, número e posição de buracos, curvatura e assim por diante, e desvios de defeitos com chaves de limite, grampos de localização, interferências em condutos e outros detectores semelhantes.

Desvios de método de processo

Esse tipo de *poka-yoke* usa sensores para detectar erros em movimentos padrão, por exemplo:

- Um sensor fotoelétrico conta o número de vezes em que um trabalhador passa a mão por um feixe luminoso ao pegar uma peça. Se o número exigido de vezes não for cumprido, peças devem estar faltando.
- Um contador conta o número de soldas por ponto feita em uma peça em processo. Os grampos não soltarão a peça enquanto o número certo não for feito.

Com esse tipo de *poka-yoke* o trabalho deve ser organizado para que o processo fluxo abaixo não siga adiante sem que o processo fluxo acima tenha sido completado. Por exemplo:

- Na perfuração e solda, deve ser feito um gabarito de solda apenas contendo as peças em processo que tenham sido perfuradas.
- Ao montar modelos múltiplos, sensores fotoelétricos devem ser usados para detectar formas de modelos características. O sensor pode então ser conectado a contêineres de peças de tal forma que somente os contêineres exigidos para o modelo dado abrirão.

Desvios de valores fixos

Contadores são especialmente úteis nesse caso. Por exemplo:

- Uma chave de limite pode ser usada para contar o número de buracos feitos em uma peça em processo.
- Bicos de solda podem ser trocados após terem sido usados um número de vezes. Um contador pára as máquinas de solda quando o número exigido é atingido e não recomeçará antes de uma nova ponta ser instalada.

Métodos de peças faltantes também podem ser eficazes. Por exemplo:

- Se o número de peças em um kit de montagem estiver padronizado, peças que sobram indicarão erros de omissão.

Meça condições críticas tais como pressão, temperatura, voltagem ou outros parâmetros de processo. O trabalho não pode continuar a não ser que o valor esteja dentro dos limites predeterminados. Por exemplo:

- Calibradores de pressão interrompem processos quando são detectados vazamentos ou excesso de pressão.
- Termopares interrompem o funcionamento de motores quando temperaturas excessivas são detectadas na produção.

- Chaves de torque fornecem torque em certa amplitude e param fora dessa amplitude.

Métodos de detecção por *poka-yoke*

A tecnologia de sensores é uma área rica e em expansão. Na Toyota nossa criatividade era nosso limite. Sensores podem ser classificados como dispositivos de contato e sem contato.

Sensores de contato

Os sensores de contato mais comuns são:

- Chave de limite e microchave. Detectam a presença de peças em processo, tarraxas ou ferramentas. Esses sensores baratos e robustos são amplamente aplicáveis.
- Transformador diferencial. Capta mudanças de campo magnético dependendo do grau de contato com uma peça em processo.
- Chave de toque. É ativada por um leve toque em uma seção de antena. Pode detectar presença, dimensões, dano e assim por diante.

Chaves de limite são inestimáveis para eliminar pontos nos quais uma pessoa pode se ferir, além de diminuir danos a equipamento e produtos causados pela pancada desses com algum objeto.

Métodos sem contato

Esses dispositivos detectam distúrbios em feixes fotoelétricos, a presença de objetos sólidos, a passagem de metais, fibras, cores, luz ultravioleta, luz infravermelha, anormalidades na contagem, feixes de elétrons, dimensões, pressão, temperatura, flutuações de corrente elétrica e vibração. A seguir, alguns dispositivos comumente usados:

- Dispositivos fotoelétricos. São amplamente usados como telas de luz para se assegurar de que uma área de máquina está livre antes de essa entrar em funcionamento. Também é usado para contar ações, objetos caídos e as dimensões de peças em processo.
- Detectores de passagem de metal. É usado para contar o número de parafusos instalados, verificar se uma peça foi ejetada da prensa e se assegurar de que as caixas de proteção estão fechadas.
- Temperatura. Termômetros e termopares são usados para detectar mudanças em temperatura de ferramentas, motores e fornos de secagem.
- Pressão. Calibradores de pressão detectam o bloqueio de fluidos em canos e excesso de pressão em motores.
- Flutuações de corrente elétrica. É largamente usado em soldas por pontos para verificar a presença de correntes secundárias que comprometem a integridade da solda.

As Figuras 6.2 a 6.5 ilustram *poka-yokes* reais que encontrei entre os tantos que já vi. Os membros de equipes de chão de fábrica criaram a maioria deles.

```
                                    ↕
                          ━━━━━━━━━/
                         Rampa
                         ajustável
```

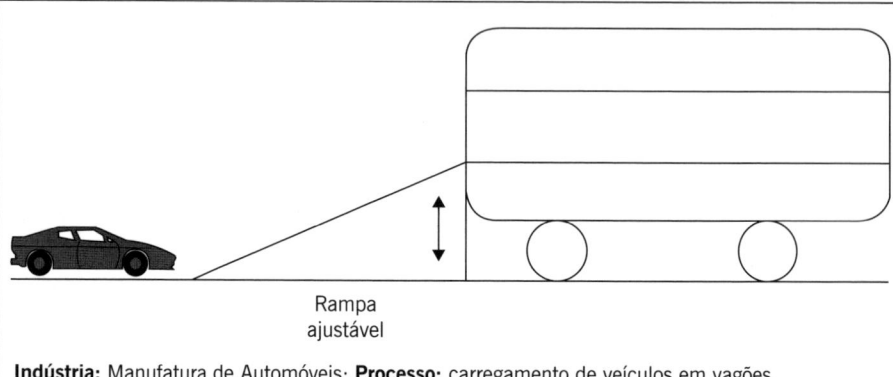

Indústria: Manufatura de Automóveis; **Processo:** carregamento de veículos em vagões.
Antes da Melhoria: Um veículo bateu no topo de um vagão durante o carregamento. Os vagões pertencem às firmas de transporte ferroviário e suas dimensões variam muito.

Poka-yoke
- Foi cortado um pedaço de madeira no comprimento desejado. A madeira foi marcada e recebeu um código de cor.
- Foi amarrada uma corrente na madeira e marcada uma posição de origem.
- Foi incluída, no trabalho padronizado, a verificação da altura.

Figura 6.2 A prevenção de danos e riscos à segurança no carregamento de vagões.

```
    ┌──────────────┐           ┌──────────┐
    │ Soldador por │ ◀──────── │ Furadeira│
    │ multipontos  │           │          │
    └──────────────┘           └──────────┘
```

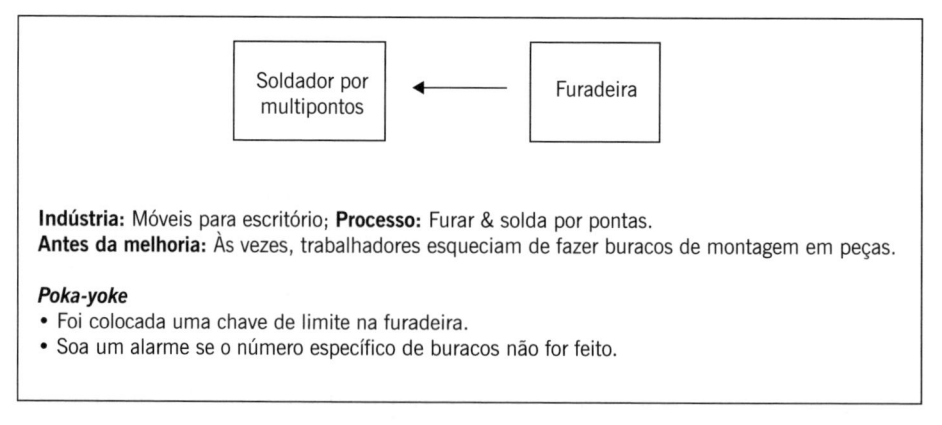

Indústria: Móveis para escritório; **Processo:** Furar & solda por pontas.
Antes da melhoria: Às vezes, trabalhadores esqueciam de fazer buracos de montagem em peças.

Poka-yoke
- Foi colocada uma chave de limite na furadeira.
- Soa um alarme se o número específico de buracos não for feito.

Figura 6.3 Prevenção de omissão de buracos de montagem em um conjunto de quadros.

Indústria: Loja de solda; **Processo:** solda por pontos.
Antes da melhoria: O desgaste requer a troca de bicos. Quando os funcionários esquecem de trocar os bicos, os eletrodos saem da especificação.

Poka-yoke
- Foi acrescentado um balcão ao soldador por pontos.
- Quando o número necessário de soldas foi alcançado, soa um alarme indicando que é hora de trocar o bico.

Figura 6.4 Confirmação de troca de bicos na solda por pontos.

```
┌─────────────────────────────────────────────────────────┐
│              ┌──────┐           ┌──────┐                │
│              │ Caixa│           │ Caixa│                │
│              └──────┘           └──────┘                │
│         ┌───────────────────────────────────┐           │
│         │           Esteira      ──────▶    │           │
│         └───────────────────────────────────┘           │
└─────────────────────────────────────────────────────────┘
```

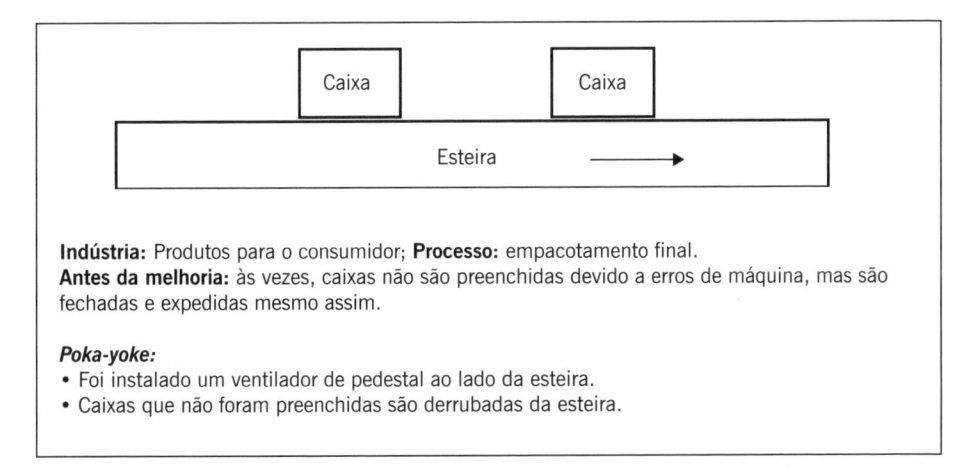

Indústria: Produtos para o consumidor; **Processo:** empacotamento final.
Antes da melhoria: às vezes, caixas não são preenchidas devido a erros de máquina, mas são fechadas e expedidas mesmo assim.

Poka-yoke:
- Foi instalado um ventilador de pedestal ao lado da esteira.
- Caixas que não foram preenchidas são derrubadas da esteira.

Figura 6.5 Detecção de caixas vazias.

Implementando jidoka

Para continuamente melhorar a qualidade, precisamos de uma estratégia *jidoka* de longo termo. Observei que os executivos da Toyota já pensaram longamente sobre as questões a seguir:

- Como mediremos a capacidade de cada processo?
- Como envolveremos nossos membros de equipe?
- Que tipo de conhecimento nossos membros de equipe precisam ter para fazer os poka-yokes?
- Como os treinaremos?
- Qual é o papel do membro de equipe, do supervisor, do gerente e do executivo?
- Como ligaremos jidoka ao 5S, trabalho padronizado e TPM?
- Como comunicaremos e promoveremos jidoka?

Também descobri que o processo de planejamento *hoshin* da Toyota (abordado no Capítulo 8) ajudou a passar essas questões para atividades claras e focadas.

Estratégia e metas anuais de jidoka

Jidoka deveria ser um dos componentes principais de nossa estratégia de implementação lean. Nosso plano de *jidoka* deveria tratar das questões colocadas na seção anterior, assim com as considerações a seguir:

- Promoção e comunicação
- Treinamento
- Medição e reportar

Metas SMART[12] devem ser estabelecidas para itens tais como:

- Número ou porcentagem de processos que atingem um índice específico alto.
- Número de poka-yokes implementados, círculos kaizen, sugestões e similares.
- Porcentagem de membros de equipe treinados em jidoka.
- Porcentagem de membros de equipe envolvidos em atividades jidoka.

Direções futuras

Para sustentar o *jidoka* nosso sistema deve incentivar melhorias. Poderíamos começar definindo os níveis de capacidade e contenção para os nossos processos. Estes, por sua vez, poderiam ser vertidos para um escore e um índice para cada processo, como ouro, prata e bronze.[13]

Nosso sistema de avaliação deve ser simples e não deve depender de métodos estatísticos. O membro de equipe médio também deve ser capaz de avaliar um dado processo e desenvolver atividades de melhoria. Além do mais, o próprio sistema deve orientar a melhoria de bronze para prata, ou prata para ouro, digamos.

Resumo

O conceito de *jidoka* foi criado por Sakichi Toyoda e desenvolvido e estendido por Shigeo Shingo. *Jidoka* é essencial se quisermos alcançar nossas metas de obter a melhor qualidade com o menor custo, no *lead time* mais baixo. *Jidoka* requer que repensemos os fundamentos do gerenciamento de qualidade, distanciando-nos do controle de qualidade estatístico para irmos na direção da inspeção total e *poka-yoke*. Um *poka-yoke* é uma ferramenta simples, barata e robusta que inspeciona 100% dos itens, detecta erros que podem causar defeitos e fornece *feedback* rápido para que contramedidas possam ser tomadas. Membros de equipe são os melhores inventores de *poka-yokes*.

Poka-yokes podem, ou parar equipamentos, ou fornecer avisos quando um erro for detectado. *Poka-yokes* normalmente detectam anormalidades em características de produtos, diferenças em relação a um valor fixo ou etapas de processos que estão faltando. A tecnologia de sensores é um campo rico que fornece apoio ilimitado para o desenvolvimento de *poka-yokes*. Os sensores podem ser de contato ou sem contato.

Precisamos desenvolver uma estratégia de *jidoka* em longo prazo para dar apoio à nossa estratégia de implementação de produção lean de longo prazo. Direções futuras para o desenvolvimento de *jidoka* são sugeridas.

---

[12] SMART representa **S**imple (simples), **M**easurable (Mensurável), **A**chievable (alcançável), **R**easonable (razoável) e **T**rackable (rastreável).

[13] Discussão com um executivo da Toyota.

CAPÍTULO 7

Envolvimento – O Vento que Enche a Vela

> Que terrível desperdício de material humano.
> *Taiichi Ohno*

Assim como o vento dá vida a um belo barco a vela, o envolvimento anima o sistema Toyota. Envolvimento deve ser administrado tão intensamente quanto produção e qualidade. À medida que expandimos na Toyota Cambridge, aprendemos a fazer perguntas tais como:

- De que forma envolveremos nossos membros de equipe?
- Quais são as habilidades que esses precisarão para se envolver?
- Como apoiaremos e manteremos o envolvimento?
- Como mediremos o envolvimento?
- Qual é o papel da gerência?

Essas perguntas orientaram nossa estratégia cultural.

Por que envolvimento?

Levou-me algum tempo para compreender a importância do envolvimento, já que aprendera tudo o que sabia dentro de uma prática administrativa contemporânea. Com efeito, aprendera que devemos manter as pessoas desinformadas, especialmente se pertenciam aos sindicatos.

Envolvimento vai à contracorrente de 100 anos de prática administrativa. É anátema para aqueles gerentes que defendem o comando e o controle – em maior número do que talvez se admita. Como poderia um funcionário de chão de fábrica, cuja educação e experiência são limitadas, contribuir para as decisões de negócios? Não são os trabalhadores desatentos que causam a maioria dos problemas de produção ou de qualidade ou de segurança?

As suposições de Taylor quanto à competência do trabalhador já não são mais válidas. Os trabalhadores de hoje em dia têm maior nível educacional do que em qualquer outra época. Fora do trabalho, esses têm acesso a oportunidades de aprendizagem sem precedentes, através de faculdades comunitárias, universidades, TV e internet. Ademais, nossa cultura premia a criatividade e a expressão individual. "Depois de experimentar caviar, como as pessoas vão voltar a comer batata?"

Além disso, as empresas de hoje precisam de flexibilidade e criatividade para velejar em mercados, tecnologias e condições financeiras que mudam com extrema rapidez. Enfrentamos problemas difíceis todos os dias. Precisamos de todos a bordo para evitar rochas e outros perigos. De fato, o conhecimento, a experiência e a criatividade de membros de equipe é um verdadeiro filão de ouro.

Todas as mãos a bordo

É assim que são distribuídos os problemas na maioria das empresas:

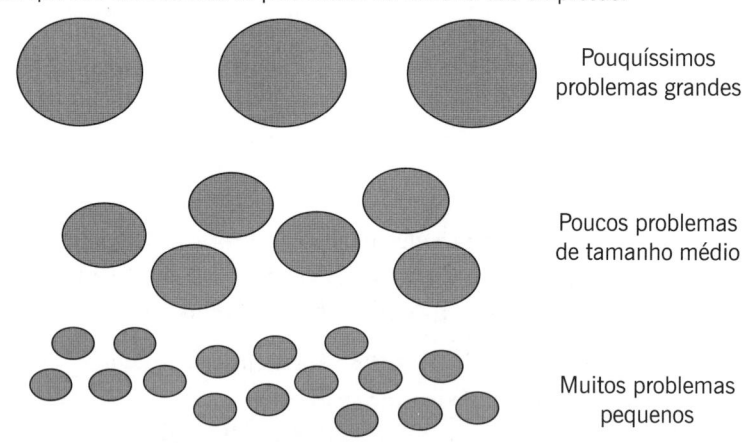

Pouquíssimos problemas grandes

Poucos problemas de tamanho médio

Muitos problemas pequenos

Para que possamos nos aperfeiçoar continuamente, precisamos engajar todos os membros de equipe, especialmente aqueles na linha de frente onde o trabalho real é feito. Somente eles conseguem identificar e arrumar os numerosos problemas pequenos que invariavelmente acumulam e se tornam problemas monstruosos.

No próximo capítulo aprenderemos como fazer a ligação entre nosso envolvimento na linha de frente, e as atividades de solução de problemas, e nossas necessidades estratégicas críticas.

O terrível desperdício de material humano

Uma celebrada história[1] do início dos anos 50 conta como, durante uma visita a um fornecedor, Taiichi Ohno parou para observar um processo. O operador estava parado

---

[1] Discussão com executivo da Toyota.

olhando sua máquina. Após observar vários ciclos, Ohno perguntou a ele, "Com que freqüência esta máquina tem avarias?"

"Nunca," o funcionário respondeu.

"Então, o que você faz o dia todo?"

"Observo a máquina, Ohno-san."

"Todo dia, você fica olhando esta máquina, que nunca quebra?"

"Sim," disse o funcionário, "essa é a minha função."

"Que terrível desperdício de material humano," pensou Ohno.

Esse dia foi marcante na história dos negócios. Com esse momento de *insight*, Ohno começou novamente a juntar produção e planejamento. Você lembrará que o sistema de Taylor se baseava na separação entre planejamento e produção, criando as disfunções descritas no Capítulo 1. Ohno, ao contrário, procurou engajar seus trabalhadores no planejamento de produção e na solução de problemas. Ele sabia que seu sistema não daria certo sem o envolvimento absoluto de seus membros de equipe.

Pensando bem, teria sido mais fácil ser *blasé*. Porém, Ohno e Eiji Toyoda estavam apostando tudo em idéias que nunca haviam sido testadas. Como fizeram para encorajar e apoiar o envolvimento de seus trabalhadores? E como se faz hoje para incentivar o envolvimento?

Alguns já sugeriram que o envolvimento é mais natural para os japoneses porque sua sociedade é mais homogênea e orientada para o trabalho em grupo. Pode ser, mas é errôneo supor que trabalhadores norte-americanos resistem ao envolvimento. Na verdade, trabalhadores em inúmeras fábricas na América do Norte participam avidamente de atividades de melhoria todos os dias. O envolvimento do trabalhador requer respeito mútuo e sistemas livres de confusões.

Respeito mútuo significa segurança no emprego. Os trabalhadores precisam ter confiança de que as melhorias não resultarão na perda de seus empregos. Isso é fácil dizer em uma fábrica *greenfield*, mas e quanto à fábrica *brownfield* que está prestes a fechar suas portas? Como poderemos garantir a segurança no emprego ali?

Infelizmente, não podemos. Mas, devemos ser abertos quanto à nossa situação. No início de uma conversão para a produção lean, devemos dizer aos nossos funcionários, "Podemos garantir alguns dos empregos, ou nenhum". Devemos fazer os cortes necessários no número de funcionários logo no início, através de pacotes específicos de aposentadoria precoce, se for possível. Quando tivermos chegado ao número certo, devemos nos comprometer com a garantia do emprego e se manter firme.

Atividades que apóiam o envolvimento

5S, TPM e trabalho padronizado são importantes canais para o envolvimento que já discutimos. Neste capítulo abordaremos:

- Atividades de círculo *kaizen*
- Treinamento prático *kaizen*
- Programas de sugestões

Porém, primeiramente, é importante entender a meta do envolvimento.

A meta do envolvimento

A meta explícita de todas as atividades de envolvimento é melhorar a produtividade, a qualidade, o custo, o tempo de entrega, a segurança e o ambiente e a moral (PQCDSM – productivity, quality, cost, delivery time, safety and environment, and morale) através de:

- A solução de problemas específicos (p. ex.: a melhoria da contenção através da criação de um *poka-yoke*, redução do tempo de caminhada alterando o leiaute, redução do tempo de troca, etc.)
- A redução de confusões (p. ex.: desenvolver quadros de análise de produção que tornem a situação atual visível para todos e aplicar 5S para que seja fácil de encontrar coisas)
- A redução de riscos (p. ex.: reduzir a sobrecarga ergonômica, eliminar pontos onde pessoas possam se machucar e outros perigos, ou, implementar *poka-yokes* para eliminar quedas)
- Porém, a meta mais importante é melhorar a competência dos membros de equipe. Nunca faltarão problemas. Ao fortalecer nosso pessoal, no entanto, podemos enfrentar o futuro com confiança.

Atividade de círculo kaizen

A atividade de círculo *kaizen*[2] (KCA – kaizen circle activity) é, talvez, a atividade de envolvimento mais conhecida de todas. Teve um pequeno sucesso nos anos 80 quando empresas norte-americanas tentavam imitar o sucesso dos japoneses. Mas, o solo ainda não estava preparado.

KCA oferece grandes benefícios[3], como:

1. Fortalecer a habilidade de membros de equipe de:
   - Trabalhar como equipe
   - Liderar uma equipe
   - Pensar clara e logicamente
   - Resolver problemas
2. Desenvolver a confiança entre membros de equipe. Membros de equipe se sentem bem ao saber que contribuíram para o sucesso da empresa. Estão preparados para o próximo desafio.
3. Atacar problemas cruciais com "centenas de mãos".

---

[2] Também conhecida como atividade de pequeno grupo.
[3] Discussão com executivo da Toyota.

Estrutura de KCA

Um gerente que tem algum problema geralmente desencadeia um círculo *kaizen* e age como mediador. O círculo geralmente consiste de seis a oito membros de equipe que se encontram por mais ou menos uma hora, uma vez por semana, durante seis a oito semanas.[4]

Um círculo geralmente culmina com uma apresentação à gerência sobre os resultados obtidos e atividades para o futuro.

A Figura 7.1[5] descreve papéis e responsabilidades assumidos em círculos *kaizen*. Alguns desses papéis são opcionais. Por exemplo, treinadores de círculo podem não ser necessários para círculos com experiência. Às vezes, uma única pessoa, por exemplo, um supervisor de área com experiência, pode agir tanto como facilitador quanto como orientador.

Papel	Responsabilidade
Membro do círculo	Assistir a reuniões Contribuir com idéias Escolher e analisar problemas Recomendar e implementar soluções Fazer apresentações
Facilitador	Participar de treinamento Guiar membros de equipe através do processo de solução de problemas Assistir a reuniões do círculo Completar e entregar registros de reuniões de KCA
Orientador	Participar de treinamento Fornecer conselhos técnicos ou administrativos quando necessário Participar de reuniões do círculo Ajudar a coordenar apresentações para a gerência
Treinador do círculo	Desenvolver e conduzir treinamentos Participar de reuniões do círculo se convidado Fornecer treinamento na solução de problemas, se for necessário Juntar os registros de reuniões e se reportar a gerência
Gerente	Encorajar a formação de círculos e o envolvimento Verificar periodicamente o progresso do círculo e oferecer sugestões Aprovar recomendações Participar de apresentações

Figura 7.1 Responsabilidades e papéis assumidos em um círculo *kaizen*.

---

[4] Documento de treinamento da Toyota.
[5] Ibid.

Treinamento KCA

Para que círculos sejam conduzidos com sucesso, os membros de equipe devem estar treinados em:

- Habilidades administrativas. Como conduzir reuniões de equipe, dar tarefas, fazer atas, preparar apresentações, e assim por diante.
- *Brainstorming*. Como gerar idéias ao mesmo tempo em que envolve todos os membros do círculo.
- Resolução de problemas.
- Habilidade para fazer apresentações. Como apresentar dados para a gerência.

Na Toyota, nosso treinamento KCA foi feito em quatro horas.

Administração KCA

KCA requer um departamento de controle[6] para promover e administrá-lo. As tarefas administrativas principais são:

- Criação de formas padrão para apoiar círculos
- Registro de novos círculos
- Registro dos resultados de cada círculo
- Relatório de resultados e tendências macro de KCA
- Treinamento

Na Toyota Cambridge nossa equipe de recursos humanos trabalhava como departamento de controle para todas as atividades de envolvimento. A Figura 7.2[7] mostra o formato de relatório genérico para um círculo *kaizen*.

Promoção de KCA

Na Toyota promovíamos KCA através de:

- Quadros de comunicação nas áreas de produção e em outros locais de grande circulação, como nas entradas de membros de equipe. Os quadros de KCA devem descrever o processo e os objetivos KCA e celebrar as realizações do círculo.
- Competições e premiações de círculos na fábrica toda em categorias como produtividade, segurança, qualidade, custo e ambiente.
- Competições de círculo entre fábricas.

Competições de círculo entre fábricas, que acontecem no escritório central e são julgadas pela gerência sênior, são altamente motivadoras, especialmente para funcionários jovens.

---

[6] O conceito de departamento de controle é abordado em detalhes no Capítulo 8.
[7] Documento de treinamento da Toyota.

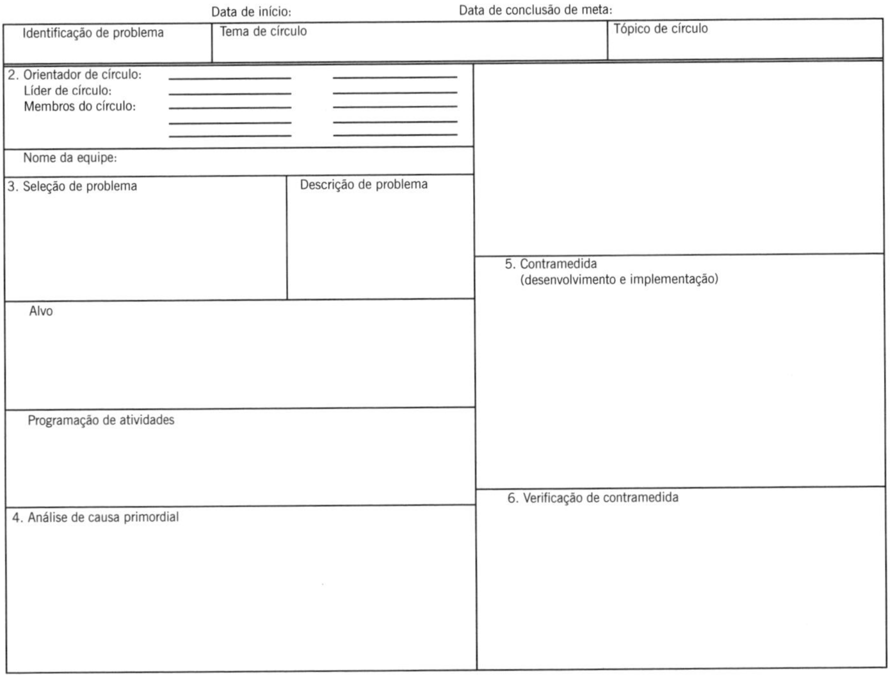

Figura 7.2 Atividade de Círculo Kaizen (amostra de formulário de relatório).

Papel do gerente

Na Toyota, pude comprovar que o apoio do gerente é a melhor promoção de KCA.[8] Isso significa comunicação diária com membros de equipe sobre os assuntos e problemas mais importantes em sua área de atuação e sobre as expectativas da gerência quanto ao KCA de temas importantes. Os temas do KCA devem ser simples inicialmente, tratando, por exemplo, de qualidade ou segurança. À medida que os membros de equipe adquirem mais experiência, o KCA pode se voltar para metas específicas da empresa, como a redução de um defeito específico de qualidade ou a melhoria da ergonomia nas operações de montagem.

Além disso, gerentes devem:

- Pensar em como aumentar o KCA em suas áreas.
- Regularmente verificar os temas, a data estimada de término, e o status de cada círculo em suas áreas.
- Pessoalmente verificar como estão as coisas com membros do círculo. Simplesmente perguntar "Está tudo bem?" ou "Algum problema?" funciona muito bem.
- Ativamente apoiar os círculos que estão enfrentando problemas para ter idéias, e oferecer conselhos para se assegurar de que cada círculo atinja algo concreto.
- Observar pessoalmente os resultados que cada círculo obtém e agradecer pessoalmente cada membro de equipe por seu esforço.

---

[8] Discussão com executivo da Toyota.

Treinamento prático kaizen

Treinamento prático *kaizen* (PKT – practical kaizen training) é uma atividade intensa que ocorre ao longo da semana e cujo objetivo é[9]:

- O treinamento de membros e do supervisor de equipe
- A melhoria de um processo específico

Assim como com o KCA, o que estimula um PKT, em geral, é um gerente com algum problema.

Um único PKT consiste de três a quatro membros. Um evento de PKT geralmente inclui várias equipes e instrutores ou orientadores de PKT. A semana se divide assim[10]:

- Um dia e meio de treinamento
- Três dias no chão de fábrica
- Meio dia para apresentar os resultados para a gerência

Os participantes do PKT devem fazer mudanças físicas, se for possível. Um treinamento com ferramentas pequenas deve ser feito, e funcionários que querem esse tipo de habilidade devem ser encorajados a participar.

O treinamento PKT deve tratar de:

- Muda
- Trabalho padronizado
- Kaizen

Na Toyota, nosso resultado desejado para cada PKT geralmente era tabelas de trabalho padronizado confirmadas para um processo recém-projetado, mudanças físicas e um entendimento generalizado nos vários turnos quanto ao novo processo.

Fatores cruciais para o sucesso do PKT

Comunicação

A comunicação com funcionários e supervisores em todos os turnos é essencial para o sucesso do PKT. Isso inclui discussões abertas sobre os objetivos do PKT e a coleta de idéias dos membros de equipe que fazem o trabalho. As mudanças propostas para processos e equipamento devem ser confirmadas com todos os turnos.

---

[9] Discussão com executivo da Toyota.
[10] Documento de treinamento da Toyota.

Entendendo a situação

Os membros do PKT devem entender exatamente o que está acontecendo. Isso significa medir os tempos reais de ciclo, WIP, o desempenho de máquinas e assim por diante. Devem comparar o que o trabalhador está fazendo de fato com a tabela de trabalho padronizado existente. Com freqüência, existem discrepâncias que são indícios de problemas no processo.

Resolvendo problemas

Os membros do PKT devem agir como cientistas, rigorosamente confirmando cada ação usando o ciclo PDCA. Qualquer mudança deve se basear na observação e medição. Na Toyota passei a compreender algo singular: na escola não ensinamos de forma adequada o método científico. Com efeito, vi que na Toyota o entendimento profundo do método científico em cada nível é, talvez, a maior força da empresa.[11]

Papel do supervisor

Há uma frase na Toyota que diz "Aquele supervisor é todo-poderoso." Com efeito, o supervisor é, sem sombra de dúvida, a chave para o sucesso da produção lean.[12] Seu papel não é apenas produzir a quantidade e a qualidade necessárias, mas também liderar o *kaizen*.

A liderança *kaizen* tem quatro níveis:

- Nível 1. Diga ao membro de equipe o que fazer.
- Nível 2. Mostre ao membro de equipe como é feito.
- Nível 3. Faça junto com o membro de equipe.
- Nível 4. Deixe o membro de equipe fazer sozinho e incentive a aprendizagem fazendo perguntas.

Saber como fazer perguntas é uma habilidade importante. Um *sensei* lean raramente diz a resposta ao membro de equipe. Ao contrário, ele guia o aluno para o autoconhecimento.

Programas de sugestão

Programas de sugestão eficazes canalizam as idéias de membros de equipe diretamente para a gerência e recompensam a iniciativa de membros. Fiquei assombrado na Toyota com a quantidade de esforço gasto em promover as sugestões de membros de equipe. Compreendi que a meta norteadora era engajar cada pessoa – mil olhos, mil mãos – na melhoria.

Os programas de sugestão bem-sucedidos apresentam as seguintes características:

---

[11] Spear, Stephen and Bowen, Kent. "Decoding the DNA of the Toyota Production System" in *Harvard Business Review* (set – out. 1999).

[12] Discussão com executivo da Toyota.

- Um processo sem complicações.
- Tomadas de decisão e *feedback* rápidos ao membro de equipe.
- Imparcialidade – nenhum grupo deve ter acesso parcial às recompensas.
- Promoção.
- Recompensas tanto para motivação extrínseca quanto intrínseca.

Um processo sem complicações e regras claras

As regras de programas de sugestões devem ser claras e simples, assim como as normas para o tempo de virada e as recompensas. Com o tempo, desenvolvemos uma fórmula simples para calcular o valor de uma sugestão. Uma abordagem eficaz é premiar pontos especiais por sugestão. Membros poderiam passar a receber em dinheiro à medida que acumulassem pontos. Vale-presentes também podem ser dados no lugar de dinheiro. Os formulários de sugestões devem ter uma página e incluir as seguintes informações:

- Informação na fonte (p. ex.: de quem partiu a sugestão, setor, data e outras informações identificadoras).
- Tópico de sugestão (p. ex.: segurança, qualidade, controle de custo, produtividade, espaço e ambiente).
- Situação atual.
- Mudanças sugeridas (*kaizens*).
- Resultados de *kaizen*.
- Dados que dão suporte aos resultados.

Os supervisores devem ajudar os membros de equipe a completar e entregar sugestões. Regras e normas do programa devem estar resumidos no verso do formulário e devem cobrir sugestões tangíveis e intangíveis.[13]

Sugestões tangíveis

São sugestões que resultam em economia documentada de dinheiro, espaço, tempo, mão-de-obra ou outras unidades mensuráveis. A seguir, algumas áreas comuns nas quais benefícios tangíveis podem ser encontrados:

- Economia de custos: uso de menos energia ou material.
- Economia fora a mão-de-obra: custos de transporte reduzidos, redução no empacotamento.
- Mão-de-obra: redução no tempo de parada ou no tempo de reparo.
- Sobrecarga ergonômica: redução na sobrecarga de trabalho[14].
- Promoção.
- Espaço: economia no espaço do chão de fábrica.

---

[13] Discussão com executivo da Toyota.

[14] Para quantificar estes benefícios, um simples sistema de medição de sobrecarga ergonômica seria o suficiente.

Sugestões intangíveis

São sugestões que geram melhorias identificáveis, mas que não produzem economia direta na forma de dinheiro, tempo ou espaço. São alguns exemplos:

- Segurança: eliminação de algum perigo
- Qualidade: prevenção de algum defeito
- 5S: redução de complicações
- Ambiental: eliminação de vazamento em potencial

Tomada de decisões rápida e *feedback*

Um padrão firme deve ser aplicado ao *feedback*, como: responderemos a todas as sugestões dentro de uma semana. Um processo e normas claras dão suporte a uma virada rápida. O papel do avaliador também é crucial.

Avaliadores fazem a avaliação de sugestões e recomendam níveis de reconhecimento. Deve haver um número suficiente de avaliadores em cada setor para estar de acordo com as normas de virada. Avaliadores devem ser reconhecidos por seu trabalho. Na Toyota, convidávamos avaliadores para jantares de programas de sugestão nos quais dávamos o prêmio de "Avaliador do Ano".

Imparcialidade

Observei que alguns grupos, como o de manutenção, podem ter um acesso desleal aos benefícios do programa de sugestão. Isso cria ressentimentos que podem afetar o prestígio do programa. Nós nos esforçamos para criar regras que colocam todos no mesmo patamar.

Promoção

Programas de sugestão devem ser promovidos através de:

- Quadros de comunicação tanto no chão de fábrica quanto nas entradas de membros de equipe.
- Jantares nos quais sugestões e avaliadores de destaque podem ser reconhecidos.
- Relatórios e *feedback* regulares dos resultados de processos e conclusões para a gerência.

A medição sempre funciona. Medidas relevantes incluem:

- Número total de sugestões
- Sugestões por membro de equipe
- Porcentagem de participação de supervisor
- Índice de aprovação
- Pontos premiados
- Média de pontos por membro de equipe
- Porcentagem de sugestões intangíveis

Contudo, na Toyota aprendemos a não supervalorizar esses números. Por exemplo, evitávamos estabelecer metas numéricas anuais. De outro modo, vimos que alguns supervisores poderiam importunar membros da equipe para obter sugestões no final do mês simplesmente para atingir as quotas. Deixamos os números aparecerem naturalmente.

Motivação extrínseca e intrínseca

Motivadores extrínsecos incluem dinheiro e presentes e são os prêmios mais comuns nos programas de sugestão. Porém, podem não ser os motivadores mais eficazes. A literatura na área da psicologia indica que motivadores intrínsecos como estes podem ser mais importantes:

- O reconhecimento de colegas.
- A contribuição dada a uma meta ou a um valor mais amplo, como ambiente ou segurança.
- O desenvolvimento de liderança e outras habilidades.
- O crescimento pessoal e a auto-atualização.

Minha experiência pessoal confirma o poder de motivadores internos. No entanto, também observo que prêmios em dinheiro ou presentes também têm seu valor.

Como motivar sugestões

A cultura da organização é o solo no qual qualquer atividade de envolvimento cresce. A gerência deve criar um solo rico ao vivenciar valores tais como:

- Franqueza
- Confiança mútua
- Trabalho em equipe
- Foco no cliente
- Treinamento

Na Toyota criamos um *hoshin* (plano)[15] cultural anual para fortalecer esses valores.

Isso é mais difícil em uma fábrica *brownfield*. Lembro-me de um funcionário veterano me dizendo, "Já estou aqui há trinta anos. É a primeira vez que alguém me pergunta minha opinião". O *hoshin* de cultura deve ser feito de forma ainda melhor em uma fábrica *brownfield*.

Os supervisores e gerentes de área são responsáveis pelo incentivo do envolvimento de seus membros de equipe. A seguir temos algumas atividades concretas que esses podem apoiar:

- Quadros de "Aquilo que me incomoda", também conhecidos como quadros de primeiras sugestões, nas áreas de trabalho. Esses consistem de uma tabela simples

---

[15] O planejamento *hoshin* é abordado em mais detalhe no Capítulo 8.

com os seguintes tópicos: problema, contramedidas possíveis, próximo passo e resultado.
- Livros de idéias em áreas de reunião de membros de equipe.
- Sessões de *brainstorming* de equipe enfocando o maior problema do setor ou da empresa.

Temas mensais ou bimestrais também podem ser úteis. Um de nossos temas bimestrais mais eficazes na Toyota foi "Ergonomia – os movimentos certos no local de trabalho". Recebemos e implementamos centenas de idéias excelentes que reduziram a tensão de nossos membros de equipe. Temas ambientais também são eficazes. Uma sugestão levou a um sistema de reciclagem na fábrica toda que continua até hoje.

Quantidade em primeiro lugar – só depois a qualidade

A regra básica em qualquer programa de sugestão é "quantidade em primeiro lugar, depois a qualidade". Geralmente leva de três a cinco anos para que um programa de sugestão gere uma boa quantidade (p. ex.: de cinco a dez sugestões por membro de equipe por ano). Depois de termos atingido o volume, podemos nos focar na qualidade.[16]

Hoshin de cultura anual

Deve haver um *hoshin* de cultura anual que estabeleça metas para o KCA, PKT e sugestões. As metas de KCA podem incluir:

- Metas de resultados KCA. O número de círculos completados, o número de *kaizens* bem-sucedidos, e o dinheiro economizado.
- Metas de processo KCA. O número de membros de equipe participando, o número de membros de equipe treinados, a qualidade dos círculos, a qualidade de treinamento KCA e a satisfação de membros de equipe com o KCA.

O envolvimento deve ser administrado.

Resumo

O envolvimento de membros de equipe é o cerne da produção lean. O envolvimento desenvolve a competência de nossos membros de equipe e melhora as perspectivas de sucesso de longo prazo. Descrevi atividades de círculo *kaizen*, treinamento prático *kaizen* e programas de sugestão. Supervisores e gerentes têm um papel fundamental na manutenção do envolvimento. Atividades de envolvimento devem ser imparciais, livres de complicação e devem satisfazer tanto motivadores extrínsecos quanto intrínsecos. Deve haver um *hoshin* de cultura anual para dar suporte e manter o envolvimento. O envolvimento deve ser administrado tão habilmente quanto a produção ou a qualidade.

---

[16] Discussão com executivo da Toyota.

CAPÍTULO 8

Planejamento Hoshin

Passo a passo, percorra a estrada de mil milhas.
Miyamoto Musashi[1]

O desperdício de conhecimento talvez seja o desperdício mais difundido de todos. Com efeito, se a popularidade de Dilbert servir de sinal, o desperdício de conhecimento tomou proporções epidêmicas na América do Norte. Segundo Thomas Homer-Dixon[2], estamos lutando contra uma deficiência de inventividade: uma lacuna entre nossa crescente necessidade por inventividade e nosso suprimento inadequado. Homer-Dixon argumenta que existem dois tipos de inventividade: a técnica e a social. Temos a primeira em abundância. O limite não está na tecnologia, mas em governança.

É necessário que tenhamos engenhosidade social para responder as seguintes perguntas:

- Como identificar nossas metas cruciais?
- Como desenvolver planos e alinhar nossas atividades?
- Como comunicar nossas atividades de metas a cada nível dentro do trabalho?
- Como aproveitar o abundante talento de nossos membros de equipe?
- Como manter nossas atividades?
- Como mudar de rumo quando for preciso?
- Como aprender com nossa experiência?

A Toyota criou respostas eficazes para muitas dessas perguntas, que examinaremos neste e no próximo capítulo.

---

[1] Miyamoto Musashi era o maior esgrimista do Japão. Seu guia para guerreiros samurai, *A Book of Five Rings* (Overlook Press, Woodstock, NY, 1982), tornou-se um clássico na estratégia de negócios.
[2] Homer-Dixon, Thomas. *The Ingenuity Gap*, Vintage Canadá, Toronto, 2001.

O que é planejamento?

Apesar de ter adquirido treinamento em administração e engenharia no curso de pós-graduação, eu não aprendera realmente a planejar antes de trabalhar com a Toyota. Eu aprendera a ter inventividade técnica, mas isso não bastava. Thomas Homer-Dixon defende a idéia de que nossa deficiência atual de inventividade está relacionada à inventividade social.

Planejar significa responder a duas perguntas:

- Para onde vamos?
- Como chegaremos lá?

Existem quatro tipos de planejamento na organização moderna:

- Operacional. Como administraremos o dia-a-dia?
- Financeiro. Como gastaremos nosso orçamento?
- Projeto. Como alcançaremos essa meta específica?
- Estratégico. Para onde estamos indo e como chegaremos lá?

Neste capítulo enfocaremos o planejamento estratégico.

A metáfora do caminho ilustrada na Figura 8.1[3] será o pano de fundo de nossa discussão. Para planejarmos com eficiência, devemos entender:

- Onde estamos.
- Para onde vamos (visão).
- Como chegaremos lá (plano).
- Que pedras e pedregulhos estão no caminho.

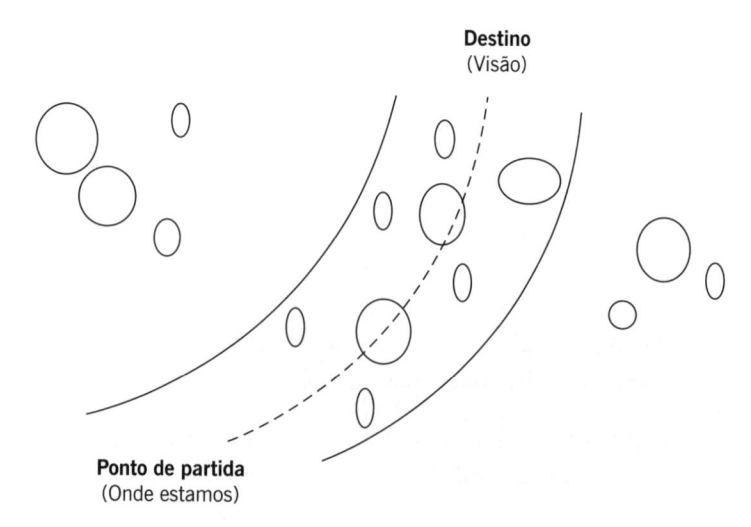

Figura 8.1 A metáfora do caminho.

---

[3] Cowley, Michael and Domb, Ellen. *Beyond Strategic Vision*, Butterworth-Heinemann, Boston, 1997.

Também devemos ter cuidado para não nos distrairmos com pedras que estão fora do caminho.

Por que planejar?

Planejamos para desenvolver uma visão em comum do lugar para onde vamos e como chegaremos lá. Com efeito, na Toyota, passei a compreender que o próprio planejamento deve ser um sistema puxado – nossa visão deve se tornar tão irresistível que nos puxa para o futuro.

Porém, planejamos com motivos menos óbvios também:

- Para melhorarmos como indivíduos e como organização.
- Para fomentar a renovação e a reinvenção.
- Para aprender.

O planejamento eficaz nos obriga a avaliar nossos pontos fortes e fracos e tomar contramedidas. O planejamento também acaba com a complacência ao constantemente propor metas que rompem com o já estabelecido. Não dá para simplesmente deitar-se em uma cama de louros.

Por último, o conceito de Peter Senge de "organização de aprendizagem"[4] é muito citado, mas talvez não muito bem compreendido. Este conceito não significa nada sem que existam sistemas gerenciais que registrem e compartilhem de pontos importantes de aprendizagem. Além do mais, o conceito é ineficaz se nosso sistema de planejamento não reconhecer e aplicar o que for aprendido.

Os problemas com o planejamento

> Planejamento estratégico é a atividade "menos favorita" de todo gerente.
>
> *Henry Mintzberg*

Mintzberg não falava totalmente em tom de brincadeira. Com efeito, seu clássico *The Rise and Fall of Strategic Planning* descreve, às vezes em detalhes dolorosos, as desvantagens do planejamento convencional. Há milhares de exemplos de constrangimentos, mas eis alguns:

- Previsões ou expectativas pouco realistas; o processo de planejamento é rígido demais para se adaptar a condições em mudança.
- As metas são estabelecidas de forma arbitrária sem um elo claro com a necessidade, o meio ou a exeqüibilidade.
- Metas em excesso; foco inadequado.
- Metas erradas.

---

[4] Senge, Peter. *The Fifth Discipline*, Doubleday, New York, 1990.

- As metas não são SMART.[5]
- Atividades planejadas não são revisadas regularmente; estão desconectadas com o tempo.
- As atividades planejadas são revisadas de forma punitiva.
- O planejamento é visto como um evento, ao invés de um processo constante.
- O planejamento é feito na ausência de dados.
- Os dados são analisados em excesso.
- Um setor separado faz o planejamento.
- Há comunicação inadequada entre setores e dentro destes; o alinhamento horizontal e vertical não está conectado.
- A equipe administrativa reluta em avaliar os pontos fortes e fracos.

Em resumo, problemas de planejamento são principalmente causados por falta de conexão:

- Horizontal (dentro dos setores)
- Vertical (entre setores)
- Temporal (no tempo)

Estes, por sua vez, criam o terrível desperdício de conhecimento. Na verdade, existem nove tipos de desperdício de conhecimento. Os símbolos correspondentes estão na Figura 8.2.[6]

Como criamos fluxo?

A maioria das organizações tem energia e talento em abundância. No entanto, lutamos com dificuldade para atingir nossas metas. Queremos criar um fluxo de conhecimento, experiência e criatividade em nossa organização. Procuramos envolver todos os níveis e queremos que o talento criativo tenha relação direta com nossos problemas estratégicos fundamentais. Mas, como?

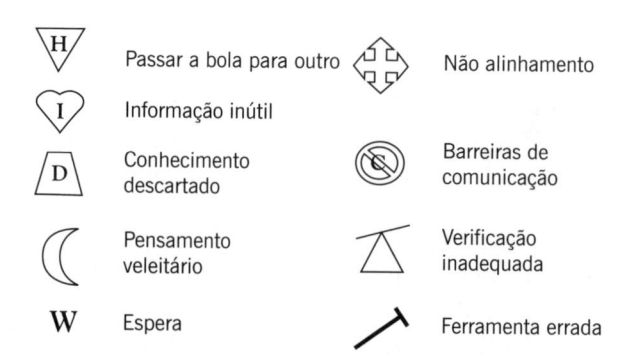

Símbolo	Desperdício	Símbolo	Desperdício
H	Passar a bola para outro	⇔	Não alinhamento
I	Informação inútil	⊘	Barreiras de comunicação
D	Conhecimento descartado	△	Verificação inadequada
(	Pensamento veleitário		
W	Espera		Ferramenta errada

Figura 8.2 Os nove Desperdícios de Conhecimento.

---

[5] SMART representa **s**imple (simples), **m**easurable (mensurável), **a**chievable (alcançável), **r**easonable (razoável) e tra**ck**able (rastreável).

[6] Um agradecimento especial ao meu colega Al Ward pelo uso destes símbolos.

Planejamento hoshin[7]

Hoshin kanri significa[8]:

- Metal brilhante ou compasso
- Barco em uma tempestade no rumo certo
- Disposição de uma política estratégica

Hoshin kanri, ou planejamento *hoshin*, é o sistema nervoso da produção lean. O planejamento *hoshin*[9] é o processo de curto prazo (um ano) e de longo prazo (de três a cinco anos) usado para identificar e tratar das necessidades administrativas mais cruciais e desenvolver a competência de nosso pessoal, o que é alcançado ao alinhar os recursos da empresa em todos os níveis e ao aplicar o ciclo PDCA para que se consigam, de forma contínua, resultados fundamentais.

Foco no planejamento hoshin

O planejamento *hoshin* tem como alvo os poucos problemas críticos, as pedras em nosso caminho (Figura 8.3). Nosso plano operacional lida com os pedregulhos. Um erro comum é assumir coisas demais, dessa forma diluindo a energia, sem conseguir nada no final.

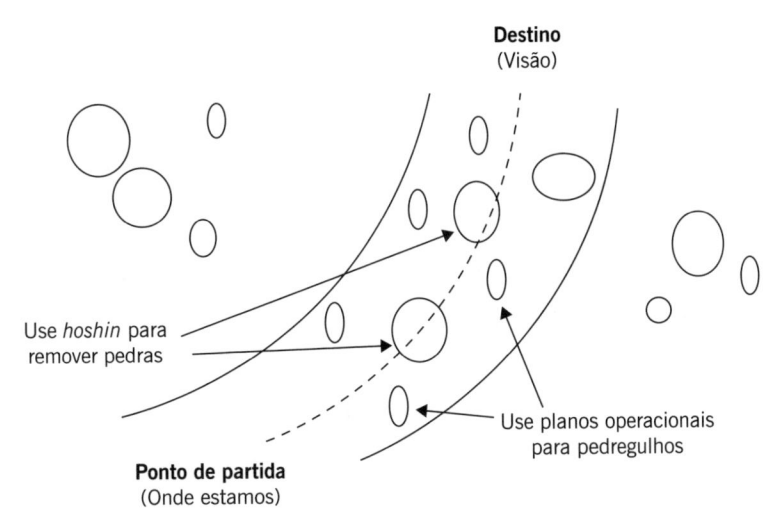

Figura 8.3 A metáfora do caminho com problemas em destaque.

---

[7] O planejamento *hoshin* também é conhecido como disposição estratégica e disposição política. Para mais informações veja Pascal Dennis, *Getting the Right Things Done — a Leader's Guide to Planning and Execution* (Cambridge, MA: Lean Enterprise Institute, 2006).
[8] Ibid.
[9] Um *hoshin* é uma estratégia para alcançar uma meta de nível superior.

Trabalho de rotina e trabalho de melhoria

O trabalho administrativo tem duas partes: trabalho de rotina e trabalho de melhoria. A estrutura organizacional formal é boa para o primeiro caso, mas nem tão boa para o segundo, porque o trabalho de melhoria requer a funcionalidade cruzada. Além do mais, muitos gerentes acreditam que seu trabalho não tem relação com melhorias e não abrem espaço para isso em seu trabalho diário. Outros gostariam de abrir espaço para o trabalho de melhoria, mas ficam sobrecarregados pelas crises do dia a dia.

O planejamento *hoshin* mantém o trabalho de melhoria no radar. Nossas estratégias A3 originais e departamentos de controle fornecem a estrutura de funcionalidade cruzada que o trabalho de melhoria requer. Sem esse tipo de trabalho, teremos sempre os mesmos resultados.

Alinhamento e flexibilidade

Através do planejamento *hoshin* procuramos alinhar nossos recursos (Figura 8.4) e rapidamente identificar e reagir às mudanças no ambiente de negócios (Figura 8.5).

Planejamento hoshin e MBO

O planejamento *hoshin* é a intensificação lógica do gerenciamento por objetivos (MBO – management by objectives) introduzido por Peter Drucker em seu clássico de 1954,

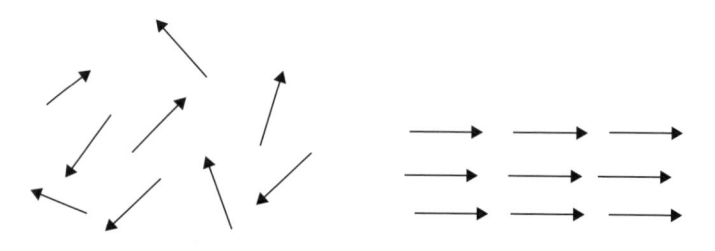

Antes do planejamento *hoshin*   Depois do planejamento *hoshin*

Figura 8.4 Alinhamento.

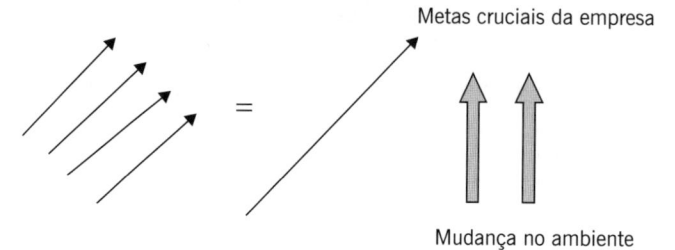

À medida que o ambiente de negócios muda, as atividades da empresa devem mudar rapidamente.

Metas cruciais da empresa

Mudança no ambiente

Figura 8.5 Flexibilidade.

The Practice of Management.[10] O planejamento *hoshin* utiliza-se das vantagens do MBO e evita suas desvantagens.[11]

Drucker teve uma profunda influência no modo de pensar do gerenciamento japonês. Empresas como a Toyota desenvolveram o planejamento *hoshin* aprimorando as idéias de Drucker. Destaques importantes incluem:

- O enfoque em objetivos e processos
- PDCA e métrica
- *Nemawashi*
- *Catchball*
- Foco nas pessoas

Estes itens serão abordados detalhadamente nas seções a seguir.

Foco e alinhamento através do planejamento hoshin

Através do planejamento *hoshin*, procuramos:

- identificar nossas poucas iniciativas de melhoria críticas a cada ano;
- desenvolver estratégias correspondentes (A3s);
- disseminar nossas estratégias A3 em toda a organização e
- envolver todos os membros de equipe na solução de problemas.

Com freqüência as implementações do sistema *lean* falham devido a nossa inabilidade de nos focar. Podemos assumir coisas demais, diluir nossos esforços e alcançar muito pouco no final. O planejamento *hoshin* é nosso sistema guia e de resultados, fornecendo as poderosas ferramentas *lean* onde elas são mais necessitadas.

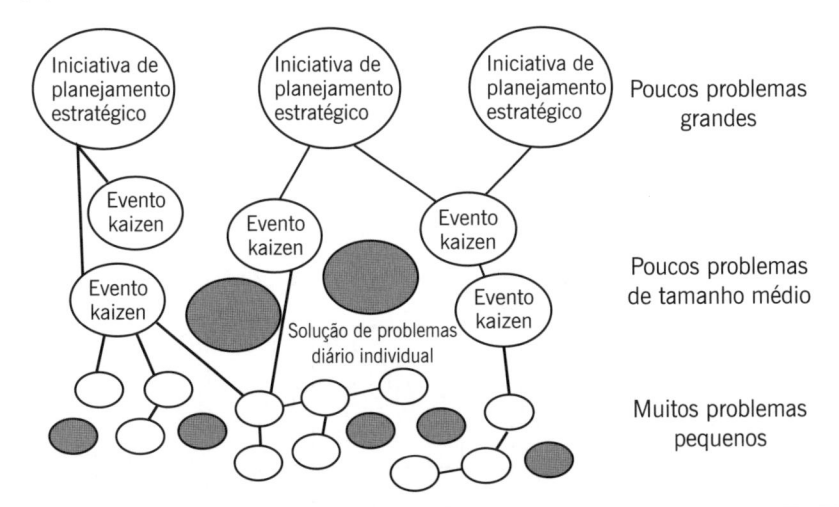

---

[10] Drucker, Peter. *The Practice of Management*, Harper Collins, New York, 1954.
[11] Akai, Yoji. *Hoshin Kanri*, Productivity Press, Portland, OR, 1988.

Sistema de planejamento hoshin

O sistema de planejamento *hoshin* consiste dos seguintes itens:

- Planejar-fazer-verificar-agir (Plan-do-check-act)
- *Nemawashi*
- *Catchball*
- Conceito de departamento de controle
- Pensamento A3

PDCA

O planejamento *hoshin* consiste de ciclos PDCA sobrepostos (Figura 8.6):[12]

- Macro (de três a cinco anos). Feito pelo gerenciamento sênior.
- Anual. Feito pelos gerentes operacionais.
- Micro (semanal, mensal e bi-anual). Feito pelos gerentes operacionais e seus subordinados.

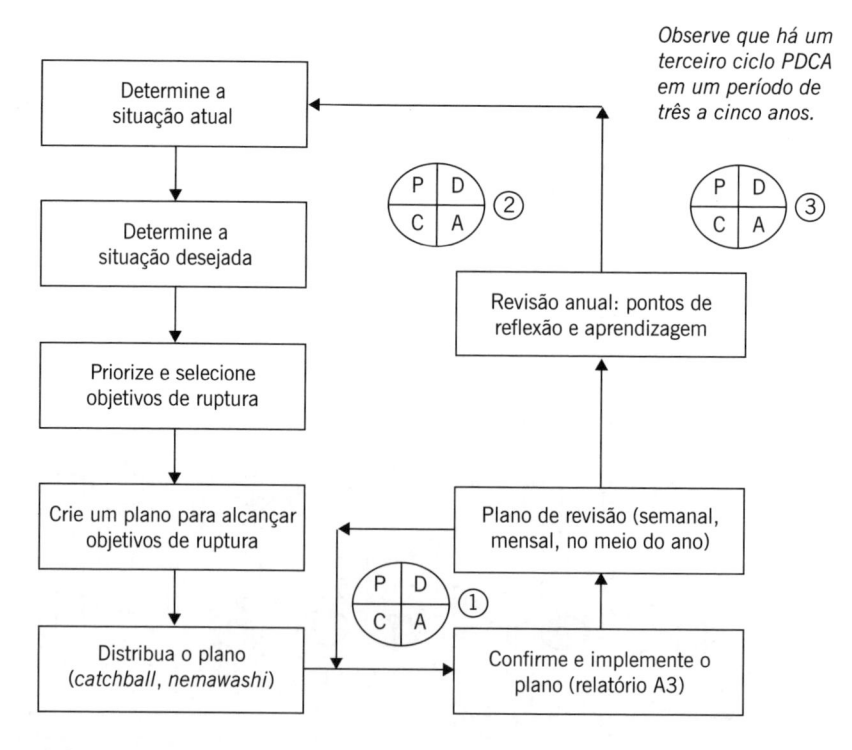

Figura 8.6 Processo de planejamento hoshin.

---

[12] Discussão com executivo da Toyota.

PDCA cria uma comunidade de cientistas

Spears e Bowen sugerem que "o Sistema de Produção da Toyota cria uma comunidade de cientistas".* De fato, o método científico, expresso como PDCA, é o motor de toda grande empresa. A metade superior do diagrama abaixo ilustra diferentes atividades de gerência; a metade inferior mostra as ferramentas correspondentes. Porém, é tudo PDCA.

PDCA em grandes organizações

(Diagrama concêntrico com as camadas, do centro para fora: A/P/C/D — Trabalho diário — Solução de problemas/*kaizen* — Planejamento de atividades — Planejamento de negócios. Ferramentas correspondentes, de dentro para fora: Trabalho padronizado — Solução de problemas — Estratégias A3 — Planejamento *hoshin*. Marcadores laterais: Ferramentas.)

*Spears, Steven and Bowen, Kent. "Decoding the DNA of the Toyota Production System", *Harvard Business Review*, out/nov, 1999.

O PDCA requer sistemas gerenciais de apoio que tornem nosso status atual visível a todos e que provoquem contramedidas. Esses podem incluir tanto revisões formais quanto informais.

Revisões formais devem acontecer a cada seis meses (no início, no meio e no fim do ano). A revisão de fim de ano deve incluir um resumo do que ocorreu e informar o plano estratégico do próximo ano (apresentado em janeiro). Revisões menos formais podem incluir:

- Relatórios diários da situação compartilhados pela equipe de gerência.
- Reuniões de equipe de gerência semanais nas quais chefes de departamentos relatam a situação.
- Revisões de processo de chão de fábrica de itens urgentes.

O PDCA também exige um entendimento sólido de métrica e gerenciamento visual. Metas SMART devem ser criadas tanto para os resultados quanto para o processo. Painéis de controle precisam ser gerados diariamente com o mínimo de esforço. Sistemas visuais, como quadros de comunicação e revisões de processos ao lado da linha, ajudam a criar um entendimento comum dos dados.

Verifique resultados e processos

O MBO tende a enfatizar resultados ao invés de meios. Muitas vezes, a mensagem do líder aos seus subordinados é *Não quero saber como é feito, quero simplesmente que seja feito.*[13] Isso causa estresse e destrói a moral. O líder parece estar dizendo, *Não quero saber de você ou de seus problemas.*

Os subordinados, lembrando com ressentimento de suas próprias experiências, muitas vezes perpetuam esse tipo de comportamento quando se tornam líderes. *Por que as coisas deveriam ser mais fáceis para eles do que foi para mim?* Isso tudo atrapalha a aprendizagem, o que requer que entendamos por que alcançamos, ou deixamos de alcançar, nossos objetivos.

Em contraste a isso, o planejamento *hoshin* requer que os líderes engajem seus subordinados nos meios e nos fins. Espera-se que líderes guiem suas equipes com base em seu conhecimento e em sua experiência profundos.

Fortalecer as pessoas

Líderes também devem se perguntar *Como devo desenvolver a competência de meu pessoal?* Se não conseguimos alcançar um objetivo, em vez de culpar os outros, devemos perguntar por que cinco vezes. Depois, devemos elaborar um plano para fortalecer nosso pessoal. Somente um mau líder coloca as pessoas em situações que elas são incapazes de resolver.

Ao contrário, um bom líder avalia a competência dos membros da equipe e dá tarefas que estejam um pouco além de suas possibilidades. Isso ajuda a fortalecer cada pessoa. Os membros de equipe prezam a preocupação que o líder demonstra em seu desenvolvimento. Isso também ajuda a criar alinhamento.

Nemawashi

Esta palavra elegante significa "preparar a árvore para ser transplantada" e conota o processo de construção de consenso que cria o alinhamento.[14] *Nemawashi* implica na revisão de um *hoshin* com todos os clientes afetados antes de sua implementação. Portanto, o planejamento geralmente leva mais tempo, mas sua implementação é mais eficaz.

Quem são os clientes de um *hoshin*? Aqueles que:

- Irão executar o plano.
- Serão afetados pelo plano.

---

[13] E se falhar, cuide-se!
[14] Discussão com executivo da Toyota.

- Aprovarão o plano.
- Serão capazes de melhorar o plano.

Nemawashi envolve inúmeras revisões baseadas no *feedback* de clientes. No entanto, não haverá surpresas desagradáveis quando você apresentar seu plano para a gerência sênior.

Um aviso: A construção de um consenso não significa que temos que desistir de nossas idéias ou crenças. Também não quer dizer que devemos todos concordar antes de um *hoshin* ser adotado. Há momentos em que podemos concordar com discordar. Porém, consenso significa que apoiaremos a decisão do grupo.

Catchball

Catchball se refere ao toma lá dá cá necessário entre os vários níveis de gerência durante o processo de planejamento.[15] Através de *catchball*, estratégias e táticas[16] proliferam na organização. O *catchball* procura ligar a visão da direção com as atividades diárias dos membros de equipe do chão de fábrica. É assim que funciona:

1. A direção da empresa desenvolve uma visão daquilo que a organização precisa fazer e das competências que precisam ser desenvolvidas. "Joga-se" essa visão aos gerentes sênior.
2. Os gerentes sênior "pegam" a visão da direção e a transformam em *hoshins*. Depois, a "jogam" de volta para a direção e perguntam, na prática, "É disso que vocês falavam? Essas atividades tornarão nossa visão realidade?"
3. A direção fornece *feedback* e orientação aos gerentes sênior. Os *hoshins* podem passar de lá para cá várias vezes.
4. Com o tempo, chega-se a um consenso. A direção e os gerentes sênior concordam que "esses são os *hoshins* que nossa empresa usará para chegar a nossa visão".
5. Os gerentes sênior jogam seus *hoshins* para os gerentes de nível médio, que os pegam e os transformam em atividades. Esses, por sua vez, são jogados de volta aos gerentes sênior que fornecem *feedback* e orientação. Como o tempo, chega-se a um consenso. Os gerentes sênior e de nível médio concordam que "essas são as atividades que usaremos para cumprir com os *hoshins* da gerência sênior e que, por sua vez, chegará a nossa visão".
6. Os gerentes de nível médio, por sua vez, jogarão *seus hoshins* a seus subordinados. O processo culmina com os objetivos desempenhados por membros de equipe individuais.

---

[15] Discussão com executivo da Toyota.
[16] Estratégia significa um plano de longo prazo. Tática significa uma atividade de curto prazo que dá suporte à estratégia.

A árvore de planejamento e execução

O resultado do planejamento *hoshin* é uma árvore de atividades com o Norte Real – nossa meta estratégica e filosófica – no topo. O Norte Real são as nossas metas de negócios mais concretas, geralmente medidas financeiras, e nossa meta expressa de forma mais ampla – uma frase curta que expressa nossa visão, direção e nossos valores. A meta mais ampla não é meramente um slogan de marketing. Precisamos escolher essas poucas palavras de forma visceral, através de emoções profundas e sentidas e de nossas experiências.

Nossos fundamentos de negócios, ou áreas de foco, formam o segundo nível da árvore e desenvolvemos a chamada A3 "mãe" para cada uma delas. As áreas de foco do planejamento *hoshin* da Toyota são Segurança, Qualidade, Entrega e Custo. Contudo, essas podem não ser as mais adequadas para sua organização. Os fundamentos de negócios para uma cooperativa de saúde, uma financeira ou uma organização varejista podem ser diferentes daqueles de uma fábrica. O importante é pensar muito bem e projetar seu próprio curso.

O terceiro nível da árvore são os planos de ação departamental e atividades *kaizen* que são feitas através do processo de *catchball*. Planos de ação departamental são às vezes chamados de A3 "bebês". A seguir, uma amostra de uma árvore de planejamento e execução.

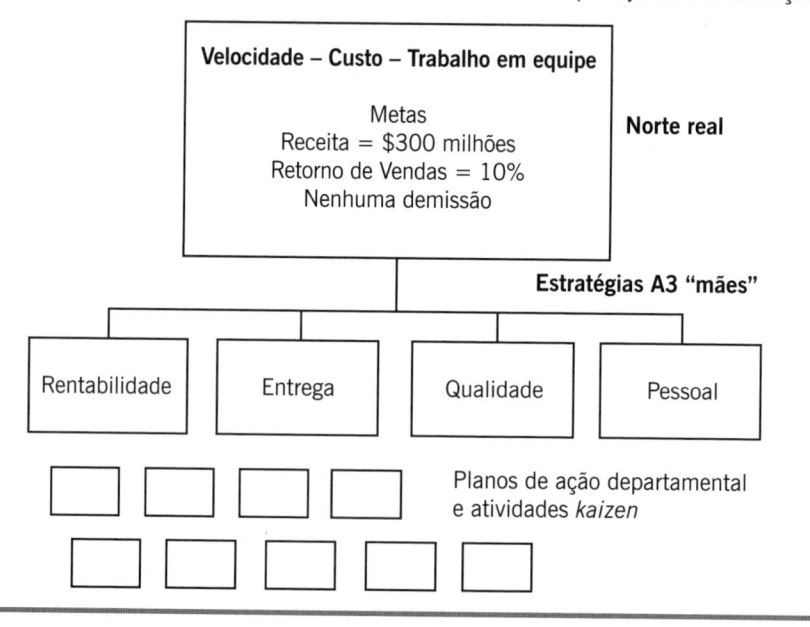

```
         Velocidade – Custo – Trabalho em equipe
         ┌─────────────────────────────────┐
         │          Metas                  │
         │  Receita = $300 milhões         │   Norte real
         │  Retorno de Vendas = 10%        │
         │  Nenhuma demissão               │
         └─────────────────────────────────┘
                        │
                                     Estratégias A3 "mães"
    ┌──────────┬──────────┬──────────┬──────────┐
    │Rentabili-│ Entrega  │Qualidade │ Pessoal  │
    │  dade    │          │          │          │
    └──────────┴──────────┴──────────┴──────────┘

    □   □    □    □          Planos de ação departamental
                             e atividades kaizen
    □   □    □    □   □
```

O conceito do departamento de controle[17]

Na Toyota passei a compreender que o conceito do departamento de controle era central para romper com a estrutura que engessa tantas organizações.[18] Áreas centrais enfocadas pela empresa, tais como produtividade, qualidade, custo e segurança exigem o esforço combinado de muitos grupos. São metas multifuncionais. Por exemplo, para cumprir com os objetivos de qualidade, os seguintes grupos devem se juntar:

---

[17] Discussão com executivo da Toyota.
[18] O termo departamento de controle causa mal-estar a algumas pessoas, então, geralmente, uso mestre pensador ou maestro (não confundir com o processo puxador no fluxo de valor).

- Produção
- Compras
- Controle de produção
- Engenharia
- Manutenção
- Qualidade

O departamento de controle, que nesse caso é setor de qualidade, coordenaria as atividades multifuncionais necessárias para cumprir com as metas da empresa. Isso inclui:

- Liderar o processo de planejamento *hoshin* para qualidade.
- Liderar o estabelecimento de metas e meios (através de *nemawashi* e *catchball*).
- Aplicar o PDCA no nível micro e anual para confirmar o sucesso.
- Tornar os problemas visíveis e dar suporte às atividades de contramedida.

Imagem do pensador central

Os departamentos de controle são nossos "pensadores centrais" ou "cientistas chefe", aqueles que desenvolvem um conhecimento profundo de sua "área", fazem diagnósticos e conduzem o planejamento de ações. Talvez o exemplo mais conhecido de um pensador central é o engenheiro chefe, ou *shusa*. O engenheiro chefe de uma plataforma de automóveis como o Camry ou Sienna tem pouca autoridade formal e relativamente poucos subordinados. Porém, essa pessoa é tida como a mais influente da plataforma, alguém que mesmo os executivos obedecem.

Há uma variedade de sutilezas aqui:

- O departamento de controle desenvolve o *hoshin* geral para a empresa. Setores individuais dão apoio com seus próprios *hoshins*. Por exemplo, o setor de qualidade desenvolveria o *hoshin* geral para a empresa. Cada setor desenvolveria *hoshins* individuais em apoio ao *hoshin* da empresa.
- O departamento de controle é responsável pelas tendências: os departamentos de linha são responsáveis pelos resultados anuais. Os departamentos de linha têm autoridade e devem assumir essa responsabilidade. Portanto, o setor de produção é responsável por seus próprios resultados quanto à qualidade. No entanto, o setor de qualidade deve levar ao conhecimento de todos a existência de tendências em deterioração e trabalhar com o setor de produção para solucioná-las.

Pensamento A3

Um relatório A3 é um relato de uma página em uma folha de 27 × 42 cm.[19,20] Os A3 foram originalmente usados na década de 60 na Toyota para resumir atividades de círcu-

---

[19] Documento de treinamento da Toyota.
[20] Akai, Yoji. *Hoshin Kanri*, Productivity Press, Portland, OR, 1988.

lo *kaizen*. Tornaram-se, talvez, as ferramentas de comunicação mais eficazes da Toyota. Existem hoje quatro tipos de A3:

- A3 de planejamento *hoshin*. Usado para resumir os *hoshins* de setores e da empresa.
- A3 de solução de problemas. Usado para resumir problemas e contramedidas.
- A3 de propostas. Usado para apresentar novas idéias.
- A3 da situação atual. Resume a situação atual de um *hoshin*, um problema ou uma preocupação.

Com o passar do tempo, comecei a entender que o A3 era uma forma de pensar enraizado no PDCA, no *nemawashi* e no *catchball*. Um bom A3 reflete um ótimo entendimento da situação e o domínio das ferramentas e do pensamento básico do sistema lean. No entanto, o papel é menos importante do que o processo.

A história da elaboração de relatórios

A elaboração de relatórios se desenvolveu nos últimos 100 anos para dar apoio à organização moderna. Diferentes formatos têm sido usados, incluindo:

- Documentos
- Memorandos sobre assuntos específicos
- Relatórios formais

Problemas comuns na elaboração de relatórios

Um dos maiores problemas é a falta de padrão. Os formatos de relatório costumam variar de um departamento para outro, ou mesmo de um setor para outro. Imagine uma economia em que cada um usa uma moeda diferente. Qual seria a eficácia das transações econômicas?

Outro problema é volume, ou o síndrome de "quanto maior, melhor". Quantas vezes você já recebeu um plano estratégico de centenas de páginas? Deu-se ao trabalho de lê-lo? Mesmo os resumos de executivos têm 10 ou 20 páginas. Ler esse tipo de material acaba com sua qualidade de vida.

Formato: planejamento hoshin A3

A Figura 8.7[21] ilustra o formato A3 de planejamento *hoshin*. Basicamente, é um *storyboard* que segue uma estrutura lógica padrão. A estrutura pode ser modificada para mostrar a situação atual ou para tratar de problemas à medida que surgem. A Figura 8.8[22] mostra o formato para um A3 de situação atual que poderia ser usado para relatar o progresso *hoshin*.

---

[21] Documento de treinamento da Toyota.
[22] Ibid.

As quatro etapas do planejamento hoshin

São:[23]

- Geração de *hoshin*
- Disposição de *hoshin*
- Implementação de *hoshin*
- Avaliação final

Cada uma dessas será abordada nas seções a seguir.

Contando histórias com A3s

Inicialmente, A3s podem parecer "complicados demais" ou "muito repletos" – uma reação normal a um A3 completo. Porem, você verá que histórias A3 possuem um fluxo intuitivo e podem ser contadas em menos de 10 minutos. O autor conta a história, nós acompanhamos, e, em seguida, há uma sessão de perguntas e respostas.

Quando chega a hora de apresentar o A3 para a gerência sênior, todos já o viram e fizeram seus comentários. Na Toyota descobri que não era incomum tomar uma decisão imediata após uma apresentação de 10 minutos.

Fluxo lógico A3

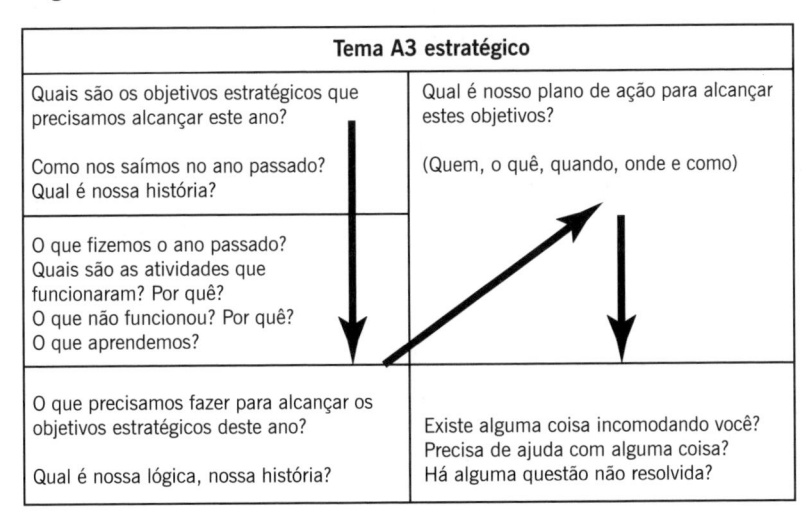

Tema A3 estratégico	
Quais são os objetivos estratégicos que precisamos alcançar este ano? Como nos saímos no ano passado? Qual é nossa história?	Qual é nosso plano de ação para alcançar estes objetivos? (Quem, o quê, quando, onde e como)
O que fizemos o ano passado? Quais são as atividades que funcionaram? Por quê? O que não funcionou? Por quê? O que aprendemos?	
O que precisamos fazer para alcançar os objetivos estratégicos deste ano? Qual é nossa lógica, nossa história?	Existe alguma coisa incomodando você? Precisa de ajuda com alguma coisa? Há alguma questão não resolvida?

No entanto, existem perigos. A3s podem ser atraentes para pessoas com pouco tempo e sobrecarregadas com relatórios impressos ou eletrônicos. Uma folha de papel tem boa apresentação e o A3 se torna uma regra da gerência, um brinquedo novo em folha que todos devem usar. "De agora em diante, tudo será A3!"

As pessoas também podem tentar superar umas às outras criando gráficos sofisticados ou condensando mais e mais informações em uma página. Por favor, lembre-se do objetivo do A3: obter uma compreensão compartilhada de uma questão importante para que possamos resolver problemas e obter resultados.

---

[23] Akai, Yojo. *Hoshin Kanri*, Productivity Press, Portland, OR, 1988.

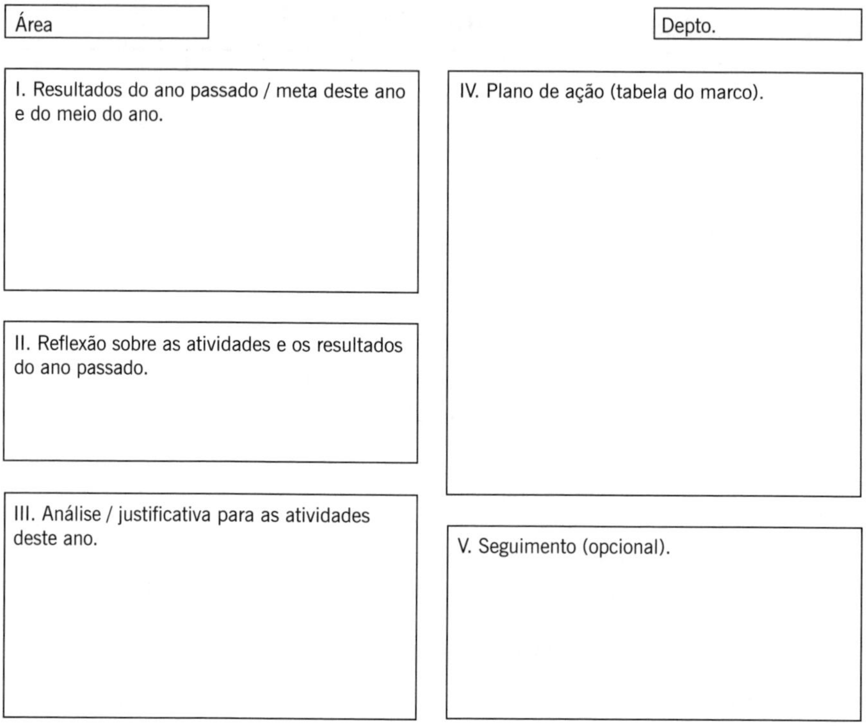

| Área | | Depto. |

| I. Resultados do ano passado / meta deste ano e do meio do ano. |
| IV. Plano de ação (tabela do marco). |

| II. Reflexão sobre as atividades e os resultados do ano passado. |

| III. Análise / justificativa para as atividades deste ano. |
| V. Seguimento (opcional). |

Figura 8.7 Planejamento estratégico A3.

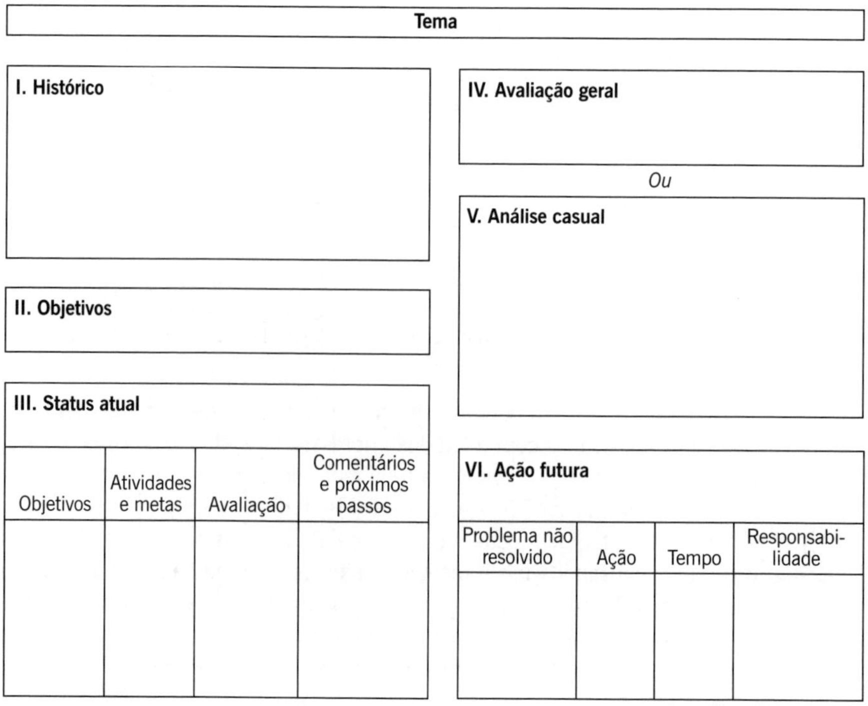

| Tema |

| I. Histórico |
| IV. Avaliação geral |

Ou

| V. Análise casual |

| II. Objetivos |

| III. Status atual |

Objetivos	Atividades e metas	Avaliação	Comentários e próximos passos

| VI. Ação futura |

Problema não resolvido	Ação	Tempo	Responsabilidade

Figura 8.8 Status atual A3.

Processo de desenvolvimento de estratégias

Como desenvolvemos nossas estratégias? O processo de quatro etapas ilustrado a seguir se aplica em todos os níveis da organização. Podemos ampliar o foco de visão para o nível da empresa (planejamento *hoshin*), ou focalizar a solução de problemas do dia a dia.

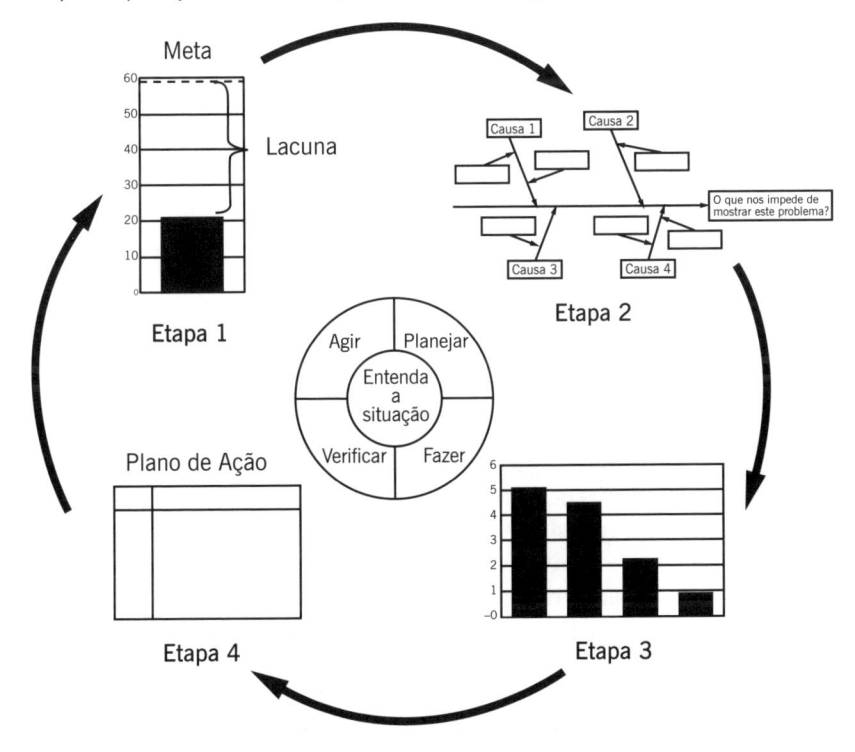

A Etapa 1 trata de preencher a lacuna. Para A3 mães, a lacuna normalmente é uma medida corporativa, como receita, lucro, índices de entrega ao cliente e de qualidade e índices de ferimentos com tempo perdido. A Etapa 2 significa fazer a pergunta "o que nos impede?" e fazer um *brainstorming* com o uso de um diagrama espinha de peixe. A Etapa 3 implica em priorizar causas possíveis em um Diagrama de Pareto.* A Etapa 4 significa desenvolver nosso plano de ação (hipótese) e expressá-lo em nosso A3.

O modo mais simples de falhar é pular da Etapa 1 para a Etapa 4. A seguir, algumas outras falhas comuns:

- Não definir a lacuna; iniciar uma atividade sem entender o que você está tentando melhorar, ou a que ponto.
- Fazer uma análise superficial de causas.
- Não priorizar as causas, ou priorizar sem dados.
- Realizar ações que não lidam com as causas mais importantes.

É trabalhoso e não há substituto para a prática.

*Diagramas espinha de peixe, também chamados de diagramas de causa e efeito, ajudam a identificar as causas de um problema ou uma lacuna. Diagramas de Pareto priorizam causas em um gráfico de barras. Para mais informações, ver Michael Brassard e Diane Ritter, *The Memory Jogger II, A Pocket Guide to Tools for Continuous Improvement and Effective Planning* (Methuen MA: Goal/QPC, 1994).

Geração de hoshin

Nesse caso estamos falando de estabelecer as metas anuais da empresa e de seus departamentos. Metas tratam tanto dos processos quanto dos resultados e geralmente são elaboradas por gerentes sênior em consulta com seus subordinados. Aqui temos um exemplo para o setor de qualidade:

Metas e meios de qualidade para a empresa: Reduziremos os índices gerais de defeitos em 20% até o final do ano através de:

- Trabalho com nossos fornecedores principais para corrigir nossas dez maiores preocupações quanto à qualidade.
- Melhoria da competência dos três processos mais importantes em cada setor.
- Aumento do envolvimento dos membros de nossas equipes de chão de fábrica.

Estes itens se apoiarão em várias repetições de *catchball* e *nemawashi*.

Disposição de hoshin

Trata-se aqui de estabelecer metas e planos de nível inferior, tanto dentro de e entre departamentos, através de *nemawashi* e *catchball*. À medida que o *hoshin* passar por cada departamento, as atividades se tornam mais específicas. Cada nível deve transformar a meta *hoshin* em ações palpáveis.

Subordinados não devem aceitar o *hoshin* do líder sem questionamento. Ao contrário, devem jogar a bola para o campo do líder fazendo perguntas como:

- "Achamos que dá para alcançar essa meta assim. O que você acha?"
- "Achamos que essa meta não é plausível por estes motivos. Porém, se pudermos fazer assim e assim, poderemos ultrapassar a meta."

Através desse diálogo, o líder e a equipe desenvolvem uma compreensão em comum que os manterá. Metas e meios normalmente irão mudar. Na verdade, a equipe pode estabelecer uma meta mais elevada do que aquela estabelecida pelo líder. O líder, por sua vez, apoiará a equipe em relação aos meios e fará o *nemawashi* necessário para reduzir qualquer obstáculo.

A seguir veremos como o departamento de montagem poderia transformar as metas de qualidade em planos de ação.

Metas e meios de qualidade do departamento de montagem: Atingiremos uma redução de 25%[24] nos índices gerais de defeitos através de:

- Estabelecimento de uma força tarefa para lidar com nossas cinco maiores preocupações de qualidade. A força tarefa incluirá engenharia, manutenção e representantes dos fornecedores. Metas: relatório temporário – 30 de abril; relatório final – 30 de setembro.
- Implementação de atividades que assegurem o processo de qualidade em todo nosso departamento. Meta: 30 de junho.

---

[24] O departamento de produção está estabelecendo uma meta mais ambiciosa do que os 20% sugerido pela gerência sênior. Isso se basearia na compreensão de sua competência e desafios atuais.

- Fortalecimento de envolvimento dos membros de equipe colocando todos os membros da equipe de montagem em treinamento de círculos kaizen. Meta: Dois círculos kaizen de qualidade por supervisor por ano.

Resultado da distribuição de hoshin

O resultado da distribuição de *hoshin* inclui diagramas em árvore e de afinidade e planos estratégicos A3. Estes são desenvolvidos de nível em nível através de sessões de *brainstorming*. Em meu trabalho de consultoria normalmente passo alguns dias em cada nível, começando com a gerência sênior. Durante o primeiro ano de planejamento *hoshin*, leva em torno de duas semanas por nível para se assegurar do alinhamento e desenvolver uma estratégia em comum no formato A3. Após o segundo ano, o processo cria raízes e pode ser completado mais rapidamente.

As Figuras 8.9 e 8.10 ilustram um diagrama de afinidade e em árvore para o objetivo de "Ganhar a Copa Stanley". Para estimular *brainstorming* às vezes ajuda imaginar que já alcançamos a meta e perguntar, *Como foi feito?*

Observe que nosso diagrama em árvore tem apenas cinco ramificações. Uma boa regra básica é *não ter mais atividades do que pode contar nos dedos de uma mão*. Como já foi dito, um erro comum é assumir coisas demais. Escolha algumas pedras a cada ano.

A Figura 8.11 mostra como seria o plano estratégico anual de uma equipe profissional de hóquei.[25] Nosso plano deve contar uma "história" coerente. Cada seção deve naturalmente fluir para a próxima.

Implementação hoshin

Aqui me refiro às atividades gerenciais necessárias para implementar os *hoshins* que foram desenvolvidos e envolve aplicar os vários ciclos PDCA. Deve haver tanto revisões formais quanto informais durante o ano todo para tornar a situação atual e as contramedidas visíveis.

Avaliação hoshin

Falo aqui da avaliação de fim de ano de cada *hoshin*. Os processos e as metas desejadas foram alcançados? Em caso afirmativo, pergunte por que cinco vezes. Se a resposta for não, pergunte por que cinco vezes. O que aprendemos? Como podemos fortalecer nossas competências? É isso que significa ser uma organização em aprendizagem.

Livro de conhecimento

Hoshins anuais para áreas centrais de meta (p. ex.: produtividade, qualidade, segurança, custo e ambiente) devem ser colocados no "Livro de Conhecimento" do setor. Dessa forma, teremos uma história clara e acessível de nossas atividades e desafios – outra marca de uma organização em aprendizagem.

---

[25] Escolhi o Detroit Red Wings porque muitos de nossos clientes são fãs dos Red Wings e não quero comprometer ainda mais nosso querido Maple Leafs – há 33 anos sem uma vitória na Copa.

Como ganharemos a Copa Stanley?

Preparando-se física e mentalmente

- mostre filmes das derrotas humilhantes do ano passado
- verifique a condição física de cada jogador
- deixe nossos melhores jogadores descansar antes das finais
- reveja filmes com jogos de nossos oponentes
- contrate um psicólogo para trabalhar com nossos goleiros

Desenvolvendo um plano de jogo forte

- analise os pontos fortes e fracos de nossos oponentes
- pratique em gelo fraco para que estejamos preparados para o gelo em seu estádio
- nosso craque deve marcar o jogador principal dos oponentes

Motivando nossos fãs

- use a velha rotina "nós contra o mundo"
- contrate o Pavarotti para cantar o hino nacional
- gere apoio dos fãs através de eventos e promoções na mídia

Fortalecendo nossa equipe

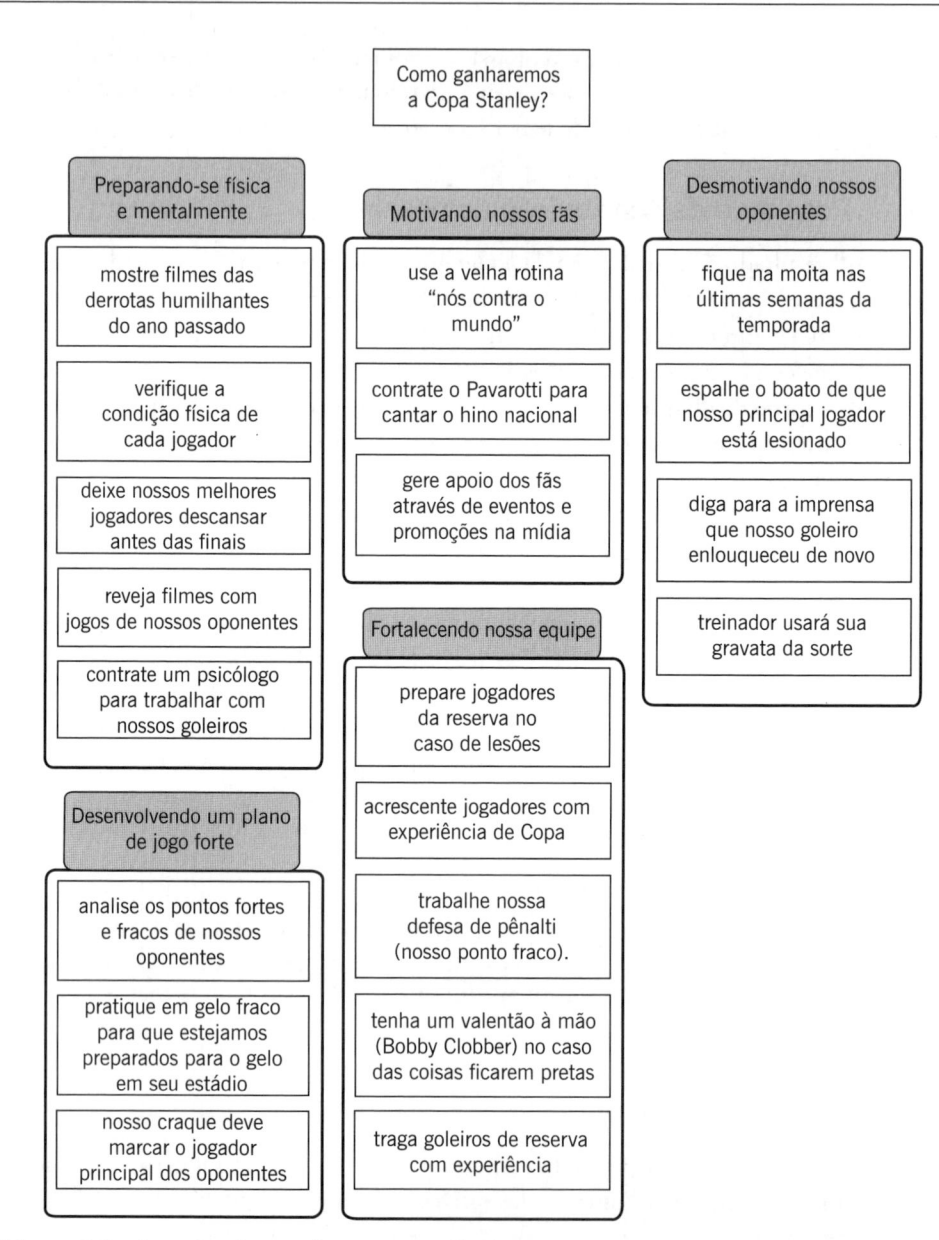

- prepare jogadores da reserva no caso de lesões
- acrescente jogadores com experiência de Copa
- trabalhe nossa defesa de pênalti (nosso ponto fraco).
- tenha um valentão à mão (Bobby Clobber) no caso das coisas ficarem pretas
- traga goleiros de reserva com experiência

Desmotivando nossos oponentes

- fique na moita nas últimas semanas da temporada
- espalhe o boato de que nosso principal jogador está lesionado
- diga para a imprensa que nosso goleiro enlouqueceu de novo
- treinador usará sua gravata da sorte

Figura 8.9 Amostra de um diagrama de afinidade.

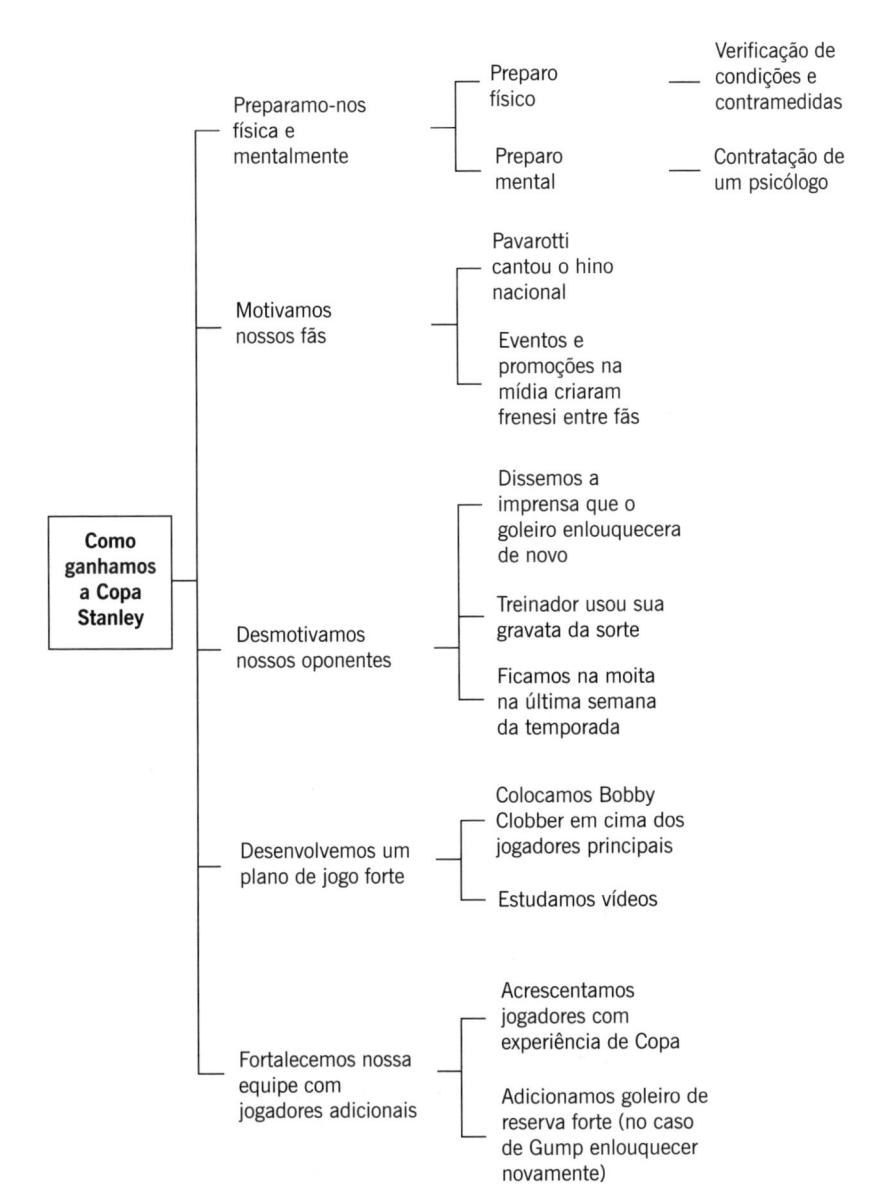

```
Como ganhamos a Copa Stanley
├── Preparamo-nos física e mentalmente
│   ├── Preparo físico ── Verificação de condições e contramedidas
│   └── Preparo mental ── Contratação de um psicólogo
├── Motivamos nossos fãs
│   ├── Pavarotti cantou o hino nacional
│   └── Eventos e promoções na mídia criaram frenesi entre fãs
├── Desmotivamos nossos oponentes
│   ├── Dissemos a imprensa que o goleiro enlouquecera de novo
│   ├── Treinador usou sua gravata da sorte
│   └── Ficamos na moita na última semana da temporada
├── Desenvolvemos um plano de jogo forte
│   ├── Colocamos Bobby Clobber em cima dos jogadores principais
│   └── Estudamos vídeos
└── Fortalecemos nossa equipe com jogadores adicionais
    ├── Acrescentamos jogadores com experiência de Copa
    └── Adicionamos goleiro de reserva forte (no caso de Gump enlouquecer novamente)
```

Figura 8.10 Amostra de diagrama em árvore.

| Área | Qualidade | Objetivos do Detroit Red Wings para 2002 | Depto. | Operações de Hóquei |

01 Resultados/02 Metas/ Metas de meio de ano

Meta 2002: Copa Stanley

Meio do ano: Vaga nas quartas de finais nos próximos 3 anos

Marco: Montreal Canadiens 1974 – 1978

Ganhamos Copa em 1997 e 1998

Resultados 2001:

Ganhamos Copa President´s (melhor recorde de temporada regular)

Perdemos na 1ª rodada em uma derrota inesperada para o Kings

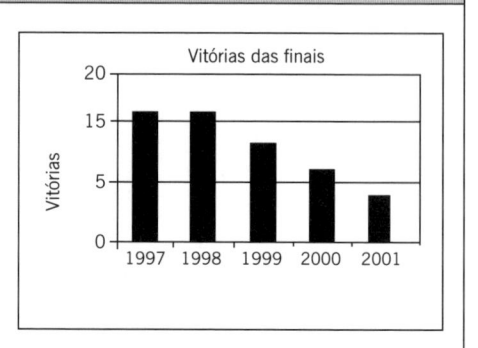

Vitórias das finais (gráfico de barras): 1997: 16, 1998: 16, 1999: 12, 2000: 6, 2001: 4

Reflexão sobre as Atividades 2001

Atividade	Classificação	Resultados Importantes/Questões
Adquirimos marcadores de ação livre para fortalecer ofensiva	G	Robitaille, Larionov tinham anos de carreira
Implementamos sistema de ataque de alta velocidade	Y	Ganhamos Copa President´s; Derrota inesperada na 1ª rodada das finais
Fortalecemos equipes especiais	G	Ataque e defesa de pênaltis foram as melhores do NHL
Não conseguimos encontrar goleiro de reserva confiável	R	Defesa fraca da área do gol foi fator crucial na derrota para o Kings
Não nos preparamos adequadamente para jogar contra Kings; foco no Colorado, St. Louis e Dalls	R	Despreparados para Kings

Análise/Justificativa para Atividades deste Ano

1) Temporada normal é preparação básica para finais. Copa President's é irrelevante.

2) Final de hóquei é defensiva. Equipes com alto escore são vulneráveis a obstruções e ciladas.

3) Em 2001 não estávamos preparados física nem psicologicamente. Não levamos o Kings a sério.

4) Somos uma das mais antigas equipes da liga. Os veteranos estavam exaustos nas finais.

Estratégia 2002:

1) Precisamos nos preparar física e mentalmente para o torneio da Copa Stanley.
2) Precisamos envolver nossos fãs. Eles já acham que a vitória é certa.
3) Precisamos de pernas novas e de um goleiro de reserva confiável para as finais.

Figura 8.11 Plano estratégico do Red Wings. *(continua)*

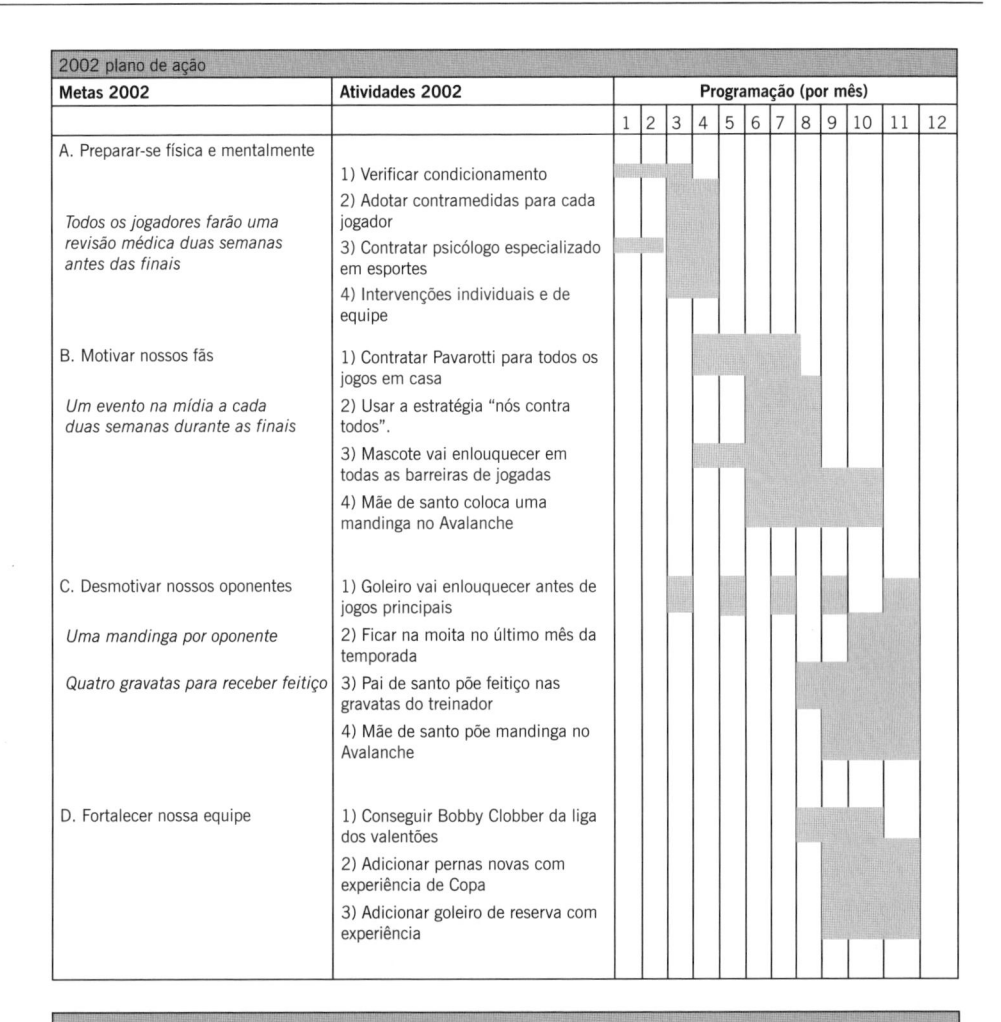

2002 plano de ação													
Metas 2002	**Atividades 2002**	\multicolumn{12}{c}{**Programação (por mês)**}											
		1	2	3	4	5	6	7	8	9	10	11	12
A. Preparar-se física e mentalmente													
	1) Verificar condicionamento	▓	▓	▓									
Todos os jogadores farão uma revisão médica duas semanas antes das finais	2) Adotar contramedidas para cada jogador			▓	▓	▓							
	3) Contratar psicólogo especializado em esportes	▓	▓										
	4) Intervenções individuais e de equipe				▓	▓	▓						
B. Motivar nossos fãs	1) Contratar Pavarotti para todos os jogos em casa					▓	▓						
Um evento na mídia a cada duas semanas durante as finais	2) Usar a estratégia "nós contra todos".					▓	▓	▓	▓				
	3) Mascote vai enlouquecer em todas as barreiras de jogadas						▓	▓	▓	▓			
	4) Mãe de santo coloca uma mandinga no Avalanche						▓	▓					
C. Desmotivar nossos oponentes	1) Goleiro vai enlouquecer antes de jogos principais				▓	▓			▓	▓	▓		
Uma mandinga por oponente	2) Ficar na moita no último mês da temporada										▓	▓	▓
Quatro gravatas para receber feitiço	3) Pai de santo põe feitiço nas gravatas do treinador								▓	▓	▓		
	4) Mãe de santo põe mandinga no Avalanche							▓	▓	▓			
D. Fortalecer nossa equipe	1) Conseguir Bobby Clobber da liga dos valentões					▓	▓	▓					
	2) Adicionar pernas novas com experiência de Copa						▓	▓	▓				
	3) Adicionar goleiro de reserva com experiência						▓	▓					

Seguimento/ Questões não resolvidas
1) Confirmar Pavarotti para os jogos principais.
2) O quão confiável é o bruxo ou pai de santo?
3) O que acontece se o goleiro realmente pira antes do jogo crucial? Fazer uma avaliação psicológica.
4) O Avalanche conseguiu os serviços de um especialista em mau olhado. Como combater isso?

Figura 8.11 Continuação.

Resumo

O planejamento *hoshin* é o sistema nervoso da produção lean. Através do planejamento *hoshin* procuramos alinhar nossos recursos com metas de real valor. O sistema de planejamento *hoshin* consiste de PDCA, *catchball*, *nemawashi*, o conceito do departamento de controle e pensamento A3. Existem quatro etapas no planejamento *hoshin*: desenvolvimento, disposição, implementação e revisão. Estratégias e táticas devem ser transformadas em ações significativas em cada nível. O fortalecimento de pessoas é uma meta importante do planejamento *hoshin*. Um erro comum é assumir um número excessivo de tarefas. Escolha algumas pedras para enfrentar a cada ano.

CAPÍTULO 9

A Cultura de Produção Lean

> Dança melhor quem dança com vontade.
>
> *Irving Layton*

A intensidade é a alma da produção lean e os membros de equipe são seu coração. Eu havia experimentado emoções intensas antes de ir para a Toyota – a intensa emoção de constantemente apagar incêndios. Com efeito, em muitas organizações, as pessoas são valorizadas conforme sua habilidade de apagar incêndios. A intensidade da Toyota é completamente diferente.

Descobri que o Departamento de Recursos Humanos (RH), um setor periférico em muitas organizações, é central na Toyota porque fornece o *input* mais importante – pessoas. O RH precisa lidar com questões difíceis:

- Quais são as qualidades que procuramos em nossos membros de equipe?
- Como recrutamos essas pessoas?
- Como as treinamos e desenvolvemos?
- Como as motivamos?
- Com quais atividades podemos envolvê-las?
- Como mediremos cada um desses parâmetros?

Ademais, na Toyota, o RH é o setor que controla metas cruciais que incluem:

- Saúde e segurança
- Treinamento e desenvolvimento
- Cultura

Em algumas fábricas da Toyota, o RH também funciona como o departamento de controle para o planejamento *hoshin*.

As implicações são claras: o RH é vital para o sucesso do sistema lean e deve aprender a aplicar o pensamento lean e, em especial, o ciclo PDCA, em todas suas atividades.

O que é cultura lean?

A constrição não vem da tecnologia, vem da governança.
Thomas Homer Dixon

O que é uma cultura organizacional? Segundo minha experiência, trata-se de:

- A experiência diária de nossos membros de equipe.
- O comportamento atual.

Visitei fábricas da Toyota em vários continentes. A experiência e o comportamento diários em cada uma incluem o que segue:

- Plan-do-check-act
- Padronização
- Gerência visual
- Trabalho em equipe
- Paradoxos
- Intensidade
- O conceito *do*[1]

PDCA

PDCA é a atividade primordial da gerência.[2] Aqui temos seus corolários:

- A função de um gerente é praticar e ensinar PDCA.
- Os melhores gerentes praticam PDCA diariamente.
- O pensamento PDCA deve fazer parte de todas as nossas atividades, desde o *kaizen* do dia a dia, passando pela solução de problemas, até o planejamento estratégico.

PDCA é aparentemente simples. Porém, possui muitos níveis de entendimento que levam uma vida inteira para compreender completamente. A melhor forma de aprender o PDCA é praticando sob a supervisão de bons *senseis*. Portanto, o RH deve também perguntar "Como daremos apoio ao aconselhamento em nossa organização?"

Deming introduziu o PDCA aos japoneses em suas palestras de 1954 no Japanese Union of Scientists and Engineers (Associação Japonesa de Cientistas e Engenheiros). Deming deu crédito ao seu mentor Walter Shewhart, cujo ciclo inicial de pesquisa-projeto-produção-venda serviu de base para o PDCA. A Figura 9.1 ilustra o ciclo PDCA.

---

[1] *Do* significa jeito ou caminho. Um conjunto de atividades torna-se um caminho quando se conecta a uma pessoa de forma absoluta.
[2] Discussão com executivo da Toyota.

```
        AGIR        PLANEJAR

            Entenda a
            situação

      VERIFICAR      FAZER
```

Figura 9.1   Ciclo PDCA.

Vamos rapidamente revisar cada componente PDCA para ilustrar os níveis de entendimento.

Entendendo a situação (GTS – Grasping the Situation)

GTS é uma atividade contínua que serve de base para cada estágio de PDCA. GTS significa desenvolver uma consciência do problema através do entendimento de:

- O quadro todo.
- As peças centrais do quadro todo que precisam ser investigadas a fundo.
- O que realmente está acontecendo.
- O que deveria estar acontecendo.
- Tendências atuais e aquelas prováveis de ocorrer no futuro.
- Como o assunto se relaciona aos valores e às metas da organização.

GTS é um processo ativo que exige *nemawashi* e ver *in loco* as condições reais. GTS é muito mais fácil se já foram desenvolvidas metas SMART e bons sistemas de medição.

Planejando

Para planejarmos devemos determinar:

- Para onde queremos ir.
- Como chegaremos lá.

Nemawashi, assim como ir até o chão de fábrica para ver *in loco*, também são atividades necessárias para que possamos responder essas perguntas de forma plena.

Um bom plano deve incluir os seguintes elementos:

- Cinco Ws e 1H (*who, what, when where, why* e *how*) – quem, o quê, quando, onde, por quê e como.

- Um plano de medição que inclua metas SMART, processos de medição sem problemas e sistemas visuais para a compreensão compartilhada.

Perguntas relacionadas incluem:

- Que coisas boas ou ruins podem acontecer durante o processo e como reagiremos?
- Qual é a competência atual de nosso pessoal?
- Que tipo de treinamento seria necessário para aumentar sua competência?
- Quais são os pontos de verificação e marcos no caminho?

Algumas formas importantes de verificar o planejamento são a Gráfico de Gantt, o plano de contingências e painéis de controle.

Fazer

Fazer contém seu próprio ciclo PDCA (Figura 9.2). Aqui se vê refletida a importância de atividades piloto. Um bom piloto nos permite reforçar e confirmar nosso plano antes da implementação total. Esta abordagem contrasta com o modo de pensar que diz "vamos fazer e pronto".

Como já foi mencionado, PDCA exige uma avaliação séria da competência de membros de equipe. Lacunas na competência devem ser preenchidas antes do estágio do *fazer*. Isso, por sua vez, exige métodos estáveis que meçam a competência dos membros de equipe. O setor de RH deve ter uma imagem concreta de como se "parece" essa competência para que se possa avaliar as condições atuais e tomar contramedidas.

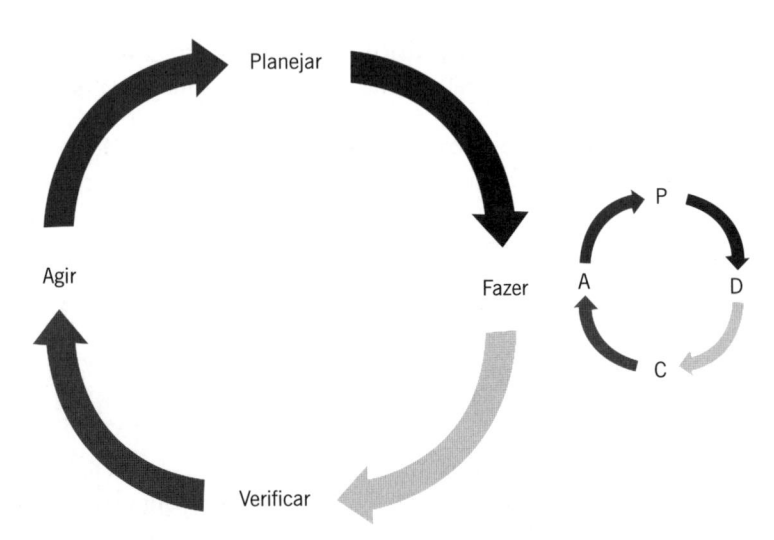

Figura 9.2 O ciclo PDCA do fazer.

Verificar

Verificar também quer dizer confirmar. Portanto, devemos decidir:

- Com quem iremos fazer a verificação.
- O que iremos verificar.
- Quando iremos verificar.
- Qual a freqüência de nossa verificação.
- Como faremos essa verificação.

Medições estáveis facilitam a verificação tornando os problemas imediatamente evidentes. As medições devem levar em consideração tanto os resultados (escores finais) quanto os processos através dos quais estes foram alcançados. Uma boa metáfora é o futebol. Queremos conhecer:

- O resultado: o placar final.
- O processo: chute inicial, tiros de meta, escanteios, arremessos laterais e impedimentos.

Os resultados do processo nos ajudam a melhorar.

"Ir até o local e ver" também é fundamental. Não devemos apenas confiar nos relatórios escritos ou no que nos dizem. Devemos ver o que está acontecendo de fato. Devemos eliminar a possibilidade de fracassar através da verificação.

Agir

Agir significa refletir sobre nossa situação após verificar e adotar as ações adequadas, o que inclui:

- Padronizar quando tanto o produto final quanto os resultados do processo estão dentro dos objetivos estabelecidos.
- Tomar contramedidas quando o produto final ou os resultados do processo estão abaixo do padrão.

A experiência nos mostra que geralmente precisamos tomar contramedidas. Estas devem incluir:

- Ação temporária para "parar o sangramento".
- Contramedidas permanentes que lidam com a causa primordial.

Também devemos manter o foco centrado nas pessoas quando estivermos no estágio de agir, refletindo sobre as falhas de competência e as necessidades futuras de treinamento.

O princípio do coração caloroso

PDCA é um "feitor" severo. Não devemos deixar de nos inspirar no princípio do coração caloroso: *Pegue pesado no problema, pegue leve nas pessoas.*

Gerentes devem reconhecer sua própria responsabilidade no fortalecimento de seus membros de equipe. Bons gerentes reconhecem a diferença entre exigir de seus membros de equipe, o que os ajuda a crescer, e sobrecarregá-los, o que os prejudica.

Padronização

Abordamos a padronização nos Capítulos 3 e 4. Permita que eu reitere o ponto principal. No sistema lean, um padrão é uma ferramenta robusta de chão de fábrica feita para constantemente mudar à medida que descobrimos maneiras melhores de fazer nosso trabalho. Um padrão, portanto, é simplesmente nosso melhor método do momento, uma parada temporária em nossa procura interminável por perfeição.

Assim, você deve ficar a vontade para modificar seus padrões. Registre e ponha datas quando houver mudanças. Não é necessário reimprimir a cada vez. A evolução de um padrão é quase tão importante quanto sua forma atual.

Padrões e controle de anormalidades

Nossos padrões devem tornar evidente nossa situação fora do padrão. Eis um simples exemplo. Se seu local de trabalho é um chiqueiro, você não conseguirá enxergar uma anormalidade – como uma casca de banana no chão ou um vazamento em baixo de um equipamento.

Solução de problemas

Um problema é um desvio de um padrão, ou seja, uma diferença entre o que deveria estar acontecendo e o que de fato está acontecendo.

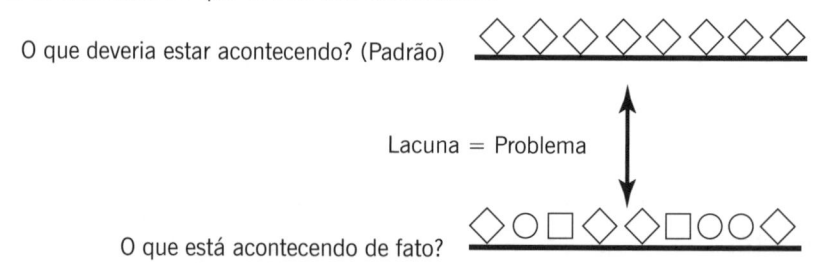

O que deveria estar acontecendo? (Padrão)

Lacuna = Problema

O que está acontecendo de fato?

Na Toyota, aprendemos um processo de solução de problemas simples e elegante baseado na imagem do funil a seguir:

(continua)

Funil de solução de problemas

Preocupação grande e vaga

Pane

Entenda a situação
- real *vs.* padrão
- real *vs.* ideal

Vá e veja

Análise dos 5 porquês

Por quê
Por quê
Por quê
Por quê
Por quê

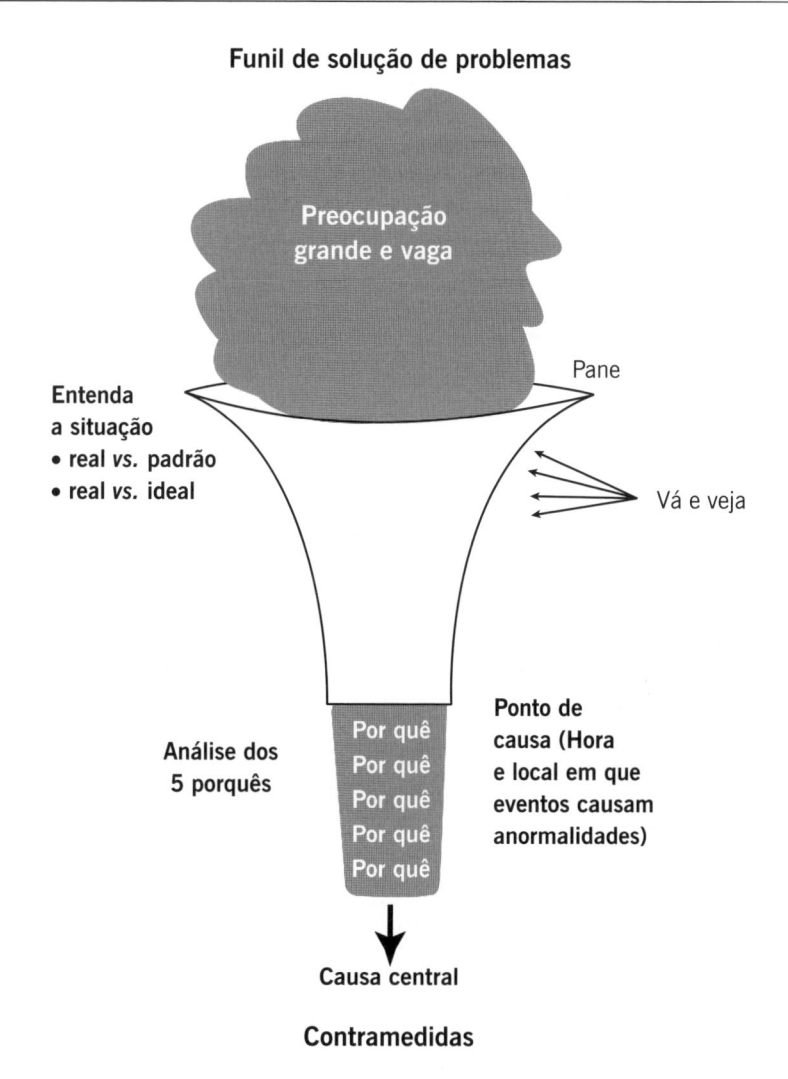

Ponto de causa (Hora e local em que eventos causam anormalidades)

Causa central

Contramedidas

Nossa meta era envolver o maior número de membros de equipe possível na solução de problemas.

Um *sensei* me disse uma vez, "Se o nível de envolvimento dos membros de equipe for alto, os custos, defeitos e acidentes serão baixos. Mas, se o envolvimento for baixo ..."

Se, por outro lado, seu padrão é ter um local de trabalho impecável, a situação que está fora do padrão – a casca de banana ou o vazamento – se tornará visível na hora e poderá ser resolvida rapidamente.

Análise dos cinco porquês

Na Toyota, a análise dos cinco porquês é uma ferramenta central na solução de problemas. Éramos ensinados a constantemente perguntar por que até encontrarmos a causa original de um problema. Isso significa mover-se para baixo e para cima em uma "escada de abstrações", de uma lacuna abstrata (por exemplo, na produção) para observações concretas.

Os Cinco Porquês requerem prática; é fácil acabar longe da causa original real. Aqui temos uma regra básica muito útil: as causas originais invariavelmente se classificam em uma dessas três categorias:

- padrão inadequado
- aderência inadequada ao padrão
- sistema inadequado

Aqui temos um exemplo que, segundo a lenda, se originou na fábrica de Motores Kamigo de Taiichi Ohno:

Afirmação de um problema:
Foram produzidas 900 unidades *versus* a meta de 1.200
 Por quê?
Porque o robô parou.
 Por quê?
Porque houve sobrecarga e um fusível queimou.
 Por quê?
Porque o braço não estava lubrificado adequadamente.
 Por quê?
Porque a bomba de lubrificação não estava funcionando direito.
 Por quê?
Porque há sujeira e entulho na mangueira da bomba.
 Por quê?
Porque o motor da bomba foi projetado sem um filtro.

A causa original da pane provavelmente seria ou "padrão inadequado" – p. ex.: não vimos que motores de bombas devem ter filtros para prevenir que entulho chegue à mangueira da bomba, ou "aderência inadequada ao padrão" – p. ex.: temos um padrão, simplesmente não o seguimos.

Gerenciamento visual

Gerenciamento visual significa mais desenhos e menos palavras para satisfazer o triângulo de gerenciamento visual (Figura 3.1).

Gerenciamento como teatro

Gerenciamento visual também significa apresentações públicas para se certificar de que está havendo uma compreensão compartilhada. Na Toyota passei a compreender que gerenciar é um teatro. A cada semana participávamos de eventos de chão de fábrica projetados para tornar os problemas visíveis. Estes incluíam:

- Revisões de processo ao lado da linha.
- "Leilões" de segurança ou qualidade.[3]
- Apresentações de condições atuais nos centros de informações de membros de equipe.
- Apresentações de planejamento *hoshin*.

Lembro-me de pensar, "Posso até fugir, mas não posso me esconder". Se eu estivesse cometendo algum deslize, todos saberiam. Por outro lado, como nós gerentes estávamos igualmente "nus", geralmente apoiávamos uns aos outros.

Trabalho em equipe

"Um por todos e todos por um" é uma mantra de efeito. Na Toyota fazíamos o possível para promovê-lo:

- *Segurança em primeiro lugar.* A segurança é um valor central, e está no mesmo nível da produção e da qualidade. A segurança também é boa para os negócios. Ergonomia deficitária inevitavelmente resulta em problemas de qualidade e de produtividade.[4]
- *Segurança no emprego.* Existe uma garantia implícita de que apenas nas circunstâncias mais graves, e como último recurso, demissões seriam cogitadas.
- *Uniformes.* Todos os membros de equipe usam o mesmo uniforme independente de sua posição.
- *A inexistência de salas para executivos e paredes.* Os escritórios da Toyota normalmente consistem de uma sala grande com fileiras de mesas. Gerentes, especialistas técnicos e executivos geralmente sentam-se lado a lado.[5]
- *A inexistência de refeitórios ou vagas de estacionamento para executivos.*
- *Genchi genbutsu.* O espírito "vá e veja" assegura que gerentes e gerentes seniores estejam em contato constante com os membros de equipe do chão de fábrica.

É claro que esses itens não se encaixam em todas as organizações. Devemos adaptar nossas atividades a nossa cultura.

A segurança no emprego pode não ser uma meta realista, especialmente em uma instalação *brownfield*. Se demissões são necessárias, aconselho que:

- Você seja honesto. Explique quais são as opções. Ou perdemos alguns empregos, ou perdemos todos.
- Sejam oferecidas indenizações justas.

---

[3] Um "leilão" é uma apresentação padronizada de uma investigação feita sobre um incidente de qualidade ou segurança. Participantes podem fazer perguntas, dar conselhos ou se oferecer para ajudar nas investigações.

[4] Para uma discussão detalhada quanto à ligação entre segurança, qualidade e produtividade, leia *Quality, Safety & Environment – Synergy in the 21st Century* (ASQ Quality Press, Milwaukee, 1997).

[5] Algo que leva algum tempo para a gente se acostumar.

- Sejam feitos resgates específicos (e que as melhores pessoas sejam mantidas!).
- Quando o número de funcionários certo for atingido, comprometa-se com segurança no emprego.

Paradoxos

Descobri que o sistema Toyota é cheio de paradoxos e, portanto, é sempre envolvente. Eis aqui apenas alguns exemplos:

- *Jidoka*. Pare a produção para que a produção nunca tenha que parar.
- Padrões mudam a toda hora.
- Produção um de cada vez é mais eficaz do que a produção em lotes.
- A maximização de eficiência de unidades não maximiza a eficiência geral.
- Não produza nada que um cliente não tenha pedido.
- São os membros de equipe, e não os engenheiros industriais, que desenvolvem trabalho padronizado.
- Almeje a perfeição, mesmo sabendo que nunca a alcançaremos.

Assim, aprendi a adotar o sistema com humildade, reconhecendo que pode levar uma vida inteira para que eu o entenda. Levou algum tempo para me livrar daquela mentalidade de "já vi tudo isso antes" – uma atitude que fecha as portas para o conhecimento e o crescimento profundos.

Intensidade

PDCA, padronização, gerenciamento visual, a procura interminável por perfeição, e assim por diante, formam uma cultura intensa. Não há onde se esconder e não há paradas. A intensidade leva a *kaizen*. Na ausência de *kaizen*, a carga de trabalho de um gerente pode ser de 90 horas por semana. Você aprende rapidamente o que tem valor e o que é *muda* (Figura 9.3). Você aprende a desenvolver sistemas robustos e como administrar anormalidades. Você aprende as ferramentas e os conceitos lean porque precisa.

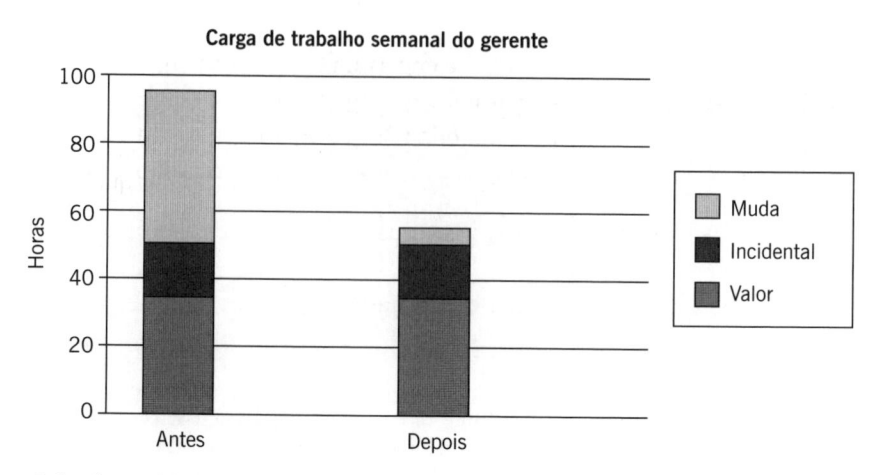

Figura 9.3 Intensidade leva a *kaizen*.

O mesmo acontece com os processos de chão de fábrica. No início, os processos estão cheios de *muda* e os membros de equipe podem ter muito trabalho para manter o ritmo. Em vez de simplesmente colocar recursos para solucionar o problema, devemos identificar o *muda* e fazer *kaizen*. Podemos dar apoio em curto prazo. Mais uma vez, a intensidade leva a *kaizen*.

Existem importantes ramificações na implementação do sistema lean. Com nossos clientes aprendi a perguntar:

- Como nos prepararemos para lidar com a intensidade?
- Quais são as habilidades necessárias?
- Como lidaremos com pedidos por maiores recursos?

Gerentes devem ficar próximos de suas equipes e reconhecer os sintomas da sobrecarga. Dê apoio conforme a exigência, mas mantenha a intensidade. Com o tempo, à medida que eliminarmos o *muda*, o trabalho se tornará mais fácil.

A produção lean como caminho

Quando um conjunto de métodos ou técnicas está conectado ao próprio ser de uma pessoa, torna-se um *do* ou caminho. Alguns exemplos são *kendo*, judô e *aikido*. Percebi que o sistema Toyota é um *do*. Portanto, devemos nos aproximar com o espírito certo:

- *Humildade*. Procuramos a perfeição, mas sabemos que nunca a atingiremos.
- *Aprendizagem a vida toda*.
- *Respeito pelas pessoas*. Líderes devem se perguntar, "Como posso fortalecer os membros de minha equipe?".

Seguir um caminho dá uma energia e uma clareza fantásticas, além de um propósito para nossas vidas. Fico impressionado com a longevidade dos grandes *senseis*, Deming, Ohno, Juran, Ishikawa, Shingo, Feigenbaum e outros.

Qual é a sensação que a cultura lean nos dá?

À medida que reflito sobre minha experiência na Toyota, algumas palavras me vêm à mente:

- Disciplina
- Improvisação
- Afeto
- Indômito

PDCA nos dá tanto a disciplina científica quanto o espírito de improvisação, tão necessários para a pesquisa, e que nos faz perguntar, "Como podemos fazer isso de um jeito melhor?" O respeito pelas pessoas cria um afeto e uma camaradagem agradáveis.

Membros de equipe interagem como iguais. "Nós *versus* eles" não existe. Lidar com desafios assustadores ano após ano nos dá confiança no futuro.

Essa é a cultura da produção lean, o solo no qual esse sistema incrível prospera. Em seus esforços para implementar o sistema lean, por favor reflita sobre essas idéias e aja para melhorar.

Resumo

A cultura da produção lean consiste em PDCA, padronização, gerenciamento visual, trabalho em equipe, intensidade, paradoxos e a produção lean como *do* ou caminho. PDCA é a ferramenta central do gerenciamento e exige anos para que seja compreendida completamente. A padronização dá apoio ao controle de anormalidades. Procuramos satisfazer o triângulo do gerenciamento visual para criar uma compreensão compartilhada entre todos os membros da equipe. Gerenciamento visual também significa gerenciamento como teatro. A produção lean não é apenas um conjunto de técnicas. Ao se conectar a todo nosso ser, torna-se um caminho que cria energia, foco e longevidade.

Comentários finais

> Sugerir é criar. Definir é destruir.
> *Garcia Lorca*

Comecei minha jornada lean há 20 anos. Como muitos outros, comecei com uma firme sensação de que existia um jeito melhor de administrar. Passamos tanto tempo de nossas vidas no trabalho. Por que não poderia preencher nossas necessidades mais profundas?

A jornada me transformou. Agora, em minhas reflexões, ao chegar à metade de minha carreira, vejo que o sistema lean não pode e não deve ser definido de forma precisa. Não existe um único caminho certo, uma única resposta correta. Apenas uma pergunta, "Qual é a necessidade?".

O melhor que se pode fazer é praticar e ensinar aos membros de nossa equipe os conceitos fundamentais, sabendo que estes irão desenvolvê-los mais adiante. Cada um de nós deve passar de "Você deve" para "O que você acha?".

Assim, deixarei o leitor com a imagem com a qual comecei este livro – ou seja, a jornada em direção a produção lean.

Bon voyage.

APÊNDICE

Glossário

A produção lean se constitui de uma linguagem que, em boa parte, é em japonês. Em meu trabalho, deparei-me, em igual número, com pessoas que gostam dos termos em japonês e outras que preferem seus equivalentes em inglês. Elaborei o glossário a seguir para acomodar os dois grupos.

Palavras em japonês tendem a ser visuais e metafóricas. Com freqüência não há um equivalente em inglês. Tentei fornecer o termo em inglês mais próximo, a metáfora mais vívida para dar uma idéia mais próxima possível do significado*.

4 Ms: Mulher/homem, máquina, material e método.

5S: Um sistema de padronização e organização do local de trabalho. Os 5S querem dizer separar, organizar, limpar, padronizar e manter.

***Análise dos Cinco Porquês*:** Uma técnica para resolver problemas que implica em continuamente perguntar por que até que se encontre a causa original.

***Andon*:** Uma parada de linha; normalmente uma corda que o trabalhador pode puxar para parar a linha de montagem quando este detecta um defeito; um exemplo de *jidoka*.

***As Sete Ferramentas de Qualidade*:** Ferramentas para a solução de problemas, desenvolvidas no Japão e na América do Norte ao longo do século passado. Incluem gráficos, diagrama de Pareto, histogramas, gráficos de controle, folhas de verificação e diagramas de dispersão.

---

* N. de T.: Os termos em japonês foram mantidos. Alguns termos em inglês fornecem siglas que são usadas em português. O restante dos termos foi traduzido para o português.

Célula: Um grupo de pessoas, máquinas, materiais e métodos arranjados de tal forma que as etapas do processo estejam próximas e em ordem seqüencial para que as peças possam ser processadas uma de cada vez (ou, em alguns casos, em lotes pequenos e constantes que são mantidos durante toda a seqüência do processo). O objetivo de uma célula é manter um fluxo contínuo e eficiente.

Deshi: Aluno.

Diagrama de afinidade: Uma ferramenta para juntar e agrupar idéias; uma das sete novas ferramentas de qualidade; usada no planejamento *hoshin*.

Diagrama de Pareto: Uma ferramenta usada para resolver problemas. Consiste de um gráfico de barras mostrando fatores que possivelmente contribuam para o problema em ordem descrescente. Uma das Sete Ferramentas de Qualidade.

Diagrama em árvore: Ferramenta usada para mapear tarefas que serão implementadas; uma das sete novas ferramentas de qualidade; usada no planejamento *hoshin*.

Diagrama espinha de peixe: Uma ferramenta de *brainstorming* e resolução de problemas; também conhecido como diagrama de causa e efeito. Uma das Sete Ferramentas de Qualidade.

Disposição de estratégias: Veja *Hoshin Kanri*.

Dojo: Sala de treinamento.

Empurrar: Produzir um item independente da demanda real; cria *muda* de superprodução.

Fluxo contínuo: Em sua forma mais pura, fluxo contínuo significa que itens são processados e movidos diretamente para o próximo processo uma peça de cada vez. Cada etapa do processo encerra seu trabalho imediatamente antes da próxima etapa do processo necessitar o item, e o tamanho do lote de transferência é um. Também conhecido como fluxo de uma só peça, ou "faça um, mova um".

Fluxo de Valor: Uma série de etapas necessárias para levar um produto ou serviço até o cliente.

Gemba: O lugar real, ou o lugar específico. Em geral, quer dizer o chão de fábrica e outras áreas onde o trabalho é feito.

Genchi genbutsu: Vá e veja; vá até o lugar real e veja o que de fato está acontecendo.

GTS: Entenda a situação (*grasp the situation*); central para o PDCA.

Hansei: Reflexão. Faz parte tanto do planejamento *hoshin* quanto da solução de problemas.

Heijunka: Nivelamento de produção.

Hoshin kanri: Um sistema de planejamento estratégico desenvolvido no Japão e na América do Norte nos últimos 30 anos. Também conhecido como disposição de políticas estratégicas. Significados metafóricos incluem "barco em tempestade no rumo certo" e "metal brilhante ou compasso".

Hoshin: Definição dos objetivos, metas, direção e/ou política.

Jidoka: Automação com uma mente humana. *Jidoka* significa desenvolver processos tanto com alta competência (número baixo de defeitos) quanto com contenção (defeitos contidos em uma zona).

Jishuken: Grupos de estudo voluntários, p. ex., associações de fornecedores podem se reunir para falar de suas experiências e, dessa forma, aprofundar seu entendimento quanto a conceitos cruciais.

Kaizen: Uma pequena melhoria incremental. Atividades *kaizen* devem envolver a todos, independente de sua posição.

Kanban: Um pequeno cartaz ou quadro, uma instrução para produzir ou fornecer alguma coisa, em geral um cartão, normalmente incluindo os nomes do cliente e do fornecedor, e informações sobre transporte e armazenamento; um elemento central do sistema *just-in-time*. Existem dois tipos: *kanban* de produção e de retirada.

Loja: Um estoque controlado de itens usado para programar a produção em um processo fluxo acima. Normalmente localizado próximo ao processo fluxo acima para tornar as necessidades do cliente visíveis. Também chamado de supermercado.

Management by objectives (MBO): Gerenciamento por objetivos. O precursor do planejamento *hoshin*; introduzido por Peter Drucker em seu livro *The Practice of Management*, de 1954.

Manutenção Produtiva Total (Total Productive Maintenance – TPM): Um sistema integrado de atividades com o objetivo de maximizar a eficácia de equipamentos ao envolver todas as pessoas em todos os departamentos e em todos os níveis, normalmente através de atividades de pequenos grupos. TPM geralmente implica em implementar o sistema 5S, medindo as seis grandes perdas, priorizando problemas e aplicando a solução de problemas com a meta de chegar a zero de avarias.

Mapa de Fluxo de Valor: Um diagrama, normalmente desenhado a mão, que mostra a série de etapas necessárias para levar um produto ou serviço até o cliente. Também conhecido como diagrama de fluxo de informação e material.

Modelo Mental: Nossas suposições sobre como o mundo funciona baseadas na experiência, no temperamento e na criação. Os óculos invisíveis que filtram nossa experiência e determinam o que vemos.

Muda: Desperdício.

Mura: Irregularidade.

Muri: Sobrecarga, seja ela física ou mental.

Nemawashi: Literalmente significa "preparar uma árvore para o transplante"; se refere ao método formal e informal de obter um consenso antes da implementação de um *hoshin* ou de um plano.

Novos Sete: Ferramentas para solucionar problemas desenvolvidas no Japão e na América do Norte na década de 70. Incluídos, o diagrama de afinidade, a árvore de falhas, *Process Decision Program Charts* – PDPC (Tabelas de Programa de Decisão de Processos), matrizes, diagrama em árvore, dígrafos de inter-relacionamento e tabela de Gantt.

Padrão: A melhor forma que conhecemos no momento. Padrões no sistema lean mudam à medida que descobrimos formas melhores de trabalhar. É uma imagem clara e simples daquilo que devia estar acontecendo.

PDCA: *Plan-Do-Check-Act*. Ciclo desenvolvido por Walter Shewhart na década de 30 e aprimorado por W. Edwards Deming.

Planejamento hoshin: Ver *Hoshin kanri*.

Poka-yoke: Um dispositivo barato e robusto que elimina a possibilidade de um defeito alertando o operador de que ocorreu um erro.

Produto em processo (Work-in-Process – WIP): Itens que estão entre máquinas esperando ser processados.

Puxar: Produzir um item apenas quando o cliente pedir. Normalmente, o cliente "retira" o item e se "preenche a lacuna" resultante.

Sensei: Professor. Aquele que nasceu antes.

SMART: Simple (simples), **M**easurable (mensurável), **A**chievable (alcançável), **R**easonable (razoável) e **T**rackable (rastreável). Refere-se a metas e alvos.

Supermercado: Ver *Loja*.

Takt: O ritmo de produção sincronizado com o ritmo de vendas.

Yokoten: O compartilhamento de informações em toda a fábrica; compartilhar assuntos e contramedidas em comum.

APÊNDICE H

Bibliografia

Eu acho os livros abaixo particularmente úteis na compreensão do sistema lean.

Sistema 5S e Gerenciamento Visual

Galsworth, Gwen. *Visual Systems: Harnessing the Power of a Visual Workplace*. NewYork: AMACOM, 1997.

Grief, Michel. *The Visual Factory: Building Participation Through Shared Information*. NewYork: Productivity Press, 1991.

Hirano, Hiroyuki. *5 Pillars of the Visual Workplace*. New York: Productivity Press, 1990.

Hirano, Hiroyuki. *Putting 5S to Work: A Practical Step by Step Guide*. Tokyo: PHP Institute, 1993.

Manutenção Produtiva Total (TPM)

Hartmann, Edward. *Successfully Installing TPM in a Non-Japanese Plant*. Allison Park, PA: TPM Press, Inc., 1992.

Japan Institute of Plant Maintenance. *TPM for Every Operator* New York: Productivity Press, 1996.

Nakajima, Seiichi. *Introduction to TPM*. NewYork: Productivity Press, 1988.

Jidoka

NKS/Factory Magazine. *Poka-yoke: Improving Quality by Preventing Defects*. NewYork: Productivity, Press 1988.

Shingo, Shigeo. *Zero Quality Control: Source Inspection and the Poka-yoke System*. NewYork: Productivity Press, 1986.

Just-in-Time e Sistema Toyota de Produção

Japanese Management Association. *Kanban: Just-In-Time at Toyota*. NewYork: Productivity Press, 1989.

Monden, Yasuhiro. *Toyota Production System: An Integrated Approach to Just-In-Time*, 2nd Edition. Norcross, GA: EMP 1993.

Ohno, Taiichi. *Toyota Production System: Beyond Large-Scale Production*. New York: Productivity Press, 1988.

Shingo, Shigeo. *A Study of the Toyota Production System from an Industrial Engineering Viewpoint*. NewYork: Productivity Press, 1989.

Toyota Motor Corporation. *The Toyota Production System*. Operations Management Consulting Division and International Public Affairs Division. Toyota City:Toyota Motor Corporation, 1995.

Mapeamento Fluxo de Valores

Rother, Mike, and John Shook. *Learning to See: Value Stream Mapping to Add Value and Eliminate Muda*. Brookline, MA: The Lean Enterprise Institute, 1999.

Fluxo Contínuo

Harris, Rick, and Mike Rother. *Creating Continuous Flow: An Action Guide for Managers, Engineers and Production Associates*. Brookline, MA: The Lean Enterprise Institute, 2001.

Sekine, Kenichi. *One-Piece Flow: Cell Design for Transforming the Production Process*. New York: Productivity Press, 1994.

Planejamento de Hoshin

Akao, Yoji. *Hoshin Kanri*. NewYork: Productivity Press, 1990.

Cowley, Michael, and Ellen Domb. *Beyond Strategic Vision: Effective Corporate Action with Hoshin Planning*. Newton, MA: Butterworth-Heinemann, 1997.

Dennis, Pascal. *Getting the Right Things Done—a Leader's Guide to Planning and Execution*. (Cambridge, MA: LEI Press, 2006)

Mentalidade de Sistemas

Homer-Dixon, Thomas. *The Ingenuity Gap: Can We Solve the Problems of the Future*. Toronto, Ontario: Vintage Canada, 2001.

Goldratt, Eliyahu. *The Goal: A Process of Ongoing Improvement*, 2nd Edition. Great Barrington, MA: North River Press, 1992.

Scholtes, Peter. *The Leader's Handbook: A Guide to Inspiring Your People and Managing the Daily Workflow*. New York: McGraw-Hill, 1998.

Senge, Peter. *The Fifth Discipline: The Art & Practice of the Learning Organization*. New York: Doubleday, 1990.

Senge, Peter, et al. *The Dance of Change: The Challenge of Sustaining Momentum in Learning Organizations*. NewYork: Doubleday, 1990.

Mentalidade Exata (lean)

Dennis, Pascal. *Andy & Me: Crisis and Transformation on the Lean Journey*. New York: Productivity Press, 2005.

Liker, Jeffrey, Editor. *Becoming Lean: Inside Stories of US Manufacturers*. New York: Productivity Press, 1998.

Womack, James, and Daniel Jones. *Lean Thinking: Banish Waste and Create Wealth in Your Corporation*. New York: Simon & Schuster, 1996.

Womack, James, Daniel Jones, and Daniel Roos. *The Machine That Changed the World*. NewYork: Simon & Schuster, 1990.

Índice

A3 de situação atual, 148-150
A3 mães, 145-146, 151
A3, estratégias, 139-142, 145-146, 151
Agir (PDCA), 162-163
Ajuste fino de produção, 96-97
Alinhamento, 139-141, 144-145
Ambiente. *Veja* PQCDSM
América do Norte
   atividade de círculo *kaizen* na, 123-128
   desperdício de conhecimento na, 42-43, 135-136
   envolvimento do trabalhador na, 122-123
   fabricantes japoneses e, 28-29
   introdução da JIT nos, 85-86
   máquinas enormes na, 27-28
Análise de causas, 151
Análise dos cinco porquês, 161-162, 165-166
Anormalidade, controle
   analogia *cattle drives*, 98-100
   padrões e, 164-166
Anormalidades
   desvios de peça em processo, 115-116

poka-yokes de alerta, 114-115
Apagando incêndios, 55-58
Área de conserto, folha de verificação TPM, 62
Aston Martin, 20-21
Atividade de círculo *kaizen* (KCA), 123-128
   administração, 126-127
   benefícios, 123-125
   estrutura, 123-126
   formato de relatório, 126-127
   metas, 132-133
   papéis, responsabilidades, 29-30
   papel do gerente, 126-128
   pontos críticos e, 60-61
   promoção, 126-128
   treinamento, 125-126
Atividades de alto valor, 56-57
Atividades de pequenos grupos, 60-63
Atraso, como perda, 40-42
Autoconhecimento, 129-130
Automação, 36-37, 95-96
Autoverificação, 113-115

Avaria
    como evento dramático, 57-58
    manutenção, 55-56
    no funil de solução de problemas, 165
    prevenção, 59-60
Avaria zero, 56-57
    Veja também Pirâmide de perdas de máquina

Base para comparação, 46-47
Big Three, 23-24, 27-28
Bowen, Kent, 143-144
Brainstorming, 125-126, 132-133, 152-153
Buffers, 102-103

Caixa de *heijunka*, 101-106
Calibradores de pressão, 117-118
Canadá, 25-26
Capacidade da furadeira, 71-73
Capacidade, 71-73
Cartão com pontuação, 5S, 54-55
Casa de Produção Lean, 36-39, 43-44
Catchball, 140-141, 144-147, 149-152
Causa primordial
    busca fluxo acima pela, 113-114
    da produção em excesso, 42-43
    de defeitos, 113-115
    inspeções de julgamento e, 113-114
    no funil de solução de problemas, 165
    problemas de equipamento, 57-58
    três categorias da, 165-166
Causas de instabilidade, 68-69, 97-98
Célula
    benefício da, 79-82
    em forma de U, 113-114
    fluxo contínuo, 81
    número de operadores por, 77-78
    objetivo da, 69-70
Centro de Distribuição de Peças da Toyota (PDC), 87-88
Centro de Redistribuição de Peças (PRC), 88-89
CEP (controle estatístico do processo), 85-86, 110-112
Chão de fábrica
    para responder perguntas, 161-162
    processos, 169-170
    trabalho, 24-25
Chaves, 116-117

Chaves de limite, 116-117
Ciclo pesquisa-projeto-produção-venda, 160-161
Círculos. Veja Atividade de círculo *kaizen*
Citroen, 24-25
Cliente
    demanda, 67-68, 99-101, 168
    feedback, 145-146
    fluxo abaixo, 46-47
    foco, 36-39
    interno ou externo, 94-95
    produzindo a quantidade retirada pelo, 95-96
    retirando o que é necessário, 95-96
Coeficiente de variância, 99-100
Comunicação
    diária na KCA, 126-128
    em grupo, 47-48
    instalações maiores e, 85-86
    Sistema 5S, 54-56
    sucesso do PKT e, 128-129
    Veja também Relatório A3
Conceito do departamento de controle, 145-148
Condição fora do padrão, 43-44, 47-48, 51-54, 165-166
Condições críticas, 116-117
Conhecimento sem ligação, como desperdício, 43-44, 135-136, 138-139. Veja também "Livro de Conhecimento"
Conserto de final de linha, 24-25
Construção de consenso, 144-145
Contador, 115-117
Contramedidas, 165
Controle de zona, 112-115
Controle estatístico do processo (CEP), 85-86, 110-112
Controle total do trabalho, 79-82
Controles redundantes, 112-113
Copa de Stanley, 152-155
Correção, como desperdício, 41-42
COV (coeficiente de variância), 99-100
Cultura
    estratégia, 121
    hoshin cultural anual, 132-133
Cultura de produção lean, 159-170
    ciclo PDCA, 159-163
    entendendo a situação, 160-161, 165
    espírito certo na, 169-170
    funil de solução de problemas na, 164-165

gerenciamento visual, 47-48, 165-166
gerenciando como teatro, 166-168
intensidade, 168-170
medições, 162-163
padrões, 164-166
padronização, 164
paradoxos, 168
princípio do coração caloroso, 162-164
sensação, 169-170
trabalho em equipe, 166-168
Cultura lean. *Veja* Cultura de produção lean
Cultura Organizacional. *Veja* Cultura
Curva da banheira, ciclo de vida do equipamento, 57-59
Custo
contabilidade, 23-24, 32
excesso de produção e, 42-43
redução, 32
Veja também PQCDSM

Defeitos
consertados "dentro da zona", 114-115
nunca expedir peças com, 91-92, 94-96
parando a produção, 110-112
prevenção de, 114-115
redução, meta de qualidade, 152-153
sistemas de inspeção e, 113-114
tipos de, 57-58
zero, 109-112
Veja também Poka-yoke
Deficiência de inventividade, 135-137
Demanda, 88-90, 97-98
Deming, W. Edwards, 31, 110-112, 159-161, 169-170
Desperdício
aprendendo a ver, 40-41, 43-44
atividades desperdiçadoras como necessidade, 67-68
de conhecimento, 135-136, 138-139
oito tipos de, 39-41, 44
redução, 26-27
tipo mais grave, 44
utilização máxima da máquina e, 67-68
zero, 70-71
Veja também Muda
Despesas de operação, 46-47, 88-90

Desvios. *Veja* Poka-yoke
Detectores de passagem de metal, 117-118
Diagrama
análise de trabalho padronizado, 72-74
capacidade de produção, 71-72
folhas de elementos de trabalho, 73-75
medida de tempo, 74-75
tabela de combinação de trabalho padronizado, 72-73
Diagrama de afinidade, 152-154
Diagrama de Pareto, 151
Diagrama em árvore, 152-153, 155
Diagrama espinha de peixe, 151
Diagramas de causa e efeito, 151
Disponibilidade, 56-57
Dispositivos a prova de falhas, 110-112
Dispositivos fotoelétricos, 117-118
Distância, 94-95
Distribuição de problemas nas empresas, 121-122
Divisão de Consultoria de Gerenciamento de Operações (OMCD), 28-29
Do (ciclo PDCA), 161-163
Drucker, Peter, 140-141

Economia, 31-32
Economia de movimento, 78-79
Eficácia da máquina
medidas centrais, 56-57
pequenas, simples máquinas, 67-68
seis grandes perdas, 57-58
utilização máxima, 67-68
Veja também Manutenção produtiva total
Eficácia Geral de Equipamento (OEE), 56-58, 60-61
Eficiência, 75-79, 168
Eficiência de desempenho, 56-57
Eficiência geral, 76-79
Eficiência individual, 76-79
Emprego
contrato, 27-28
segurança, 26-27, 122-123, 166-168
Veja também Trabalhador
Engarrafamentos, 21-22, 77-79, 85-86
Engenharia, 24-25
Engenharia de confiabilidade, 112-113

Engenharia de métodos, 65-67
Engenharia industrial, 20-21
Engenhosidade social, 135-137
Entendendo a situação (GTS), 160-161, 165
Entrega das peças *just-in-time* (JIT), 36-37
Envolvimento, 121-133
   atividade de círculo *kaizen*, 123-128
   atividades que apóiam, 122-125
   atividades, 36-39
   como coração do sistema lean, 36-37
   desperdício de material humano, 121-123
   melhoria contínua e, 43-44
   meta do, 123-125
   programas de sugestão, 129-133
   razão para, 121-122
   todas as mãos a bordo, 121-122
   treinamento KCA, 126-130
Equação de lucro, 32
Equipamento
   diretrizes para, 78-79
   fluxo de uma peça só, 94-95
   registros de operações, 56-57
   tempo de parada, 56-57
   Veja também Avaria; Máquina; Manutenção; Manutenção produtiva total
Equipe
   competência dos membros, 123-125, 144-145
   inventividade técnica, 135-137
   métodos para promover, 166-168
   todas as mãos a bordo, 121-122
   trabalhadores engajados, 122-123
Ergonomia
   como tema na Toyota, 132-133
   ferimentos e, 39-41
   postura e, 40-41, 70-71
   segurança e, 166-168
   sistemas puxados e, 88-89
   Veja também Prevenção de acidentes
ERP (planejamento de recursos empresariais), 47-48, 85-86
Erro humano, 110-113
Erros comuns, 112-113
Escrevendo relatórios. *Veja* Relatório A3
Espírito "vá e veja", 165-168
Estabilidade, 45-63
   atividades, 38-39
   gerenciamento visual, 47-49
   manutenção produtiva total, 55-63
   padrões, sistema lean, 45-49
   padronização e, 36-37
   perdas de velocidade ou ocultas, 57-59
   S1 – Separar, 48-50, 54-55
   S2 – Classificar, 50-55
   S3 – Limpar (e inspecionar), 52-55
   S4 – Padronizar, 53-54
   S5 – Manter, 54-55
   seis grandes perdas, 57-58
   sistema 5S, 48-56
Estoque
   custo, 46-47
   muda, 41-43, 76-77
Estoque em processo, 69-71
Estrutura, 145-147
Estruturas funcionais, 145-147
Estudos de tempo e movimento, 20-21, 27-28
Etiquetagem vermelha, 48-50
Excelência, 45-46
Excesso de processamento, como desperdício, 41-42
Excesso de produção
   como crime, 83-84
   como desperdício, 42-43
Expectativas. *Veja* Modelos mentais

Fábrica *brownfield*, 132-133
Fábrica de paletas, 103-106
Fábrica Tokai Rika, Japão, 59-60
Fabricantes japoneses, 28-29
Falha menor, 59-60
Falha oculta, 57-60
Fazer um – mover um, 46-47, 87-88
Feigenbaum, 169-170
Ferramenta
   diretrizes para, 76-78
   quadro para, 51-54
Ferrari, 20-21
Fiat, 24-25
FIFO (*first in first out*), 102-103
Flexibilidade, 139-141
Flutuações de corrente elétrica, 117-118
Fluxo, 46-47, 87-88, 138-139
Fluxo contínuo, 36-37, 43-44, 69-70, 86-88
Folhas de elementos de trabalho (JES), 73-75

Ford Motor Company
  em crise, 24-25
  expansão do, 24-25
  fábrica de montagem de Highland Park, 21-23
  fábrica Rouge, 19-20, 22-26
Ford, Henry, 21-24
Funcionalidade cruzada, estrutura, 139-140
Funil de solução de problemas, 164-165

GAAP (*generally accepted accounting practice*), 22-23
Gabaritos, 78-79
"Ganhar a Copa Stanley", 152-155
Garantia, 52-53
Genchi genbutsu, 166-168
General Motors (GM), 22-25, 50-51
Gerenciamento
  ciência, 22-23
  como teatro, 166-168
  níveis, 144-147
  no planejamento *hoshin*, 145-147, 152-153
  Veja também ciclo PDCA
Gerenciamento "só para estar seguro" (*Just-in-case management*), 48-50
Gerenciamento por objetivos (MBO), 140-144
Gerenciamento visual, 47-49
  como teatro, 166-168
  condições fora do padrão e, 43-44, 47-48
  estabilidade e, 45-46
  fornecendo a informação necessária, 94-95
  nas lojas, 105-107
  sistema 5S e, 45-46, 88-90
  triângulo, 47-48, 165-166
Gerentes do comando e do controle, 121-122
Gilbreth, Frank and Lillian, 65-67
GM (General Motors), 22-25, 50-51
Goal, The (Goldratt), 77-78
Goldratt, Eli, 77-78
Gráfico de Gantt, 161-162

Heijunka, 43-44, 88-90, 99-101
Heinrich, Herbert, 58-59
Hirano, Hiroyuki, 36-37
Homer-Dixon, Thomas, 135-137
Hoshin
  avaliação, 152-153
  disposição, 149-153
  geração, 149-152
  implementação, 152-153
Hoshin kanri, 138-139
Hoshins anuais, 153-154

Ilhas, 79-81
Imai, Masaaki, 59-60
Inadequações, 165-166
Indústria automotiva japonesa, 26-27. *Veja também* Toyota
Indústria de peças automotivas, 102-103
Industrial Accident Prevention (Heinrich), 58-59
Inspeção
  listas de verificação, 52-53
  no fim da linha, 23-24
  sistemas, 112-115
Inspeções de julgamento, 113-114
Inspeções de origem horizontais, 113-115
Inspeções informativas, 113-115
Inspeções na fonte, 110-115
Inspeções na origem verticais, 113-114
Irregularidade no trabalho, 43-44, 78-79, 99-100
Ishikawa, 169-170
Itens desnecessários, 49-50

Japanese Union of Scientists and Engineers, 159-160
Japão, 24-29
JD Power, medalha de ouro de qualidade, 50-51
"Jeito de pensar", 35-37
JES (folhas de elementos de trabalho), 73-75
Jidoka, 109-120
  atividades, 38-39
  capacidade para aumentar os processos, 96-97
  como paradoxo, 168
  descrita, 36-37
  desenvolvimento do conceito, 109-112
  direções futuras, 119-120
  estratégia e metas anuais, 119-120
  implementação, 118-120
  poka-yoke e, 112-119
  razão para, 110-111
  sistemas de inspeção, 112-115
JIT. *Veja* Produção just-in-time
Jones, Daniel, 31, 36-37, 42-43, 86-87
Juran, 169-170

Kaizen
  atividade, 75-77, 104-107, 126-128
  blitz, 36-37
  equipes, 76-77
  intensidade leva a, 168-170
  liderança, quatro níveis, 128-130
  oportunidades, 103-108
  trabalho padronizado e, 72-73, 78-82
Kanban, 90-95
  cartões, 102-106
  circulação, 91-92
  como bilhete no restaurante, 92-93
  dois tipos de transporte, 98-99
  dois tipos de, 90-91
  ferramentas visuais, 88-90, 93-94
  formas, 90-91
  metáforas, 93-94
  programação da produção para, 93-94
  quadro de produção para, 53-54
  seis regras, 94-97
Kanbans de retirada, 91-93, 101-102
Kanbans eletrônicos, 90-91
KCA. *Veja* Atividade de círculo *kaizen*

Lacuna. *Veja* Funil de solução de problemas
Lacunas na competência, 161-162
Lamborghini, 20-21
Lead time
  entregas e, 40-41
  na fábrica de paletas, 103-106
  produção de uma peça só, 94-95
  trocas e, 99-100
Lean
  atividades, 34, 38-39, 68-69
  implementação, 141-142
  jornada, 170
  metas do sistema, 34
  modelo mental, 35-36
  pensamento, 65-67
  processo de melhoria, 46-47
  senseis, 35-36, 111, 129-130, 165
Lei da Variabilidade, 84
Lei de Little, 84, 88-89
Lei de Murphy, 53-54, 94-95
Lei de Proteção da Variabilidade, 84
Leiaute, 78-79

Leiautes comuns, 79-82
Leiautes, trabalho padronizado, 79-82
Liderança, 144-145
Limpando a área de trabalho, 52-53
Linha de montagem, 21-22
Linha de montagem em movimento, 21-22
Listas de verificação, 52-53
"Livro de conhecimento", 153-154
Local de trabalho. *Veja* Sistema 5S
Local de trabalho bem organizado, 52-54
"Loja" de peças finais, 93-95
"Loja", peças finais, 93-94
Loops de *feedback*, 113-115
Lotes pequenos, 27-29, 98-99

Machine that Changed the World, The (Womack, Jones & Roos), 31
Macro fluxo de valor (*macro value stream*), 42-43
Manutenção
  atividades, 57-59
  características de tempo de vida do equipamento, 58-59
  foco é tudo em, 56-57
  Veja também Manutenção produtiva total
Manutenção ativa, 55-56
Manutenção preventiva, 55-56
Manutenção produtiva total (TPM), 55-63
  analogia da mãe e do filho, 58-59
  atividades de pequenos grupos, 60-62
  5S e, 45-46
  estágios, 63
  folha de verificação, exemplo de, 57-59
  medidas centrais, 56-58
  mudanças nas tarefas de manutenção na, 56-57
  pirâmide de perdas de máquina, 58-61
  praticantes fora de série, 36-37
  seis grandes perdas, 57-59
Mapa da situação atual, 103-107
Mapa da situação futura, 103-107
Mapeamento de fluxo de valor (VSM), 103-108
  atividades *kaizen*, 105-107
  benefícios, 106-107
  mapa da situação atual, 103-107
  mapa da situação futura, 103-107
  melhorias, 104-107
  símbolos, 104-107

Mapeamento de fluxo de valor nos processos de negócios, 107-108
Máquina
  disponibilidade, 87-88
  economias de escala e, 23-25
  tempo, 72-73
  troca, 88-90
  utilização máxima da, 67-68
  Veja também Avaria; Equipamento; Manutenção Produtiva Total
MBO (gerenciamento por objetivos), 140-141, 143-144
Medições, 162-163
Medida
  de tempo, 74-75
  na TPM, 56-58
  temperatura, 117-118
Melhoria
  contínua, 27-28, 43-44
  envolvimento do trabalhador na, 27-28
  iniciativas, A3s e, 141-142
  na fábrica de paletas, 106-107
  processos, Toyota, 46-47
  provérbio da Toyota, 65-66
  rotina de trabalho e, 139-140
  tabela de equilíbrio de operadores e, 75-77
Mentalidade "por a máquina para funcionar", 24-25
Metas SMART, 119-120, 137-138, 142-144, 160-162
Metas. *Veja* Metas SMART
Método científico, 128-129, 143-144
Métodos de detecção sem contato, 117-118
Métodos de peças faltantes, 116-117
Mintzberg, Henry, 137-138
Modelo do sistema, 34
Modelos mentais, 35-36
Monden, Professor Yasushiro, 36-37
Moral. *Veja* PQCDSM
Movimento
  como desperdício, 39-41
  economia de, 78-79
  padrão, 115-116
Movimento humano, 38-39
Movimentos sindicais, 22-24, 26-27. *Veja também* Trabalho

MRP (planejamento de material necessário), 41-43, 47-48, 85-86
MTBF (tempo médio entre falhas), 56-57
MTTR (tempo médio para reparo), 56-57
Muda, 38-44
  atacando de forma implacável, 32
  estoque como, 76-77
  fluxo e, 87-88
  mura, muri e, 44
  no restaurante grego, 43-44
  oito tipos de, 39-41, 44
  valor e, 168-170
  Veja também Desperdício
Mudanças no ambiente de negócios, 140-141
Mura, 43-44, 78-79
Muri, 43-44, 78-79
Musashi, Miyamoto, 135-136

Nakajima, Seiichi, 36-37
Nascimento da produção lean, 19-30
  barganha histórica, 25-28
  disfunção crescente, 23-25
  produção artesanal, 19-21
  produção em massa, 20-24
  sistema Ford, 21-23
  solução necessária, 27-29
  Toyota, revolução lean, 28-30
Necessidades administrativas cruciais, 138-139
Nemawashi, 140-141, 144-145, 149-152, 161-162
New United Motor Manufacturing Inc. (NUMMI), 50-51
Nivelamento de produção, 98-101
  como componente do sistema JIT, 88-90
  como regra do *kanban*, 96-97
  mura e, 43-44
Novas economias, 31-32
Nove desperdícios de conhecimento, 138-139
NUMMI (New United Motor Manufacturing Inc.), 50-51

OEE (eficácia geral de equipamento), 56-58, 60-61
Ohba, Hajime, 28-30
Ohno, Taiichi
  aforismos de, 36-37, 39-40, 46-47
  como grande sensei, 169-170

controle de abnormalidade, 97-99
desperdício de material humano, 121-123
fábrica de motores Kamigo, 165-166
inventor do sistema lean, 36-37
metáfora da corrida de revezamento, 77-78
pioneiro da produção lean, 21-22
produção em excesso e, 42-43, 83-84
produção em massa e, 25-26
Production Research Office, 28-29
trabalhadores na melhoria, 27-28
OMCD (Divisão de Consultoria de Gerenciamento de Operações), 28-29
Olhos fotoelétricos, uso, 109-110
Opções de reciclagem, 49-50
Operação de solda, 38-40, 117-118
Operações fluxo abaixo, 85-86, 113-116
Operador
  flexibilidade humana, 67-68
  por célula, 77-78
  tabela de equilíbrio, 75-77
  Veja também Trabalhador
Origem de todo o mal na área da manufatura, 42-43
"Organização de aprendizagem", 137-138
Otimização pontual, 107-108

Padrões
  base para comparação, 46-47
  do S1 ao S3, 54-55
  e controle de anormalidades, 164-166
  movimentos, 115-116
  mudança, 168
  no sistema lean, 45-49
Padrões ANSI, 51-52
Padronização
  atividades, 38-39
  de partes, Ford, 21-22
  fundação do lean, 36-37
  na cultura lean, 164
Paradas
  baixo uso do *andon*, 111
  causa de defeitos, 110-112
  consertos de final de linha e, 24-25
  provérbio da Toyota, 109-110
  redução de função e, 58-60
Paradas de linha. *Veja* Paradas
Partes intercambiáveis, 21-22

PDC (Centro de Distribuição de Peças da Toyota), 88-89
PDCA (Plan-do-check-act), ciclo
  começando a compreender, 35-36
  comunidade de cientistas, 143-144, 169-170
  em grandes organizações, 143-144
  na cultura lean, 159-161, 169-170
  planejamento *hoshin* e, 138-144
  protótipo do, 21-22
  sucesso PKT e, 128-129
Peças ao lado da linha, 102-103
Peças de injeção plástica, 98-99
Peças pré-solidificadas, 21-22
Peças prensadas, 98-99
Pensamento do gerenciamento japonês, 140-141
Pensamento lean, (Womack e Jones), 31
Pensar na forma de sistemas, 33-36
Perdas de velocidade, 57-59
Perdas ocultas, 57-59
Perfeição, 46-47, 70-71, 168
Pessoal. *Veja* Recursos humanos
Pessoas/Pessoal. *Veja* Recursos humanos; Trabalhador
Picos e vales no trabalho, 88-90, 97-101
Pirâmide de perdas de máquina, 58-61
PKT (treinamento prático *kaizen*, 126-130
Plan-do-check-act. *Veja* PDCA, ciclo
Planejamento, 135-139
  metáfora do caminho, 136-137
  motivo, 137-138
  problemas com, 137-139
  quatro tipos de, 136-137
  Veja Planejamento *hoshin*
Planejamento de material necessário (MRP), 41-43, 47-48, 85-86
Planejamento de nível empresarial. *Veja* Planejamento *hoshin*
Planejamento de recursos empresariais (ERP), 47-48, 85-86
Planejamento estratégico, 136-138, 151, 156-158. *Veja também* Planejamento *hoshin*
Planejamento *hoshin*, 135-158
  alinhamento, flexibilidade, 139-141
  árvore de planejamento e execução, 145-146
  catchball, 144-147
  ciclo PDCA, 141-144
  componentes do sistema, 141-151

conceito do departamento de controle, 145-148
destaques, 140-141
estratégia *jidoka* e, 118-119
foco, alinhamento através do, 139-142
gerenciamento em, 145-147, 152-153
liderança em, 144-145
"Livro de conhecimento", 153-154
MBO e, 140-141
metáfora do caminho, problemas em destaque, 139-140
nemawashi, 144-145
(plano) *hoshin* anual, 132-133, 153-154
quatro fases do, 149-153
verificando resultados e processos, 143-144
Plano (ciclo PDCA), 160-162
Plano ambiental *hoshin*, 132-133
Plano estratégico anual de uma equipe de hóquei, 152-153, 156-158
Plano estratégico do Red Wings, 152-153, 156-158
Planos de ação, 145-146, 151. *Veja também* Relatório A3
Planos de ação departamental, 145-146
Poka-yoke, 114-119
  de alerta, 114-116
  de parada, 114-115
  desvios de método de processo, 115-116
  desvios de valores fixos, 116-117
  dois tipos de ação, 114-116
  erros comuns e, 112-113
  invenção do, 110-112
  métodos de detecção, 116-119
  métodos sem contato, 117-118
  para buracos de montagem em um conjunto de quadros, 118-119
  para detectar caixas vazias, 119-120
  para o carregamento de vagões, 117-118
  para troca de bicos na solda por pontos, 118-119
  sensores de contato, 116-117
  sistemas visuais e, 52-53
  três caminhos para, 115-117
Ponto de causa, 165
Pontos cruciais, 56-57, 60-61
Pontos propícios a ferimentos, 116-117
Porsche, 41-42

PQCDSM, 37-38, 66-67, 123-125
Practice of Management, The (Drucker), 140-141
Práticas contábeis, 22-24, 32
PRC (Centro de Redistribuição de Peças), 87-88
Prevenção de acidentes, 57-58, 60-61. *Veja também* Ergonomia; Segurança
Prevenção de erros, 114-115
Princípio do coração caloroso, 162-164
Procedimento de disposição de ativos, 49-50
Processo
  competência, 113-114
  definido, 66-67
  instabilidade, 94-95
Processo de capacidade fixa, 84
Processo de marca-passo, 92-95, 99-100
Processo fluxo acima, 115-116
Processos capazes, 88-90
Processos livres de defeitos. *Veja* Jidoka
Produção
  demanda do cliente e, 99-100
  física de, 84
  kanban, 91-93
  linha reequilibrada, 76-77
  painel, 53-54
  pedidos, 97-98
  plano, 93-94
  quadro de capacidade, 71-72
Produção artesanal, 19-21
Produção de itens de alta freqüência, 102-103
Produção de itens de baixa freqüência, 102-106
Produção de lotes
  desperdício no transporte e, 41-42
  exemplo médico, 86-87
  lotes pequenos, 27-29
  produto em processo e, 23-25, 99-100
Produção em massa
  bases da, 20-22
  difusão para Europa, 24-25
  satirizada, 23-24
  sintomas da, 22-23
Produção just-in-time (JIT), 83-108
  atividades, 38-39
  5S e, 45-46
  componentes da, 88-90
  entrega das peças, 36-37
  kanban, 90-95
  mapeamento do fluxo de valor, 103-108

nivelamento de produção, 98-102
princípios básicos da, 85-90
razões para, 83-86
regras do *kanban*, 95-97
sistemas puxados, três tipos de, 101-106
transporte, papel expandido do, 96-99
Produção lean, 31-44
  base da, 36-37
  Casa da, 36-39, 43-44
  como um caminho, 169-170
  foco no cliente, 37-39
  imagem básica da, 36-38
  metas centrais, PQCDSM, 37-38
  muda, 38-44
  pioneiros da, 21-22
  razão para, 31-32
  sistema nervoso da, 138-139, 157-158
  sistemas, pensar na forma de, 33-36
  solução para os problemas da Toyota, 27-28
  Veja também Nascimento da produção lean;
    Cultura de produção lean; Sistema de Produção Toyota
Produção nivelada, 96-97
Produção um-de-cada-vez, 24-25, 69-70, 94-95, 168
Produtividade, 119-120
  defeitos e, 110-112
  ergonomia e, 39-40
Produto em processo (*Work-in-process* – WIP), 40-43, 160-161
  desperdício devido à espera e, 40-41
  estoque em processo e, 70-71
  estoque extra, 42-43, 76-77
  na Lei de Little, 84
  Sistema puxado do tipo A e, 102-103
  sistemas puxados e, 46-47, 88-90
  Veja também Estoque em processo
Produtos de luxo, 20-21
Produtos em processo, 24-25
Programas de sugestão
  feedback, 130-131
  imparcialidade, 130-131
  medição, 131-132
  motivação de sugestões, 131-133
  motivadores, extrínsecos/intrínsecos, 131-132

processo sem complicações, 129-131
promoção de, 130-132
quadros/livros de idéias, 132-133
regras claras, 129-131
sugestões tangíveis/intangíveis, 130-131
tomada de decisão rápida, 130-131
Puxar
  descrição, 87-90
  loops, 88-89
  no Imperial Grill, 92-93
  no processo de melhoria lean, 46-47
Puxar o andon, 132-133

Quadro andon, 114-116
Qualidade
  ergonomia e, 39-40
  feedback instantâneo, 80-82
  gerenciamento, revolução no, 109-110
  JD Power, medalha de ouro de qualidade, 50-51
  na produção em lotes, 99-100
  padrão, 47-48
  quantidade em primeiro lugar, programa de sugestão, 132-133
  segundo plano na produção, 23-24
  sistemas puxados e, 88-89
  WIP e, 87-88
  Veja também PQCDSM

Recursos humanos (RH)
  competência e, 161-163
  questões difíceis para, 159
  redução na mão-de-obra, 75-77, 122-123, 166-168
  Veja também Emprego; Trabalho; Trabalhador
Redução de mão-de-obra, 75-77
Redução de risco, 123-125
Redução no número de funcionários, 75-77, 122-123, 166-168
Redução nos custos, 28-29
Reequilibrando, 75-77
Relatório A3, 147-151
  contando histórias com, 148-149
  elaboração de, 147-148
  fluxo lógico, 148-149
  formatos, 147-150

Remoção de lixo, 50-51
Renault, 24-25
Revisões, 142-144
Revolução lean, Toyota, 28-30
RH. *Veja* Recursos Humanos
Rise and Fall of Strategic Planning, The (Mintzberg), 137-138
Roos, Daniel, 31
Rotas "milk run", 98-99

S1 – Separar, 48-50, 54-55
S2 – Classificar, 50-55
   organizar, aplicar cores, 51-52
   racionalizar os lugares, 50-52
   sistemas visuais, 51-53
S3 – Limpar (e inspecionar), 52-55
S4 – Padronizar, 53-54
S5 – Manter, 54-55
Scientific Management (Taylor), 20-21
Segunda lei da termodinâmica, 53-54
Segurança
   acidente zero como meta, 56-57
   em primeiro lugar, 166-168
   ergonomia e, 39-40
   no carregamento de vagões, 117-118
   sistema puxado e, 88-89
   trabalho padronizado e, 70-71
   Veja também Prevenção de Acidentes; PQCDSM
Seis grandes perdas, 57-58
Sekine, Kenichi, 36-37
Senge, Peter, 137-138
Senseis, 35-36, 111, 129-130, 165, 169-170
Sensor, 114-117
Sensores de contato, 116-117
Seqüência de trabalho, 69-71
Shewhart, Walter, 160-161
Shingo, Shigeo
   como pioneiro lean, 21-22
   como sensei, 169-170
   inspeção na fonte e, 110-112
   jidoka e, 36-37, 110-112
   SMED e, 36-37
   zero de defeitos e, 109-110
Sirva um – mova um, 46-47
Sistema "empurrado", 41-43

Sistema 5S
   "achado do mês", 54-56
   escolhendo atividades, 33-34
   gerenciamento visual e, 45-48, 88-90
   nas lojas, 105-107
   promoção, comunicação, 54-56
   provendo a informação necessária, 94-95
   S1 – Separar, 48-50, 54-55
   S2 – Classificar, 50-55
   S3 – Limpar (e inspecionar), 52-55
   S4 – Padronizar, 53-54
   S5 – Manter, 54-55
   trabalho padronizado e, 54-55
   treinamento, 55-56
Sistema de Produção Toyota
   comunidade de cientistas, 143-144
   poder do, 36-38
   significação do, 31
   Veja também Produção lean
Sistema Ford, 21-23
Sistema puxado
   para qualidade, 88-90
   planejamento como, 137-138
   três tipos de, 101-106
Sistemas visuais, 51-53
Sloan, Alfred, 22-24
SMED (troca de ferramenta em um dígito), 36-37
Sobrecarga, 78-79
Sociedade japonesa, 122-123
Spears, Steven, 143-144
St. Clair Pallet, 103-107

Tabelas de equilíbrio, 75-77
Tabelas nas paredes, 47-48
Take Action on Accident Prevention, 60-61
Takt time, 69-70, 75-77, 97-98, 101-102
Tamanho de lote, 97-98
Taylor, Fred Winslow, 20-24, 27-28, 65-66, 121-122
Taylorismo, 20-22, 122-123
Tear, 109-112
Tear automatizado, 109-112
Tempo de ciclo
   desencontros, 94-95
   na Lei de Little, 84, 88-89

redução, 20-22
tempo takt e, 69-70, 75-77
Tempo de entrega. *Veja* PQCDSM
Tempo de parada, 56-58
Tempo de produção, 84
Tempo de *setup*, 71-72
Tempo de troca, 87-88, 103-107
Tempo médio de reparo (MTTR), 56-57
Tempo médio entre falhas (MTBF), 56-57
Todas as mãos a bordo, 121-122
Toyoda City, 24-25
Toyoda, Eiji, 19-20, 24-28, 122-123
Toyoda, Kiichiro, 25-27
Toyoda, Sakichi, 109-112
Toyota
  ausência de paredes na, 35-36, 166-168
  desafios desanimadores, 25-26
  "engenheiro chefe" ou *susha*, 107-108
  hoshin cultural anual, 132-133
  influência de Drucker na, 140-141
  OMCD na, 28-29
  planos de produção, 93-94
  prêmio de "Avaliador do Ano", 130-131
  problemas enfrentados pela, 28-29
  Production Research Office, 28-29
  provérbio, 65-66, 109-110
  quadro andon, 114-116
  4 Ms na, 45-46
  redução da mão-de-obra na, 76-77
  revolução lean na, 24-30
  senseis, 111
  trabalho padronizado na, 70-71
  utilização máxima de pessoas, 67-68, 159
  variações de demanda e, 101-102
Toyota Motor Manufacturing Canada, 25-26
Toyota Supplier Support Centre (TSSC), 29-30
Toyota, Cambridge
  inspeções na fonte na, 113-114
  involvimento na, 121, 126-127
  KCA na, 126-127
  segurança no emprego na, 26-27
  sistemas puxados na, 102-103
  Taka Action and Accident Prevention, 60-61
TPM (Manutenção produtiva total), 36-37
TPM. *Veja* Manutenção produtiva total

Trabalhador
  alienação, 23-24
  como recurso mais valioso, 27-28
  competência, 121-122
  movimento humano, 38-39
  utilização máxima, 67-68
  Veja também Redução na mão-de-obra; Envolvimento; Trabalho; Operador
Trabalho, 20-21
  densidade, 67-68
  relações, 25-27
  Veja também Movimento sindical; Trabalhador; Emprego
Trabalho auxiliar, 38-40
Trabalho padronizado, 65-82
  análise de diagrama, 72-74
  benefícios do, 67-69
  5S como parte do, 54-55
  como inovação, 20-21
  eficiência geral *versus* individual, 76-79
  elementos do, 69-71, 97-98
  engenharia de métodos *versus* pensamento lean, 65-67
  formulários para definição do, 71-75
  kaizen e, 78-82
  leiautes comuns, 79-82
  máquina *versus* maximização de pessoas, 67-68
  pré-requisitos para, 68-69
  redução de mão-de-obra, 75-77
  tabela de combinação, 72-73
  Toyota e, 27-28, 70-71
  visão de sistemas, 66-68
Transparência, 51-52
Transporte
  como desperdício, 41-42
  dois tipos, 98-99
  papel expandido do, 96-97
Transporte de quantidade fixa, 98-99
Transporte de tempo fixo, 98-99
Treinamento com ferramentas pequenas, 126-129
Treinamento *Kaizen*, 60-61
Treinamento *kaizen* prático (PKT), 126-130
Troca, 27-28, 88-90
Troca de ferramenta em um dígito (SMED), 36-37

Trocas de ferramentas, 27-28
Trocas rápidas de ferramentas, 27-28
TSSC (Toyota Supplier Support Centre), 29-30

Uniformes, 166-168
United Auto Workers, 22-23
Universidade de Tsukuba, 36-37

Valor
   fluxo, 42-43, 107-108
   muda e, 168

Valor por peça trabalhada, 103-106
Verificação sucessiva, 113-114
Verificar (ciclo PDCA), 162-163
Visão de sistemas, 66-67
Visual Factory, The (Greif), 47-48
VSM. *Veja* Mapeamento de fluxo de valor

Warusa-kagen, 59-60
WIP. *Veja* Produto em processo
Womack, James, 22-23, 31, 36-37, 42-43, 86-87

IMPRESSÃO:

Pallotti
GRÁFICA EDITORA
IMAGEM DE QUALIDADE

Santa Maria - RS - Fone/Fax: (55) 3220.4500
www.pallotti.com.br